ELISABETH-JOE HARRIET

Die unvollendete Geliebte

OLGA WAISSNIX &
ARTHUR SCHNITZLER

Mit 23 Abbildungen

Amalthea

»Nie red ich mit einem Frauenzimmer so gescheidt wie mit der.«

»Am ungetrübtesten finde ich mein Wesen immer noch in meinen Briefen an Olga wieder, gewissermaßen auch in den ihren.«

Arthur Schnitzler über Olga Waissnix

Besuchen Sie uns im Internet unter: www.amalthea.at

© 2015 by Amalthea Signum Verlag, Wien
Alle Rechte vorbehalten
Umschlaggestaltung: Elisabeth Pirker, OFFBEAT
Umschlagabbildungen: Porträt Arthur Schnitzler (vorne)
© IMAGNO/Austrian Archives, Porträt Olga Waissnix (vorne)
und Briefe (hinten) aus: »Liebe, die starb vor der Zeit.
Ein Briefwechsel«. Wien u. a. 1970
Herstellung und Satz: VerlagsService Dietmar Schmitz GmbH,
Heimstetten
Gesetzt aus der 10,75/14 pt Minion Pro
Printed in the EU
ISBN 978-3-85002-907-0

Inhalt

Vorwort

Im Sommer 2013 begann ich mich mit Olga Waissnix erstmals intensiv auseinanderzusetzen, als ich sie in meinem Kammerstück am Thalhof in Reichenau, dem Originalschauplatz, darstellte. Das Interesse des Publikums an dieser im Zusammenhang mit Arthur Schnitzler bekannten, aber den Menschen ansonsten wenig vertrauten Person war äußerst groß, weswegen ich mich entschied, eine Biografie über Olga Waissnix zu verfassen.

Olga Waissnix verzauberte ihre Umwelt nicht nur durch ihre Schönheit, ihre Eleganz und ihren Charme. Sie war für eine Dame des 19. Jahrhunderts äußerst gebildet, belesen, eloquent, tiefsinnig und klug. Diese besondere Mischung hatte vor Arthur Schnitzler bereits Peter Altenberg in ihren Bann gezogen.

Den Lebensweg dieser Frau in den Mittelpunkt zu stellen und sie aus dem Schatten Schnitzlers herauszuheben, ist allein deswegen unerlässlich, weil es ohne Olga Waissnix diesen heute so berühmten Schriftsteller und Dramatiker nicht gäbe. Sie war es, die an sein Talent geglaubt, ihm jedes Mal Rückhalt gegeben und Mut gemacht hat, wenn er an sich zweifelte und aufgeben wollte. Keiner anderen Frau in seinem Leben hat Schnitzler so vertraut und sein Innerstes offenbart wie ihr. Umgekehrt ist es Arthur Schnitzler zu verdanken, dass es überhaupt etwas von Olga Waissnix zu erzählen gibt. Hätte er nicht ihren gesamten Briefwechsel aufgehoben, ausführlich vom Beginn ihrer Liebe in seinen Erinnerungen *Jugend in Wien* erzählt und viele Tagebucheintragungen über sie gemacht, wäre sie eine leere Namenshülle geblieben. Der Eindruck, den diese Frau auf Schnitzler gemacht hat, war so groß, dass sie Vorbild so mancher Figur seiner Werke und zum Inhalt von Gedichten wurde.

Was Olga Waissnix und Arthur Schnitzler neben ihrer Beziehung verband, waren ihre Väter. Beide wurden 1835 in der k. k. Provinz geboren, kamen nach Wien, arbeiteten sich hoch, machten Karriere und wurden zu angesehenen Großbürgern. Für ihre Erstgeborenen waren diese Männer Überväter, denen zuliebe sowohl Olga als auch Arthur ein Leben führten, das sie nicht wollten. Arthur Schnitzler schaffte es, nach dem Tod seines

Vaters und mit Hilfe von Olga Waissnix, einen neuen Lebensweg einzuschlagen. Olga zerbrach an ihrem, ihrer Meinung nach, unerfüllten Leben, erkrankte und starb einen Tag nach ihrem 35. Geburtstag.

Die Lebensgeschichte der Olga Waissnix, die Liebe und die sich entwickelnde Freundschaft zwischen ihr und Arthur Schnitzler sowie die Zeit, in der sie lebten und litten, ist Thema dieses Buches.

Am Anfang jedes Kapitels findet sich ein Zitat aus der Feder von Olga Waissnix.

Durch bisher unbekannte Dokumente wie die Geburtsmatrikel oder Sterbebescheinigung von Olga Waissnix können nun endlich Rückschlüsse auf ihre Herkunft, ihr Leben und Sterben gezogen werden.

Klosterneuburg, im Februar 2015

Die Familie Schneider
Kindheit und Jugend der Olga Waissnix

*»Als Kinder werden schon alle natürlichen Regungen in
uns erstickt, Convenienz, Etiquette, guter Ruf, das sind
die Popanze, mit denen man uns immer schreckt.«*

Vom niederösterreichischen Unterretzbach bei Retz, wo die Hauerfamilie
Schneider einen Weinhandel betrieb, begab sich Anton Schneider des
Öfteren nach Wien, um Gasthöfe und Wirtshäuser mit seinen Weinen zu
beliefern. Begleitet wurde er dabei von seinem 1835 geborenen Sohn Ludwig, der in die Fußstapfen des Vaters treten und den Beruf des Weinhändlers erlernen sollte. Ludwig fühlte sich vom Leben und Treiben der pulsierenden Großstadt Wien mächtig angezogen und tat seinem Vater bald
kund, dass er in Wien bleiben und dort sein Glück versuchen wolle. Einer
der Kunden der Schneiders war der Wirt des Gasthauses »Zum Haidvogel«
hinter der Peterskirche beim Graben, bei dem Ludwig wohnte, sich vom
Piccolo zum Zahlkellner hocharbeitete, eisern sparte und sehr geschickt
jede Gelegenheit nutzte, um Kontakte zu knüpfen. Er war das, was man
heute einen grandiosen Netzwerker nennt. Sein Ziel war es, in einer vornehmen Gaststätte oder einem Hotel zu arbeiten. Als die Stelle eines Zahlkellners in den Restaurants des Gloggnitzer-Raaber Bahnhofs, des späteren
Südbahn- und heute neuen Hauptbahnhofs, frei wurde, nahm er diese sofort an und schaffte es 1862, Pächter dieser Restaurantbetriebe zu werden.

Was dem geschäftstüchtigen Ludwig Schneider noch fehlte, war eine
Frau an seiner Seite, die ihm die Küche führen konnte. Ein Jahr vorher hatte
er die in einem Hotel in der Renngasse als Köchin arbeitende Franziska
Schamberger kennen- und lieben gelernt. Auch sie stammte aus einer Weinhauerfamilie, in Bisamberg, war drei Jahre älter als Ludwig und fand großen
Gefallen an dem ehrgeizigen Zahlkellner. Als sie ihm im Frühjahr 1862
gestand, dass sie schwanger sei, wurde am 29. April 1862 in der Peterskirche
geheiratet. Ludwig Schneiders Trauzeuge war der Sohn des Wirts vom
Gasthof »Zum Haidvogel«, mit dem er sich angefreundet hatte. Statt Flitterwochen harrte der beiden viel Arbeit, galt es doch, in das neben dem Süd-

bahnhof gelegene Wohnhaus Südbahnhof Nr. 5 zu übersiedeln und die Restaurants zu übernehmen. Bereits sieben Monate später, am Montag, dem 3. November 1862, wurde ihre erste Tochter, Olga Cäcilie, geboren.

Was war das für eine Zeit, in die Olga Schneider geboren wurde? Ruhig ging es damals in Wien nicht zu, denn die Stadt war eine Riesenbaustelle und sollte endlich mit den Vororten zusammenwachsen. Am 25. Dezember 1857 gab die amtliche *Wiener Zeitung* die Stadterweiterungspläne von Kaiser Franz Joseph bekannt, im Zuge derer die Stadtmauer fallen und an deren Stelle eine Prachtstraße mit öffentlichen Gebäuden entstehen sollte. Den Burggarten, das Burgtor und den Volksgarten samt Theseus-Tempel gab es bereits, die Votivkirche befand sich zu diesem Zeitpunkt in Bau.

1858 verordnet Kaiser Franz Joseph weiters: »Jener Teil, der durch die Auflassung der Fortifikationen gewonnenen Areale und Glacisgründe, der nicht einer anderwertigen Bestimmung vorbehalten wird, ist als Baugrund zu verwenden und der daraus gewonnene Erlös hat zur Bildung eines Baufonds zu dienen, aus welchem die dem Staatsschatz erwachsenden Auslagen, insbesondere auch die Kosten der Herstellung der öffentlichen Gebäude, bestritten werden sollen.«

Die Baugründe entlang der geplanten Ringstraße waren horrend teuer und die Käufer verpflichtet, innerhalb eines Jahres mit dem Hausbau zu beginnen und ihn spätestens nach vier Jahren abzuschließen. Das Aussehen der neuen Gebäude musste dem repräsentativen Standort entsprechen. Bei diesen Auflagen samt den hohen Kosten ging der Verkauf der privaten Baugründe nur sehr schleppend voran, und die kaiserliche Verwaltung musste sich 1859 einen Anreiz für potenzielle Käufer einfallen lassen. Man vergab Adelstitel und eine 30-jährige Steuerfreiheit an zukünftige Palaisbesitzer, wodurch sich das vermögende Bürgertum endlich verpflichtet fühlte, den kaiserlichen Bauwünschen zu entsprechen.

Vor dem Aufbau der Prachtgebäude mussten jedoch die Befestigungsmauern niedergerissen werden, was einige Jahre dauerte und den wie alle Wiener staub- und schmutzgeplagten Johann Strauß zu seiner *Demolierpolka* inspirierte. Erst am 29. Februar 1864 konnte mit dem Bau der neuen Ringstraße begonnen werden, die am 1. Mai 1865 vom Kaiser eröffnet wurde. Es war eine noch leere Prunkstraße, denn mit der Errichtung öffentlicher Bauten wie Parlament, Universität, Burgtheater, Postsparkasse oder der Neuen Hofburg begann man erst zehn Jahre später. 1862 wurde immerhin der Stadtpark eröffnet und 1861 der Grundstein für den Bau der Oper gelegt.

Wien war in dieser Zeit eine von Baulärm durchsetzte Stadt, besonders am unmittelbaren Wohnort der Familie Schneider, dem Gloggnitzer-Raaber Bahnhof. Man war von einer alles durchdringenden Geräusch- und Geruchskulisse umgeben. Nicht nur die ein- und ausfahrenden Züge, das Schaufeln der Kohlen und ihr Staub, das laute Zischen des Dampfes waren Bestandteil des täglichen Lebens, auch hier wurde fast immer aus- und umgebaut.

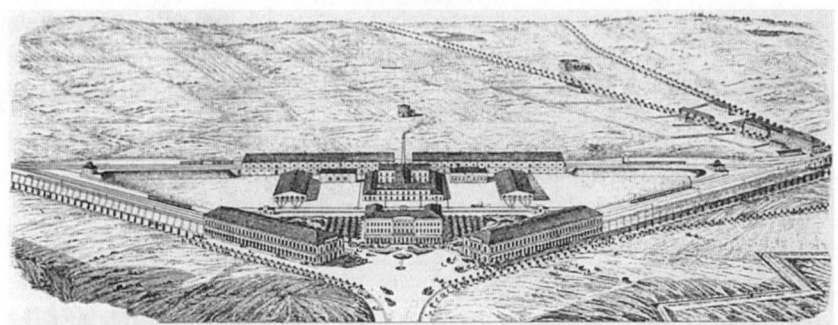

Gesamtanlage des Gloggnitzer-Raaber Bahnhofs

Als zweiter Wiener Bahnhof – der erste war 1838 der Nordbahnhof – wurde 1841 unter der Leitung des Bahnpioniers Mathias von Schönerer der Gloggnitzer-Raaber Bahnhof errichtet, der diesen Namen bis zum Bau der Semmeringbahn 1854 behielt und ab dann Südbahnhof hieß. Von der prächtigen Eingangs- und Kassenhalle erreichte man über eine Stiege die vier Gleisen Platz bietende überdeckte Bahnsteighalle. Die mächtige, licht-durchlässige Deckenkonstruktion dieser Halle hatte eine Spannweite von 23 Metern. Ebenfalls im klassizistischen Stil wurde 1845 in einem stumpfen Winkel dazu der Raaber Bahnhof gebaut, der später zum Ostbahnhof innerhalb des Südbahnhofes umgestaltet wurde. Man muss sich die Anlage als riesiges Dreieck vorstellen, an dessen dritter Seite sich die Lokomotivfabrik, Maschinenhallen und Remisen befanden. Vorne zwischen den beiden Kopfbahnhöfen stand ein dreiflügeliges Wohn- und Verwaltungshaus, das bis 1910 in dieser Form erhalten blieb. In diesem Haus befand sich die große Wohnung von Franziska und Ludwig Schneider.

Ludwig Schneider muss hervorragende Beziehungen zu den 1862 noch privaten Besitzern der Südbahn AG gehabt haben, sonst wäre es ihm nicht gelungen, diese renommierten Restaurantbetriebe zu pachten. Heute verbindet man mit dem Begriff eines Bahnhofrestaurants wenig Gutes. Im 19. Jahrhundert zählten diese Gaststätten zu den besten und vor allem mondänsten. Das neue Fortbewegungsmittel Bahn zog die Menschen an, jeder wollte mit dem Zug von Wien aus in alle Himmelsrichtungen fahren. Der Tourismus war geboren, an den Zielorten und entlang der Bahnstrecken entstanden Hotels, die Kurorte begannen zu florieren. Die Bevölkerung, allen voran der Adel und das Großbürgertum, kam in Bewegung, die Zeit wurde schnelllebiger, man wollte etwas erleben, die Welt sehen, sich in schönem Ambiente erholen und dabei allerlei Annehmlichkeiten genießen. Dazu gehörte selbstverständlich hervorragendes, von Spitzenköchen zubereitetes Essen, um sich vor der Abfahrt zu stärken und Wartezeiten stilvoll zu überbrücken. Die Zweiklassengesellschaft des 19. Jahrhunderts bedurfte dafür unterschiedlicher Räumlichkeiten: Extrasalons für das Kaiserhaus, nobles Ambiente für Adel und Großbürgertum und ein einfaches Lokal für Normalreisende. All das konnte Ludwig Schneider in jedweder Preiskategorie bieten, zudem hatte er immer die besten Köche der Monarchie in seiner Sterneküche. So ist es nicht verwunderlich, dass aus dem gesamten Reich nur ein Lehrling pro Jahr ausgewählt wurde, in diesem exklusiven Restaurantbetrieb die Ausbildung zur Köchin oder zum Koch absolvieren zu dürfen.

In den ersten Lebenstagen von Olga Waissnix gehörte das Areal des Südbahnhofs noch zum 4. Bezirk, Wieden genannt. Daher wurde Olga am 9. November 1862 in der Paulanerkirche auf der Wiedner Hauptstraße getauft. Am 31. Jänner 1865 erblickte die zweite Tochter der Schneiders, Gabriele, das Licht der Welt und am 21. Jänner 1871 dann die jüngste, Franziska, die bereits in der nahe dem Südbahnhof gelegenen, neu errichteten Kirche St. Elisabeth in der Argentinierstraße getauft wurde. Die drei Schwestern verstanden sich zeitlebens sehr gut und hielten wie Pech und Schwefel zusammen. Gabriele war von Beginn an Olgas beste Freundin, mit der sie über alles reden konnte, auch über die Schwierigkeiten, sich den Erwartungen des strengen Vaters beugen zu müssen. Alle Hoffnungen, die ein Vater üblicherweise in einen Sohn und Nachfolger legt, ruhten auf Olga und teilweise auch Gabriele. Ludwig Schneider hatte sich mit eiserner Disziplin hinaufgearbeitet und diese Disziplin verlangte er auch seinen Töchtern ab. Er liebte seine Mädchen von Herzen, aber sie hatten seinen Wünschen und Vorstellungen zu entsprechen.

Wie später ihre Schwestern besuchte Olga die achtjährige Bürgerschule auf der Wieden und hatte 1876 nach deren Abschluss als Tochter des Besitzers das Privileg, in den Restaurantbetrieben des Südbahnhofs als Kochlehrling beginnen zu dürfen. Das war die einzige Protektion, die Olga in den drei Jahren ihrer Ausbildung genoss. Wie jeder andere musste sie in dieser riesigen Küchenbrigade, die von einem Chefkoch und vier Hauptköchen geleitet wurde, alle Bereiche durchwandern. Damals wie heute ist die Ausbildung zum Koch eine der härtesten Lehrzeiten, besonders in einem Betrieb, der vom Eintopf bis zur Gourmetküche alles anbietet und täglich Hunderte Gäste verköstigt. Olga hatte das Talent zum Kochen von ihrer Mutter geerbt und wurde eine hervorragende Köchin.

Ein Jahr vor dem Ende von Olgas Lehrzeit verstarb ihre Mutter mit nur 46 Jahren am 30. Mai 1878 nach kurzem, schwerem Leiden an einer Darmentzündung. Sie war die Erste, die in dem prächtigen Familienmausoleum am Vöslauer Friedhof begraben wurde, das Ludwig Schneider kurz zuvor errichten lassen hatte. Franziska Schneider war es nicht vergönnt, den gesellschaftlichen Aufstieg ihrer Töchter mitzuerleben. Über Gabriele, die von klein auf hoch hinaus wollte, und ihren Werdegang ist in Arthur Schnitzlers Memoiren *Jugend in Wien* zu lesen: »Gabriele, die zwar nicht so schön wie Olga selbst war, aber noch um einiges mondäner, dabei lebhaft, entschieden, hochmütig und fest entschlossen, nicht unter einem Grafen zu heiraten, – der denn auch nach wenigen Jahren ganz nach Wunsch in Gestalt eines preußischen, stockkonservativen, sechs Fuß hohen Junkers sich einstellte.«

Dieser Junker, ein Leutnant bei den Kürassieren und Ulanen, dessetwegen Gabriele zum Protestantismus konvertierte, war der am 22. Juni 1848 geborene Georg Erdmann Karl Ferdinand Graf von Haugwitz, dessen Vater aus Schlesien, die Mutter aus Dänemark stammte. Aus ihrer Ehe gingen vier Kinder hervor.

Das Nesthäkchen Franziska, das beim Ableben der Mutter erst sieben Jahre alt war, kann man nicht besser beschreiben als Schnitzler: »… die jüngste Schwester Fanny, ein freundliches, bürgerlich-nettes, ziemlich reizloses Geschöpf, eines von jenen, die zur alten Jungfer geboren scheinen und manchmal zwischen dreißig und vierzig heiraten – wie es endlich auch ihr geschah …« Fanni opferte sich bis zu ihrer späten Heirat mit Johannes Kneiss im Jahr 1910 für ihre beiden Schwestern und deren Kinder auf und war immer zur Stelle, wenn Pflege und Hilfe benötigt wurde.

Dem früh verwitweten Ludwig Schneider, einem respektablen Mitglied der Wiener Gesellschaft und des Wirtschaftslebens, war daran gelegen, seinen Töchtern die bestmögliche Erziehung und Bildung zukommen zu lassen. Er engagierte Kindermädchen, Tanz- und Klavierlehrer und eine Gesellschafterin, um den Mädchen den Verlust der Mutter leichter zu machen. Er nahm seine Kinder gerne auf seine ausgedehnten Geschäftsreisen mit der Bahn mit. Besonders Olga, als Älteste, lernte so Italien, Deutschland und die Schweiz schon in Jugendjahren kennen und übernahm nach dem Tod der Mutter deren Repräsentationspflichten an der Seite des Vaters.

Ein Ort, den Ludwig Schneider besonders liebte, war Vöslau. Dort hatte er einige Gründe erworben und die Bekanntschaft der mit den Schnitzlers verwandten Familie Mandl gemacht, die ihn und die Seinen regelmäßig an den Wochenenden in ihre Vöslauer Villa einlud. Hier lernten einander um das Jahr 1870 die Kinder Arthur Schnitzler und Olga Schneider kennen und hassen – ja hassen, denn sie prügelten sich, statt miteinander zu spielen. Ein Umstand, an den sich Olga später sehr gut, Arthur allerdings nicht mehr erinnern konnte.

Die Energie von Ludwig Schneider und seine Geschäftstüchtigkeit waren bemerkenswert. 1876 ließ er auf einem seiner Gründe in Vöslau eine feudale Villa errichten, die er fortan als Wohnsitz nutzte, außerdem ein ansehnliches Mausoleum am Vöslauer Friedhof. 1877 übernahm er zusätzlich zu den Südbahnhof-Restaurants die Weinstube am Michaelerplatz 2 und 1880 den Stefanskeller in der Rotenturmstraße 1. Er besaß einen Kutschenwagen, der zu den besten »Zeugeln« Wiens zählte, und wenn schon kein Bild, so gibt es dank Schnitzler eine Beschreibung von ihm: »Ihr Vater, untersetzt, martialisch und mit seinem weißen Schnurrbart nicht wie ein Gastwirt, sondern eher wie ein pensionierter General aussehend.« Wie ein General benahm sich Ludwig Schneider auch bei aller Liebe zu seinen Töchtern. Sie mussten gehorchen und die Wünsche des gestrengen Vaters erfüllen. Vor allem Olga war es, die diese Strenge zu spüren bekam. Sie hatte sich in einen von ihrem Vater vorgegebenen Lebenslauf zu fügen und musste den Mann heiraten, den er für sie aussuchte.

Die Thalhofwirtin
Hotelière, Ehefrau und Mutter

»*Ich bin das reine Ragout von Jägerin, Dame, Sclavin u. s. w.*«

Der Restaurant- und Immobilienbesitzer Ludwig Schneider blieb weiterhin seinem Stammberuf des Weinhändlers treu. Die in der k. k. Monarchie und allen anderen Ländern Europas neu entstandenen Bahnlinien hatten sehr zur Ausweitung seiner Geschäfte beigetragen. Er belieferte Hotels, Restaurants sowie adelige und großbürgerliche Haushalte mit erlesenen Weinen. Seine Geschäftsreisen führten ihn durch das gesamte Habsburgerreich, nach Deutschland, Frankreich und in die Schweiz. Seine Hauptkunden waren die entlang der Südbahn liegenden Kurhotels, die illustres Publikum mit dem Bedürfnis nach edlen Speisen und Weinen beherbergten. Eines dieser Hotels war der Thalhof in Reichenau, seit 1810 im Besitz der Familie Waissnix.

Simon Waissnix, dessen Vorfahren im 16. Jahrhundert aus Württemberg nach Reichenau eingewandert waren, arbeitete als Ortsrichter, scheint ab 1786 als Besitzer einer Mahlmühle im Ort auf und legte den Grundstein für das Vermögen der Familie. Sein 1789 geborener ältester Sohn Ignaz, Müller und Landwirt mit ausgeprägtem unternehmerischen Geist, heiratete 1810 Anna, die Tochter des Bauern und Thalhofwirtes Polleres. Mit dem Betrieb einer Mühle, einer Land- und Gastwirtschaft war der Geschäftsmann Ignaz Waissnix aber nicht genügend ausgelastet. Er richtete ein Netz von Mehlverschleißstellen ein, und zum Transport des Mehls sowie anderer Güter ein Fuhrunternehmen. Später kaufte er eine Sägemühle und stieg ins Holzgeschäft ein. 1837 entwickelte er ein Verfahren zur Erzeugung von Rollgerste, um die er seine Mühle erweiterte. Seine Frau Anna kümmerte sich um die Gaststätte, den Thalhof, der sich durch den Bau der Semmeringbahn und den aufkommenden Tourismus bald zum Herzstück der Besitzungen des Ignaz Waissnix entwickelte. Er baute das ländliche Wirtshaus zu einem feudalen Gasthof aus, zu dessen Gästen Ferdinand Raimund, der Musikwissenschafter Ludwig Köchel, der Schriftsteller Nikloaus Lenau und der Eisenbahningenieur Mathias

Ritter von Schönerer genauso zählten wie der päpstliche Nuntius, der Adel und das Kaiserhaus.

Im Zuge der Aufhebung der Grundherrschaft nach der Revolution 1848 begann Ignaz Waissnix neue Besitzungen zu erwerben. Als er 1858 starb, hinterließ er, wie es der Volksmund nannte, ein »Königreich Waissnix«, das von seinen Söhnen Alois und Michael in seinem Sinne weitergeführt wurde. Die beiden teilten die Leitung der Betriebe so auf, dass einer den Thalhof und der andere sämtliche andere Unternehmenszweige drei Jahre lang führte, danach wurde gewechselt. Zusätzlich waren sie in der Ortsgemeinde tätig, beide auch einige Jahre als Bürgermeister. 1874 kauften die Brüder Waissnix das alte Schloss Reichenau samt 500 Hektar Grund, außerdem Gründe und Häuser in Neuberg, Leoben und Wien. Die Rollgerstenproduktion wurde ausgeweitet und stellte eine wichtige Grundlage für den Wohlstand der Familie dar. Des Weiteren ließen sie vier Holzschleifwerke bauen. Eines davon wurde 1926 in einen Konzertsaal und ein Kino umgebaut und beherbergt heute die Festspiele Reichenau. Ihre Betriebe durften die Gebrüder Waissnix seit 1864 als k. k. privilegiert bezeichnen.

Alle Unternehmen wurden von der Mühle aus geführt, wo die gesamte Familie wohnte. Der Reiseschriftsteller Max Herz, der ab 1848 Besucher des Semmeringgebietes war, beschreibt diese Mühle in seinem Feuilleton über Reichenau so: »Im Thale an der Schwarza liegt die stattliche, trefflich eingerichtete Mühle der Herren Gebrüder Waißnix. Das erst vor einigen Jahren umgebaute Wohngebäude derselben macht Front gegen die Straße hin und bildet mit den übrigen Mühlgebäuden eines der freundlichsten Landschaftsbilder des Thales. Mit dieser Mühle ist auch eine Rollgerstenerzeugung vereinigt, auf welche die Herren Waißnix privilegiert sind, deren Product als vorzüglich gerühmt, vielen Absatz findet. Seit 1859 hat abermaliger Neubau das ganze Etablissement vergrößert …«

Auch über den Thalhof findet sich ein Abschnitt bei Max Herz: »Jenseits der Schwarza, auf einem schönen, etwas erhöhten Seitenboden des Thales, umschlossen von den Wald- und Felspartien des Saurüssels und Feuchters, liegt der Thalhof, das Gasthaus der Herren Gebrüder Waißnix. Von ihrem Vater begründet, wird die Wirthschaft nun von diesen seinen beiden Söhnen trefflich und musterhaft verwaltet. Die wahrhaft bezaubernde Lage des stattlichen Gehöftes, die daselbst herrschende Reinlichkeit und Ordnung, die wohlbesorgte Küche, die mit allem Comfort versehenen Fremdenzimmer, alles vereint sich, dem Wanderer den Aufenthalt daselbst angenehm zu machen. Überall weht der Geist der Tüchtigkeit, der Ordnung und der Gemüthlichkeit in dem Verkehr dieses trefflichen Hauses. An demselben liegt ein freundliches Gärtchen, aus welchem, so wie aus dem an denselben stoßenden, gedeckten und durchaus mit Glasthüren und Fenstern geschlossenen Speisesaale sich ein überraschend schöner Ueberblick des Thales und auf die jenseits der Schwarza gelegene Hinterleiten öffnet. Außerdem befindet sich noch ein Gastzimmer und ein Speisesaal im Hause selbst.«

Bedingt durch die Semmeringbahn entwickelte sich Reichenau in der zweiten Hälfte des 19. Jahrhunderts zu einer der führenden Sommerfrischen der Monarchie, was auch mit der Vorliebe Kaiser Franz Josephs für diese Region zu tun hatte. Seit 1852 kam er mit seinem Gefolge regelmäßig zu Hofjagden, bei denen er in einem eigenen Appartement im Thalhof logierte.

Zu seinem dritten Geburtstag erhielt Kronprinz Rudolf von der Gemeinde Reichenau eine kleine Jagdhütte, oberhalb des Thalhofes gelegen, geschenkt, die er und seine Schwester Gisela oftmals von einem Eselswägelchen hinaufgeführt besuchten. Ab 1858 wohnten Kaiser Franz Joseph, Kaiserin Elisabeth und die Kinder in der von den Brüdern Waissnix für sie errichteten Rudolfsvilla.

Alois Waissnix' 1851 geborener Sohn Karl war in den Sommermonaten von 1860 bis 1865 auserkoren, eine höchst sonderbare Tätigkeit auszuführen. Wenn der hypernervöse, unter Schlafstörungen leidende Kronprinz Rudolf in die gute Reichenauer Luft verfrachtet wurde, heuerten seine »Aja« (Kinderfrau) und sein Leibarzt den Waissnix-Spross als »Schlafknaben« an. Der musste sich dann, auf Decken in Park oder Wald, vor dem kindlichen Thronfolger stundenlang schlummernd stellen, in der Hoffnung auf allerhöchste Nachahmung, zu der es leider selten kam.

Ein Stück oberhalb der Rudolfsvilla stand ein beliebtes Badehaus, das die Gebrüder Waissnix, den Trend der Zeit erkennend, 1863 erwarben. Ab 1865, als die kaiserliche Familie die Villa nicht mehr nutzte, planten sie gemeinsam mit dem Arzt Ferdinand von Hebra, hier eine Kaltwasserheilanstalt zu errichten. Im Gebiet der Monarchie war dies die zweite solche Einrichtung nach der von Vinzenz Prießnitz in Freiwaldau (böhmisch:

Jesenik) gegründeten. Man nahm Kontakt mit Hans Ripper, dem Schwiegersohn des 1851 verstorbenen Vinzenz Prießnitz auf, der die Kuranstalt im weit entfernten Jesenik leitete, um sich Anregungen zu holen, und begann mit dem Bau der Kuranstalt. Sehr hilfreich dabei war die Anwesenheit des erst 16-jährigen einzigen Sohnes von Vinzenz Prießnitz, der später Alois Waissnix' Tochter Wilhelmine, wie er 1848 geboren, heiraten sollte. Dadurch konnte die Waissnix'sche Kaltwasserheilanstalt von sich behaupten, das »garantiert echte Prießnitz'sche Heilverfahren« anzubieten.

Der Bau dieser Kaltwasserheilanstalt kostete die gewaltige Summe von 120 000 Gulden (ein Gulden entspricht ca. 14 Euro; Anm.) und umfasste neben dem Hauptgebäude Rudolfsbad noch die umgebaute Rudolfsvilla und die links oberhalb gelegene, neu errichtete Molkenvilla, sodass dem Kurbetrieb insgesamt 102 Zimmer zur Verfügung standen. Im angeschlossenen Park gab es einen Teich, eine Kegelbahn und diverse Turngeräte. Es wurde auf strenge Diät mit gesunden Lebensmitteln geachtet, die Kur konnte bei allen Leiden angewendet werden. Von 1866 bis 1871 besuchten fast tausend Gäste aus aller Herren Länder die Kuranstalt.

Als Anfang der 1870er-Jahre das Patent zur Rollgerstenerzeugung ablief und die Mühle dadurch nicht mehr rentabel war, begann der langsame Zerfall des Imperiums der Brüder Waissnix. 1877 wurden große Teile des Unternehmens verkauft und der Rest zwischen den Brüdern aufgeteilt. Michael erhielt die Kaltwasserheilanstalt, zu deren Gästen ab 1900 auch Arthur Schnitzler zählte. Hier lernte er seine spätere Frau, die Schauspielerin Olga Gussmann, kennen und kehrte oftmals mit ihr und seinen Kindern wieder. Der Sohn von Michael Waissnix, der das Kurhaus nicht mehr selbst führte und verpachtete, musste zusehen, wie es langsam zugrunde ging. Heute ist von diesem Gebäude nichts mehr übrig, da es 1945 von russischen Soldaten devastiert worden war und abgerissen werden musste.

Alois Waissnix behielt den Thalhof samt Landwirtschaft und hatte damit den einfacher zu bewirtschaftenden Teil erhalten, wohl war er auch kaufmännisch talentierter als sein älterer Bruder. Der Thalhof war zu einem florierenden Luxushotel geworden, in dem alles, was Rang und Namen hatte, verkehrte. Der Kaiserliche Rat Alois Waissnix, »der alte Waissnix mit dem weißen Kaiserbart und dem bäurisch-spöttischen Zug um die Lippen«, wie Arthur Schnitzler ihn beschrieb, und der – ebenfalls laut Schnitzler – wie ein General aussehende Ludwig Schneider wurden zu Arrangeuren einer Ehe, die zum Vorteil beider Familien, aber zum Unglück der Ehepartner werden sollte.

Wo und wie es zur ersten Begegnung zwischen Olga Schneider und Alois Waissnix' Sohn Karl kam, ist unbekannt. Da der Thalhof zum Kundenstock des Ludwig Schneider gehörte, kannten die beiden Väter einander schon länger. Es ist anzunehmen, dass Alois und Karl Waissnix zuweilen im Restaurant am Südbahnhof waren, Ludwig Schneider, begleitet von Olga, mit Sicherheit öfters am Thalhof. Nach außen hin fungierten die Waissnix-Männer gerne als die Wirte und Hoteliers, die wahre Leitung des Hotelbetriebes und der Küche aber oblag den Ehefrauen. Die Waissnix'sche Heiratspolitik war immer bestrebt gewesen, sich tüchtige, arbeitsame Frauen und gute Köchinnen ins Haus zu holen. Da der Thalhof längst kein Wanderer-Gasthaus, sondern eine Nobelsommerfrische der besseren Gesellschaft und des Adels geworden war, dachte man zum ersten Mal daran, über den Reichenauer Topfrand hinaus nach Wien zu blicken. Die beiden Väter erkannten, dass die wohlerzogene Olga, die eine exzellente Köchin war und etwas vom Gastgewerbe verstand, sehr gut als Frau für Alois' Sohn Karl geeignet war. So wurde eine Ehe zum Vorteil beider Familien arrangiert: Ludwig Schneider hatte seine älteste Tochter mit einem wichtigen Geschäftspartner unter die Haube gebracht und Alois Waissnix erhielt vom reichen Brautvater eine hohe Mitgift. Karl, dem Alois das Hotel samt Landwirtschaft schon vor der Hochzeit übergeben hatte, konnte das Geld für die weiteren Ausbauten am Thalhof gut gebrauchen.

Der 29-jährige Karl war vom ersten Moment an bis über beide Ohren in die mondäne, hübsche und elf Jahre jüngere Frau verliebt. Olga hingegen mochte den nüchternen, rustikalen, wenn auch gut aussehenden Mann von Anfang an nicht, wusste aber, dass sie sich dem Willen des Vaters widerspruchslos zu beugen hatte. Einer Frau der damaligen Zeit war, wie Olga so treffend schreibt, »die Ehe als einzige Laufbahn vorgeschrieben!«

Diese so unterschiedlichen Menschen heirateten am 20. Februar 1881 in der Elisabethkirche auf der Wieden in Wien, der Heimatpfarre der Braut. Das anschließende Hochzeitsdiner richtete Ludwig Schneider in seinem Südbahnhof-Restaurant aus. Olga trug ab diesem Tag den Namen

Waissnix und ihr Mann Karl musste sich an einen neuen Vornamen gewöhnen, den ihm seine Frau verpasste. In der Wiener Gesellschaft war es damals sehr modern, den Vornamen, vorzugsweise abgekürzt, ins Englische zu übertragen. So wurde aus Karl »Charles« Waissnix. Dann hieß es für Olga ihr geliebtes Wien und das Elternhaus zu verlassen und sich in einer neuen Umgebung und mit neuen Pflichten vertraut zu machen.

Gewohnt hatte die Familie Waissnix immer in der Mühle in Reichenau, wo nun traditionsgemäß auch Olga mit ihrem Mann einzog. Sie fühlte sich dort nicht wohl. Michael und Alois Waissnix lebten hier mit ihren Familien nach altem konservativ-ländlichem Muster zusammen, auf das die mondäne, großstädtische Welt Olgas prallte. Der bedrückenden Enge und Nähe in der Mühle wollte die junge Frau schnellstmöglich entkommen und erreichte bei ihrem Gatten, dass er das nicht mehr benötigte Kaiserappartement im ersten Stock des Thalhofs zu einer Wohnung für die junge Familie umbauen ließ, die von Olga im Wiener Salon-Stil eingerichtet wurde.

Bald nach der Hochzeit wurde Olga das erste Mal schwanger, Sohn Karl kam am 11. November 1881 zur Welt. Sohn Ludwig folgte am 19. Jänner 1883 und am 13. Dezember 1885 schließlich der dritte Sohn, Rudolf. Was die Erziehung ihrer Kinder betrifft, verhielt sich Olga diametral zu den Gepflogenheiten der Familie Waissnix, wo die Eltern sich neben der Gastwirtschaft auch um die Kinder gekümmert hatten. Nach deren Begriffen handelte sie als Mutter, die die Erziehung der Kinder hauptsächlich Kindermädchen, Gouvernanten und später Internaten überließ, unverständlich. Ihr Verhältnis zu den Kindern entsprach jedoch ganz den Gepflogenheiten des großbürgerlichen Lebens der Wiener Gesellschaft, wo Frauen vielen gesellschaftlichen und sozialen Verpflichtungen nachzukommen hatten und auf Personal für die Kinder angewiesen waren. Es gehörte zum guten Ton, die Erziehung anderen zu überantworten. Schnitzler vermerkte in seinem Tagebuch, dass er »die Kinder draußen nie gesehen«. Man darf nicht vergessen, dass Olga, im Gegensatz zu den meisten anderen Ehefrauen, berufstätig war und von frühmorgens bis spätnachts im Hotel arbeitete. Erst im Herbst und Winter, wenn die Saison vorüber war, nahm sie sich vermehrt Zeit für ihre Söhne.

Während der Hochsaison von Ostern bis Ende Oktober musste sich Olga neben der Führung des Betriebes persönlich um die Gäste kümmern.

Werbeschaltung des Thalhofs

Es galt, mit ihnen zu parlieren, sich Zerstreuungen für sie auszudenken, als Hausfrau Hof zu halten und Wohltätigkeitsveranstaltungen zu organisieren. Viele der Hotelbesucher kannte Olga bereits aus Wien. Ihren noblen Gästen war Olga ähnlicher als der bodenständigen Familie, in die sie eingeheiratet hatte. Plötzlich fand Charles, den das Wiener Salonleben und die Menschen mit ihren feinen Manieren enervierten, diese auch in seiner Wohnung im Thalhof vor, wohin Olga sie zum Tee oder zu Kartenspielen geladen hatte. Sein häuslicher Friede und Rückzug waren gestört und er bereute sehr schnell, die Mühle und seine Familie verlassen zu haben.

Die Anwesenheit der charmanten Olga Waissnix zog immer mehr neue Gäste an den Thalhof. Durch den großen Zubau, der mit Olgas Mitgift finanziert werden konnte, war das Hotel so groß geworden, dass es für Olga und Charles, der nebenbei auch noch die Landwirtschaft zu führen hatte, alleine nicht mehr zu bewältigen war. Charles holte zur Unterstützung den tüchtigen Franz Rettinger an den Thalhof, der mehrere Funktionen zu übernehmen hatte: »Von Herrn Rettinger (…) wäre nun ein Wort zu sagen. Das war der Buchhalter, Geschäftsführer, Vizedirektor des Thalhofs; ein kleiner, dicker, beweglicher Mann in den Dreißigern, meist städtisch gekleidet oder mit einem grünen Jagdrock angetan, aber jederzeit ohne Kragen und Halsbinde. Er hatte eine spaßige, geschwinde Art zu reden, war das Faktotum, der Vertraute und mehr oder weniger auch der Spion des Gatten, was ihn nicht hinderte oder vielleicht erst recht dazu veranlaßte, mit Frau Olga auf freundschaftlichem Fuß zu stehen, die ihm keineswegs traute, aber eine gewisse Sympathie für ihn hegte. Er war der Unentbehrliche des Hauses, in dessen Kanzlei alle Fäden zusammenliefen, geschäftliche und private; er erledigte die Korrespondenz, wies die Zimmer an, stellte die Rechnungen aus, hatte immer alle Hände voll zu tun, war für die Intimen des Thalhofs jederzeit zu sprechen, zuvorkommend gegen jedermann, immer gut aufgelegt und nicht gerade viel falscher, als bei den verwickelten Verhältnissen dieses sonderbaren Wirtshauses unumgänglich nötig schien, dessen Wirtin zugleich Hausfrau, Köchin, Dame von Welt, und dessen Wirt zugleich eine Art von kleinem Gutsherrn, Hotelier, Bauer und eifersüchtigem Ehemann war. So gleichmäßig sich Rettinger in seinem Benehmen gegenüber den Gästen gab, es war nicht zu verkennen, wo er eine Vorliebe hegte und wo er sich veranlaßt sah, seine Vorbehalte zu machen.«

So gut das Hotel lief, so schwierig gestaltete sich die private Beziehung zwischen Olga und Charles. Olga fand bei ihrem Mann nichts von dem, was sie sich ersehnte. Romantik, geistige Anregung, tiefsinnige Gespräche waren mit Charles nicht möglich. Unter der Gästeschar befanden sich jedoch immer wieder interessante Herren, die ihr dies bieten konnten und gerne mit der schönen Thalhofwirtin flirteten – sehr zum Unwillen des Ehemannes, der extrem eifersüchtig war und peinlich genau darauf achtete, jeglichen Skandal zu vermeiden, der seinem Ruf und seiner Mannesehre hätte schaden können. Zwar wurde Olga im Zuge ihrer leidenschaftlichen Flirts niemals die Geliebte eines Mannes, aber es wurde geredet und Charles stand als Gehörnter da. Olga kam ihren häuslichen wie ehelichen Pflichten nach, schaffte es aber nicht, ein Naheverhältnis zu ihrem ungeliebten Mann aufzubauen. Sie kapselte sich ab – eine Situation, die für Charles Waissnix, der seiner Frau eine tiefe Liebe entgegenbrachte, verletzend war. Die Vorhaltungen und Szenen, die er ihr deshalb machte, entfernten die beiden noch mehr voneinander. Charles flüchtete in seine Landwirtschaft und in die Arme von Geliebten in Reichenau, Olga in die Hotelarbeit, auf die Jagd, nach Wien und zu Kuraufenthalten.

Gemeinsam sah man das Ehepaar außer an hohen Feiertagen in Reichenau selten.

Im Sommer 1883 kam es zum ersten großen Eklat zwischen den Eheleuten. Schuld daran war ein alter Stammgast des Thalhofs, Richard Engländer, der sich später Peter Altenberg nennen sollte. Ein Mann, der für seine Verehrung von jungen, schönen Frauen bekannt war, machte Olga den Hof. Man ging zusammen spazieren, genoss gemeinsame Lektüre und sie erlaubte ihm, ihre Hand zu küssen. Charles gab seiner Frau zu verstehen, dass dies sofort aufhören müsse, weil er den Rivalen sonst erschießen würde, woraufhin Olga sich genötigt sah, Altenberg einen Abschiedsbrief zu schreiben, und dieser Reichenau verlassen musste. Dieser kurze platonische Flirt hinterließ einen lebenslangen Eindruck auf ihn. Er verewigte Olga Waissnix mehrmals in seinem Werk.

Diese außergewöhnliche Frau war voller Gegensätze: einerseits praktisch veranlagt und ein kreatives Organisationstalent, andererseits schöngeistig und träumerisch. All diese Eigenschaften lassen sich aus ihren Briefen an Arthur Schnitzler herauslesen, den sie im Sommer 1885 am Thalhof kennenlernte.

Der am 15. Mai 1862 in Wien-Leopoldstadt geborene Arthur Schnitzler war als Kind und Jugendlicher mit seinen Eltern und Geschwistern regelmäßiger Sommergast am Thalhof gewesen, eine Zeit, an die er sich gerne erinnerte und die rückblickend bereits die Wirkung, die Olga Waissnix ab April 1886 auf ihn haben sollte, anklingen lässt: »Jedenfalls aber war es hier in Reichenau, zu Füßen des Schneebergs und der Rax, wo zum erstenmal eine erhabene Bergnatur sich vor mir öffnete, als ich sie im nahen Umkreis von Wien zu sehen gewohnt war, und wo das Geheimnis der Höhen und Fernen zum erstenmal an meine Seele griff; und dies allein reichte gewiss aus, sie in einen gelinden Rausch zu versetzen, auch ohne dass man ihr noch überdies die ahnungsvolle Voraussicht zuschreiben müsste, dass eben diese Gegend, ja gerade der Thalhof und seine nächste Umgebung, Jahrzehnte später dem herangereiften Jüngling als wundersamer Rahmen für ein geliebtes Frauenbild unendlich viel bedeuten sollte …«

Als sich Olga und Arthur das erste Mal am Thalhof begegneten, nahmen sie einander lediglich wohlwollend zur Kenntnis. Nach dem Abschluss der letzten Examen des Medizinstudiums begab sich Arthur Schnitzler in die sogenannten Doktorferien, die ihn im Juni 1885 mit seinem Bruder Julius nach Ungarn und im Juli mit seiner Mutter Luise und seiner Schwester Gisela in den Thalhof nach Reichenau führten. Hier blieb man allerdings nicht sehr lange, da Gisela an einer Rippenfellentzündung erkrankte. Während dieses Aufenthaltes verliebte sich Arthur in eine junge Witwe namens Betty, der allerdings sein Bruder erfolgreicher den Hof machte, und die er bei der Heimfahrt mit der Bahn schon wieder vergessen hatte. Über seinen ersten Eindruck von Olga Waissnix schrieb er später: »Wenn ich nach dem Abendessen mit der koketten Witwe vor dem Thalhof auf und ab spazierte, hatte sich zuweilen auch die junge Wirtin zu uns gesellt, die im Gegensatz zu dem etwas ländlichen Gehabe ihres wohlgewachsenen, gleichfalls noch jungen Gatten sich mit gutem Recht als die Dame von Welt zu geben liebte. Denn wenn sie auch als die älteste Tochter des in seiner Art berühmten Stefanskeller- und Südbahnwirtes glänzend die Küche zu führen verstand, wo die Intimen sie gelegentlich am blinkenden Herd besuchen und bewundern durften – sie konnte es an Geschmack und allgemeiner Bildung und besonders an äußeren Vorzügen mit der Mehrzahl ihrer weiblichen Gäste aufnehmen ...«

Olga Waissnix war nicht sehr oft selbst am Herd zu finden, das hätte sie zeitlich nicht geschafft. Sie stand der Küche vor, erstellte gemeinsam mit dem Chefkoch den Speiseplan und kreierte neue Gerichte. Eines ihrer Rezepte aus der Lehrzeit brachte sie mit an den Thalhof, die berühmte und aufwendig herzustellende Schneidertorte. Anlässlich großer Feste wird diese Torte nach wie vor von Olgas Nachfahren gebacken:

Teig: 8 dag Butter, 7 dag Schokolade, 8 dag Zucker, 4 Dotter,
8 dag Mandeln,
4 Eiklar
Butter und Mehl für das Blech
Creme: 2 Eier, 9 dag Zucker, 1 dag Stärkemehl, 10 dag Butter, 8 dag
Schokolade, 4 dag Haselnüsse
Schokoladeglasur, 3 dag Hagelzucker
Die Butter wird schaumig gerührt, nach und nach Zucker, Eidotter und die erweichte Schokolade dazugegeben und zuletzt der steife Schnee und die geschälten, geriebenen Mandeln untergezogen. Die Masse streicht man auf ein befettetes, bemehltes Blech in vier Blättern auf und bäckt sie bei Mittelhitze.

Nach dem Erkalten werden die Blätter mit folgender Creme zusammengesetzt:

Die ganzen Eier werden mit Zucker und Stärkemehl über Dunst zu einer dicken Creme geschlagen, auskühlen lassen. Die Butter wird schaumig gerührt, mit erweichter Schokolade, den gerösteten, geriebenen Haselnüssen und löffelweise mit der erkalteten Creme vermischt.

Die Torte mit Schokoladeglasur überziehen und, solange die Glasur noch weich ist, mit Hagelzucker bestreuen.

Während in Arthur Schnitzlers Erinnerung die Eleganz, Bildung und Schönheit Olgas haften blieben, stellte Olga fest, dass sie seine Art an Peter Altenberg erinnere, was Schnitzler öfter passierte und er nicht gerne hörte. Er hatte insgesamt das Gefühl, der Thalhofwirtin eher unsympathisch zu sein.

Nur acht Monate später sollte beim Wiedersehen in Meran der Funke überspringen und das Schicksal seinen Lauf nehmen.

Der Kurschatten

Beginn einer Beziehung

»Ich wollte, alles um uns sänke in die Erde
und wir zwei blieben allein auf der Welt.«

Olga hatte sich nach ihrer Heirat innerhalb von fünf Jahren in einen Hotelgroßbetrieb eingearbeitet und drei Kinder zur Welt gebracht. Gefangen in einer nicht erfüllenden Ehe und an einem Ort abseits des Lebens der Großstadt fühlte sich die erst 23-jährige Thalhofwirtin ausgelaugt, frustriert und gesundheitlich angeschlagen. Die Ärzte äußerten einen Verdacht auf Lungentuberkulose und rieten zu einem Klimawechsel. Was lag daher näher, als eine Erholungskur in Meran im Frühjahr 1886 anzutreten?

Ein paar Wochen waren dort bereits vergangen, Olga wohnte im Hotel Tirolerhof und fühlte sich recht wohl in dem mondänen Ort. Sie hatte sich mit dem Wiener Fabrikantenehepaar Salcher und dessen beiden Töchtern angefreundet, man unternahm gemeinsam Ausflüge in die Umgebung und ging täglich auf der Promenade spazieren.

Meran mit seinen 300 Sonnentagen im Jahr und einem nach Süden geöffneten Tal, das für eine ausgeglichene, warme Luft sorgt, war ab 1855 einer der beliebtesten Luftkurorte für Lungenleiden des Habsburgerreiches geworden. Besonders nachdem Kaiserin Elisabeth mit ihren Töchtern Gisela und Marie Valerie im Oktober 1870 den Winter im Schloss Trauttmannsdorf verbracht hatte, war der Aufstieg zur vom Adel und Großbürgertum gleichermaßen geschätzten Touristenhochburg nicht mehr aufzuhalten.

Hier in Meran, an Schnitzlers erstem Tag in dem Kurort, Ende März 1886, kreuzten sich seine und Olgas Wege wieder. Was aber führte Arthur Schnitzler nach Meran? Anfang September 1885 begann der junge Arzt seine Zeit als Aspirant, zunächst auf der von dem Wagner-Enthusiasten Primarius Standthartner geleiteten Internen Abteilung des Allgemeinen Krankenhauses, wo er den Vormittag mit dem Studieren und Ergänzen von Krankenberichten verbrachte. Mangels weiterer Tätigkeiten suchte er recht bald das Kaffeehaus auf, um sich mittags in die von seinem Vater mitbegründete Poliklinik zu begeben, wo er bei dem Nervenpathologen Professor Benedikt hospitierte. Nachmittags begleitete er manchmal seinen Vater, den Laryngologen Johann Schnitzler, bei dessen Hausbesuchen oder vertrat ihn ab und an in seiner Privatordination. So blieb genügend Zeit für Freunde und Abenteuer mit diversen jungen Damen. Diese Phase nach seiner Promotion fasste Schnitzler treffend zusammen: »Vorerst hielt sich diese meine privatärztliche Tätigkeit natürlich in den engsten Grenzen, und genau genommen führte ich eigentlich mein Studentenleben weiter – ein junger Mann aus gutem Hause, der ein paar Stunden des Tags in Spital und Poliklinik oder auch im Laboratorium für pathologische Histologie beschäftigt war, fleißig Theater, Konzerte und Gesellschaften besuchte, einen allzu großen Teil seiner freien Zeit im Kaffeehaus mit Freunden hinbrachte und immer nur von seinem Taschengeld lebte, mit dem er selbstverständlich niemals auskam …«

Anfang des Jahres 1886 war an seiner linken Halsseite eine Lymphdrüse zur Größe einer Kinderfaust herangewachsen. Nachdem die von seinem Vater verordneten Jodpinselungen und Umschläge keinen Erfolg zeitigten, begab sich Arthur Schnitzler Anfang März zu einem befreundeten Chirurgen, der bald zu der wenig erfreulichen Diagnose einer möglichen Tuberkulose kam. Wahrscheinlich hatte sich der junge Arzt im Allgemeinen Krankenhaus angesteckt, sollte sofort seine Arbeit im Spital einstellen, Diät halten, einen geordneten Lebenswandel führen und schnellstmöglich einen mehrwöchigen Aufenthalt im Süden antreten.

Die Volkskrankheit Tuberkulose, die wegen ihrer Häufigkeit gerade im österreichischen Raum den Beinamen »Wiener Krankheit« hatte, war bis in die 1880er-Jahre unter den Namen Skrofulose, Phthise oder Schwindsucht bekannt. Prähistorische Funde haben gezeigt, dass die Tuberkulose als endemisch auftretende Krankheit stets ein treuer Begleiter der Menschheit war. Die Unwissenheit über die Entstehung und Verbreitung der Krankheit führte zu drastischen Maßnahmen bis hin zur Vertreibung der Kranken aus der Gemeinschaft. Die Krankheit breitete sich trotzdem ungehindert weiter aus.

Laut Statistik waren in Wien 20 bis 25% aller Todefälle zwischen dem 18. Jahrhundert und dem Ende des Ersten Weltkrieges auf Tuberkulose zurückzuführen. Bis zum Jahre 1884 war die Tuberkulose in den medizinischen Statistiken der Stadt Wien in der Rubrik »Miasmatische Erkrankungen« zu finden, verursacht durch schlechte Luft. Selbst die Endeckung des Tuberkel-Bazillus durch den Arzt und Forscher Robert Koch führte nicht sogleich zur Revidierung der ärztlichen Meinungen. Noch im Jahre 1883 schrieb selbst Schnitzlers Vater, der damalige Vorstand der Laryngologischen Abteilung der Wiener Poliklinik, in der *Wiener Medizinischen Presse*, dass die Übertragung der Tuberkulose von einem Individuum auf das andere zu den seltensten Vorkommnissen gehöre.

Auch wenn die Tuberkulose selbst wohlhabende Menschen mit einem geschwächten Immunsystem erkranken ließ, war sie hauptsächlich eine Krankheit der Armen, die ihren Nährboden in den dicht gedrängten Arbeiterwohnungen hatte. Bis ins Jahr 1937 besaßen trotz des bereits begonnenen sozialen Wohnungsbaus 75% der schwer Tuberkulösen keinen eigenen Schlafraum und 11% kein eigenes Bett.

Ende März 1886 folgte Arthur Schnitzler dem ärztlichen Rat und trat die Reise in den Luftkurort Meran an, wo er gleich am ersten Tag Olga Waissnix auf der Promenade begegnet. Allerdings grüßt man sich nur kurz von der Ferne. Schnitzler erinnert sich daran, dass er im Sommer des Vorjahres am Thalhof das Gefühl hatte, der jungen Frau nicht sonderlich sympathisch gewesen zu sein. Er hatte sich auch darüber geärgert, dass sie eine seelische Ähnlichkeit mit dem leidigen Schriftstellerkollegen Peter Altenberg an ihm festgestellt hatte. Das Hotel, in dem er abgestiegen ist, behagt Schnitzler gar nicht, weswegen er sich – ohne zu wissen, dass auch Olga dort wohnt – im Hotel Tirolerhof einquartiert. Beim Abendessen sieht er die Thalhofwirtin wieder und wechselt ein paar unbedeutende Worte mit ihr. Olga und Arthur sitzen an der großen Tafel durch mehrere andere Gäste getrennt und haben keine weitere Gelegenheit zur Konversation. Wie auf Verabredung reisen im Laufe der Tage die zwischen ihnen sitzenden Damen und Herren ab, die beiden rücken immer näher zueinander und werden schließlich zu Tischnachbarn. Fügungen des Schicksals ergeben sich so von selbst als erstes Gesprächsthema. Olga stellt erneut fest, wie groß die innere Verwandtschaft zwischen Schnitzler und Altenberg sei, und dass sie ihm wohl deshalb gleich großes Vertrauen entgegenbringe. Im Laufe des Gespräches kommt das Thema Aberglaube auf und Schnitzler äußert seine Vorliebe für die Zahl 26, die einst ein Pferd trug, auf das er gewettet und dadurch einen beträchtlichen Betrag gewonnen hatte: »Ich drückte nun Frau Olga gegenüber mein Bedauern aus, daß ich hier im Gasthof nicht das Zimmer sechsundzwanzig bewohne, sondern Numero fünf. ›Und Sie, gnädige Frau?‹ – ›Einundzwanzig‹, erwiderte sie. – ›Einundzwanzig und fünf sind sechsundzwanzig‹, stellte ich fest, und so hatte uns das Schicksal neuerdings ein Zeichen gegeben. Wir sahen einander lange in die Augen und wußten plötzlich, wie wir zueinander standen.« Aus der anfänglichen Sympathie war Liebe geworden, die Zweisamkeit sucht.

Die guten Sitten verbieten es, dass die frisch Verliebten für sich bleiben und gemeinsam etwas unternehmen. Auch weiß Olga, dass man ihr Zusammensein mit einem Mann ihrem Gatten und ihrem Vater sogleich hinterbracht hätte. Daher begnügen sich Olga und Arthur zunächst mit Spaziergängen in Gesellschaft des behäbigen Ehepaares Salcher und dessen magerer Töchter. Ein paar Tage vor Schnitzlers Abreise begibt sich diese kleine Gesellschaft zu einem Ausflug ins Naiftal. Olga und Arthur haben zwar kaum Gelegenheit, miteinander zu reden, »aber es war jenes Schweigen, in dem man sich nur immer näher zueinanderfindet und das wunderbarer und reiner in uns nachtönt, als Worte zu tun vermögen«. Am Abend tanzen sie kurz miteinander und genießen die körperliche Nähe. Nur von den Töchtern Salcher begleitet fahren sie am darauffolgenden Tag mit der Bahn nach Sigmundskron und steigen dort auf die gleichnamige Burg. Als die kühne Kletterin Olga dabei auf den Steinen einer Geröllhalde ausrutscht, fasst Arthur rasch ihre Hand und sie sagt etwas kokett: »Was wäre daran gelegen, wenn ich hinabgestürzt wäre?«. Bei der Bahnfahrt zurück nach Meran können die Liebenden ihre Blicke kaum mehr voneinander lösen. Und beim Abendessen, während die Schüsseln gereicht werden, flüstert ihm Olga zu: »Ich wollte, alles um uns sänke in die Erde und wir zwei blieben allein auf der Welt.« Der begeisterte Klavierspieler Schnitzler setzt sich nach dem Diner an den Flügel und fantasiert, natürlich nur für Olga, die ihm gegenübersitzt und mit Trauer im Herzen daran denkt, dass dieser Mann in Kürze abreisen und die sie so beglückenden Tage unwiderbringlich der Vergangenheit angehören werden.

An diesem letzten schwülen Tag fordert Olga Arthur vormittags zu einem Spaziergang auf. Endlich sind sie allein, aber das Gespräch will nicht so recht in Gang kommen. Mit zu Boden gehefteten Augen stammelt sie schließlich: »Um eines wollte ich Sie bitten, kommen Sie nicht vor Herbst nach Reichenau!« Auf seine erstaunte Frage, warum sie das wünsche, erzählt sie ihm von ihrem ungeliebten, eifersüchtigen Ehemann und der Szene, die er ihr wegen Altenbergs Verehrung vor drei Jahren gemacht hat. Sie will aus Angst vor ihrem unbeherrschten Mann unbedingt den häuslichen Frieden bewahren. Mit bebender Stimme ihm ihre Hand entgegenstreckend, sagt sie: »Ich möchte Ihnen also meine Freundschaft anbieten, – anderes als Freundin kann ich Ihnen ja nicht sein. Eine metaphysische Freundschaft sozusagen. In jedem Schmerz, in jeder Freude sollen Sie denken: Es ist eine da, die mit Ihnen sich freut, mit Ihnen leidet. Wollen Sie diese Freundschaft annehmen?« Und Arthur küsst, als wäre er einverstanden, inbrünstig ihre kühle weiße Hand.

Für den Nachmittag desselben Tages verabreden sie sich im Lesesaal des Kurhauses und begeben sich auf eine letzte gemeinsame Wanderung nach Sankt Valentin. Sie fragen sich dabei immer wieder, wie es zu dieser tief empfundenen Liebe kommen konnte, und erinnern sich mit Wehmut an die gemeinsam verbrachten Momente in Meran: die erste, noch nichts ahnende Begegnung auf der Straße, das langsame, schicksalhafte Verschwinden der Gäste zwischen ihnen bei Tisch und die geheimnisvollen Zahlen 21 und 5, die leider nicht zur Addition kamen. Um sich mehr miteinander verbrachte Zeit vorzutäuschen, machen sie die Tage zu Jahren und sprechen vom Ausflug ins Naiftal vor fünf Jahren und dem Sommer des Vorjahres am Thalhof, wo sie einander noch nicht liebten, der nach dieser Berechnung tausend Jahre zurückliegt. Diese Angewohnheit werden die beiden über die Jahre hin beibehalten. Sie sitzen auf der Terrasse von Sankt Valentin und wünschen sich, dass dieser Augenblick ewig währen möge. Olga trägt einen Umhang mit Pelzquasten, mit denen sie immer spielt. Sie reißt eine davon ab, küsst und schenkt sie Arthur, der sie viele Jahre lang wie ein Kleinod aufbewahren wird. Am Rückweg bittet sie ihn, an diesem letzten Abend nicht Klavier zu spielen: »Mir ist, als sprächen Sie da zu mir. Sie verstehen, was ich meine.« So sitzt man nach dem Abendessen mit ein paar anderen Gästen zusammen und plaudert. Bald begeben sich die netten, aber störenden Gesprächspartner zur Nachtruhe und die beiden Liebenden bleiben allein in dem großen, schwach beleuchteten Raum zurück. Als Schnitzler ihr zum endgültigen Abschied innig die Hand küsst, fallen sie einander plötzlich in die Arme und küssen sich lang und heiß, bis Olga sich losreißt und auf ihr Zimmer geht. Und Arthur auf das seine.

Dass Olga sich Schnitzler an diesem Abend nicht hingibt, zeigt das Ausmaß der Furcht vor ihrem Mann. War sie sich bewusst, dass sie ihren Gatten zwar nicht körperlich, aber beständig seelisch betrog?

Als Schnitzler am Morgen des 17. April 1886 das Hotel Tirolerhof verlässt, ist es kalt und regnerisch. Er dreht sich noch einmal um und erblickt Olga am Balkon ihres Zimmers stehend, die ihm einen traurigen Abschiedsgruß zunickt. Arthur eilt weinend zum Bahnhof und weint auch noch während der Fahrt. Olga Waissnix verlässt Meran am 18. April 1886, wie ein Vermerk der Rubrik »Allerlei aus Meran« in der *Österreichischen Cur-Zeitung*, die dem *Wiener Salonblatt* beigelegt war, verrät: »Herr Ludwig Schneider, der liebenswürdige Wirth vom Wiener Südbahnhofe und Realitätenbesitzer in Vöslau, ist hier angelangt, um seine Tochter, die schöne und geistreiche Frau Olga Waissnix, der die Meraner Cur vortrefflich bekommen hat, abzuholen und nach Abbazia zur Nachcur zu begleiten, von wo dieselbe nach ihrem reizenden Domicil ›Thalhof‹ in Reichenau zurückkehrt.«

Amors Pfeil hat den jungen Lebemann Schnitzler mit voller Wucht getroffen und am Ende der sehnsuchtsvollen Gedanken, die er am 27. April 1886 seinem Tagebuch anvertraut, finden sich die abschließenden Worte: »Nein, in der That! Ich hätte es nie und nimmer möglich gehalten, daß ein Gefühl von solcher Stärke je noch in mein Herz Einzug halten könnte –«

Kein Tag vergeht, an dem er nicht an Olga und die Tage in Meran denkt. Da ein Wiedersehen vor dem Herbst wegen des gegebenen Versprechens nicht möglich ist und der Briefwechsel der beiden noch nicht begonnen hat, lebt der Verliebte in ständiger Hoffnung auf eine Zufallsbegegnung in Wien. Am 29. Mai 1886, beim ersten von Fürstin Pauline Metternich ins Leben gerufenen Blumenkorso im Prater, ist es endlich so weit.

Die Entstehung des Blumenkorso ging auf die seit Mitte des 19. Jahrhunderts alljährlich am 1. Mai, als Begrüßung des Frühlings stattfindenden kaiserlich-königlichen Praterfahrten zurück, die zu einem der wichtigsten inoffiziellen Feste für das Kaiserhaus, den Hoch- und Kleinadel und das Volk gehörten. Die Mitglieder des Kaiserhauses fuhren in den Kaisergarten, der linker Hand vom Eingang in den Prater gelegen und abgeschlossen war. Dort befand sich ein Pavillon, in dem der Kaiser um drei Uhr nachmittags ein Galadiner, und zwar ausschließlich für die Mitglieder des Kaiserhauses und etwaige Gäste aus regierenden Häusern, gab. 1890 wurde diese kaiserliche Ausfahrt durch den Aufmarsch zum 1. Mai der neuen Arbeiterbewegung ersetzt.

Pauline Metternich, sowohl Enkelin als auch Schwiegertochter von Klemens Metternich, hatte im Jänner 1886 das Präsidium des Damenkomitees der neu gegründeten Poliklinik und verbunden damit die Verpflichtung übernommen, größere Geldsummen in Form von Spenden aufzutreiben. Die von ihr seit Jahren veranstalteten Wohltätigkeitsbälle und Theatervorstellungen innerhalb der Hocharistokratie und des Geldadels waren finanziell nicht ergiebig genug. So kam sie auf die Idee, ein Massenfest für die gesamte Bevölkerung zu veranstalten, bei dem jedem Wiener gegen Eintritt etwas geboten werden sollte. Vorbild hierbei war der Fürstin die seit 1876 in Nizza stattfindende »Bataille de Fleurs« (Blumenschlacht), die sie nun in der Prater Hauptallee veranstalten wollte. Das Fest sollte zwei Tage, vom 29. bis zum 30. Mai 1886, dauern. Der Eintrittspreis wurde für Fußgänger mit 20 Kreuzer, für die geschmückten Wagen mit fünf Gulden festgesetzt. Der Andrang um Eintrittskarten im Palais Schwarzenberg, wo das Festkomitee seinen Sitz hatte, war ungeheuer groß.

Eine wahre Völkerwanderung zog am Samstagnachmittag in den Prater, um diesen ersten Blumenkorso zu sehen. Entlang der Hauptallee waren Blumenbuden aufgebaut, in welchen gefüllte Blumenkörbe und Wurfbuketts für die Blumenschlacht von jungen Komiteedamen verkauft wurden. Die Restaurants und Schaubuden in der Ausstellungsstraße und den Nebenalleen waren mit Fahnen und Blumengirlanden geschmückt. Unter den Praterbäumen konnte man in Buschenschanken einkehren. Um 14 Uhr begannen die Musikkapellen zu spielen, um 15 Uhr erschienen in einer Hofequipage Kronprinz Rudolf und Kronprinzessin Stephanie, denen Mitglieder des Kaiserhauses und des Hochadels folgten. Die Wagen waren mit Blumen in den Wappenfarben, die Damen ebenfalls mit allerlei frischen Blüten reich geschmückt. Neben den Wagen des niederen Adels, der Finanz- und Wirtschaftsmagnaten und des Großbürgertums waren auch die Wiener Fiaker zu finden, die sich im Blumenschmuck präsentieren wollten. So zog sich von der Oper über den Praterstern bis zum

Lusthaus eine imposante Wagenreihe, die einer endlosen duftenden Blumengirlande glich. Dazwischen ritten junge Komiteeherren auf ebenfalls geschmückten Pferden, um für Ordnung zu sorgen. Die Wageninsassen warfen sich gegenseitig Blumenbuketts zu, auch zwischen den Wagen und den Zuschauern wurden Blumengrüße gewechselt. Die Blumenschlacht war in vollem Gange, Hunderte duftende Buketts und Blumen flogen durch die Luft.

Der zweite Tag entwickelte sich zum riesigen Volksfest mit Musik, Tanz, Gesang und Feuerwerken im gesamten Volks- und Wurstelprater. Um zehn Uhr begannen die Festlichkeiten am Trabrennplatz mit Trab- und Einspänner- sowie Radrennen. Erst in den späten Abendstunden zog die Menge unter Musikklängen und Lampions schwingend wieder aus dem Prater.

Das Fest war ein voller Erfolg. 267 973 Karten wurden verkauft, was mehr als einem Viertel der damaligen Wiener Bevölkerung entsprach, 2790 blumengeschmückte Wagen hatten sich angemeldet und man hatte mehr als 100 000 Gulden eingenommen.

An jenem ersten Tag des Blumenkorsos, dem 29. Mai 1886, hofft Schnitzler seiner Angebeteten ansichtig zu werden. Mit seinen Eltern und Geschwistern in einer Blumenkutsche sitzend, erblickt er im duftgeschwängerten Gedränge den geschmückten Wagen, in dem Olga mit ihrer Schwester Gabriele sitzt und Blumen wirft. Sie sieht Arthur nicht, der daraufhin aus der Kutsche seiner Familie springt und dem Zug der Wagen entgegenläuft, um auf sich aufmerksam zu machen. Am Wegesrand hält er inne und es überfällt ihn eine plötzliche Angst vor dem ersten Wiedersehen nach den himmlischen Meraner Tagen. Gabriele hat Arthur entdeckt und macht ihre Schwester auf ihn aufmerksam. Olga dreht sich nach ihm um und errötet tief bei seinem Anblick. Sie winkt ihn hastig in ihre Nähe. Über eine Wagenreihe hinweg wirft er ihr eine Blume in den Schoß. Die gelbe Rose, die sie ihm zuwirft, flattert vor seine Füße. Mit brennenden Herzen nicken sie einander dankend zu und Arthur folgt dem Wagen noch so lange, bis er ihn im Gewühl aus den Augen verliert. Die gelbe Rose wird er, bis sie zu Staub zerfällt, gemeinsam mit Olgas Briefen aufbewahren.

Am Tag nach dem Blumenkorso begibt sich die Wiener Gesellschaft zum traditionellen Trabrennen in die Krieau. Arthurs Hoffnung auf eine erneute Begegnung geht in Erfüllung. Olga befindet sich wieder in Begleitung ihrer noch unverheirateten Schwester Gabriele und ihres Vaters, der Renntage gerne zur Pflege seiner Geschäftsbeziehungen nutzte. »Ich wurde in die Loge eingeladen, nahm Platz hinter Olga, verfolgte die Rennen wohl zum erstenmal in meinem Leben ohne sonderliche Anteilnahme, redete nicht viel und gewiß nichts Kluges; Olga erwähnte einige Bücher, die ich ihr in Meran empfohlen und die sie seither gelesen hatte. Plötzlich, ohne daß ich recht zum Bewußtsein der Seligkeit gekommen war, die ich – wie es in einem meiner blasierten Gedichte aus früherer Zeit hieß – ›hätte empfinden können‹, war der ›Zauber‹, so lautete eines ihrer Lieblingsworte, zu Ende, man verließ die Loge, ich begleitete den Vater und seine zwei Töchter zum Wagen, der zu den berühmtesten Wiener ›Zeugeln‹ gehörte, und hatte nur noch Gelegenheit, ein paar flüchtige Worte mit Olga zu wechseln. ›Wieder ein neues Kapitel‹, sagte sie, auf unsere scherzhafte Meraner Gewohnheit anspielend, nach der wir unser beginnendes Verhältnis novellistisch einzuteilen liebten. – ›Rennen.‹ Ich darauf: ›Und wann werden wir das rekapitulieren?‹ – Sie: ›In Reichenau.‹ – Ich: ›Sie nehmen also Ihr Verbot zurück, gnädige Frau, nach dem ich erst im Herbst hätte hinauskommen dürfen?‹ Sie nickte zustimmend und drückte innig meine Hand zum Abschied. Der Wagen fuhr davon, ich sah ihm nach, so lange ich vermochte, halb toll vor Verliebtheit.«

Nun kann den bis über beide Ohren verliebten Schnitzler nichts mehr halten und er fiebert den kommenden Pfingstfeiertagen entgegen, um nach Reichenau zu fahren. Olga ist vom Ausmaß ihrer Gefühle für Arthur Schnitzler so verwirrt, dass sie bereit ist, ihre berechtigte Vorsicht über Bord zu werfen, obwohl ihr von Beginn an bewusst ist, dass sie diese Liebe niemals leben kann und darf. Ihren Mann zu verlassen ist ausgeschlossen, das würde der Vater niemals zulassen. Täte sie es trotzdem, dürfte sie mit keinerlei Unterstützung von seiner Seite rechnen, säße auf der Straße und wäre gesellschaftlich gebrandmarkt. Trotzdem geht sie dieses Risiko ein.

Eine gefährliche Liebschaft
Ein unerfüllter Sommer am Thalhof

»Warum reden Sie von einem solchen Glück,
das uns ja doch niemals werden kann?«

Schon zwei Wochen später, am 13. Juni 1886, dem Pfingstsonntag, findet sich der Verliebte ohne Voranmeldung zur Mittagszeit im Thalhof ein. Olga ist nicht erstaunt, scheint ihn erwartet zu haben, trägt sogar denselben Hut wie in Meran und man wechselt ein paar kurze, beiläufige Worte.

Am Nachmittag darf er die Wirtin in ihren Privatgemächern besuchen, wohin sie besondere Gäste, Bekannte und Freunde gerne zu Kartenpartien oder zum Tee einlädt. Hier trifft Arthur auch den Bruder seiner Mutter, den Rechtsanwalt Edmund Markbreiter, dessen von ihm nicht geschätzte und für dumm gehaltene Frau Marie sowie deren hübsche Schwester Dora Kohnberger, die im Verlauf der Beziehung von Olga und Arthur eine Vertraute beider werden sollte. Da Olgas Mann Charles, der am Gesellschaftsleben seiner Frau ungern teilnahm, nicht zugegen ist und die anderen ins Poker-Spiel vertieft, finden sich die beiden Verliebten recht unbeobachtet. Olga sucht eines von den auf dem Tisch ausgebreiteten Fotos von Meran heraus und reicht es Arthur. Beim gemeinsamen Anblick von St. Valentin, wohin sie der letzte Spaziergang geführt hat, treffen sich beider Blicke in sehnsüchtiger Erinnerung. Auch dieser elegische Moment geht schnell vorüber und man sieht sich erst nach dem Abendessen wieder.

Wie üblich promenieren die Gäste nach dem Diner entlang der Rosenlaubengänge vor dem Haus und Olga gesellt sich dazu. Arthur bemüht sich möglichst an ihrer Seite zu sein, was aber vom sporadisch auftauchenden Ehemann Olgas immer wieder gestört wird. Man weiß nie, wann er kommen wird, sich kurz ins Gespräch einklinkt und wieder verschwindet. Ist er im Saal, im Keller oder nur hinter einem Baum versteckt? Wie ein drohender Schatten verbreitet Charles Unruhe und beobachtet mit Argusaugen ganz genau, mit wem seine Frau spricht. Olga und Arthur können einander nur pantomimisch und mit Blicken vermitteln, dass sich an ihren Gefühlen seit Meran nichts geändert hat. In einem unbeobachteten Augenblick reicht ihr Arthur die Pelzquaste. Olga weiht sie mit einem neuen Kuss, den sich Arthur sogleich von derselben Stelle nimmt. Charles taucht wieder auf, sofort wenden sich die Liebenden anderen Gesprächspartnern zu. Olga und Charles ziehen sich bald darauf zurück.

Am darauffolgenden Tag sieht der sehnsüchtig Ausschau Haltende seine Angebetete nur flüchtig nach Tisch und gerät in eine Unterhaltung mit einem jungen Medizinstudenten, der sich mit Erzählungen über die diversen Verehrer Olgas wichtig macht. Peter Altenberg war kein Geheimnis für Schnitzler, von ihm hatte ja Olga selbst berichtet, nicht aber von einem anderen, in seinen Augen viel gefährlicheren Mann: »Nun aber tauchte noch eine andere Gestalt aus Olgas Vergangenheit empor, viel bedenklicher als jene des Neurasthenikers und Poeten, der sich nach einem platonischen Kuß auf die Hand der Angebeteten für immer aus ihrem Leben davongestohlen hatte (wenn er auch später wieder darin oder wenigstens im Thalhof oft genug gastlich aufgenommen wurde); – dieser andere aber war ein Lebemann, ein Kavalleriefreiwilliger, ein Schuldenmacher, ein Elegant, ein Duellant, wenn er auch vielleicht noch nie ein Duell gehabt hatte, – ein Jäger, der sogar mit Olga gemeinschaftlich gejagt hatte auf den steilen Wänden des Schneebergs und der Rax, schlank, hager, schneidig, mit keiner Wimper zuckend, zwar ein Jude, aber die täuschend geratene Kopie eines österreichischen Aristokraten, sich von einem solchen nur durch Verstand und Witz vorteilhaft unterscheidend, ein junger Herr, den ich kannte, mit dem ich sogar entfernt verwandt war, Rudi Pick mit einem Wort, des berühmten Gustav, der ein Vetter meiner Mutter war, jüngerer Sohn. Und nicht nur Richard Engländer, den Dichter, sondern auch sein Widerspiel, den Mann der Tat, Rudi Pick, hatte Olga geliebt, und auch dieses Jünglings weitere Besuche im Thalhof hatte sich der Gatte verbeten und wahrscheinlich mit mehr Recht als die des Dichters; und was das Schlimmste war, – von diesem Menschen hatte Olga kein Sterbenswörtchen zu mir gesprochen …«

Des feschen Rudi Picks Vater Gustav war ein allseits bekanntes Faktotum, Jurist, Schriftsteller, Komponist, Verfasser des berühmten Fiakerliedes und der humorigen Biografie *Ich von mir*. Er war von Kindheit an in Reichenau auf Urlaub und selbst ein großer Verehrer der schönen Thalhofwirtin. Sein Sohn Rudi war ein Bonvivant, der vorzugsweise verheirateten Frauen reihenweise den Kopf verdrehte. Dem eifersüchtigen Charles Waissnix muss er vor ein paar Jahren als Sohn des Stammgastes Gustav Pick nicht weiter verdächtig vorgekommen sein, denn er ließ ihn mit seiner Frau alleine auf die Jagd gehen. Die passionierte Waidfrau Olga sollte den jungen Mann in die Grundbegriffe der Jagd einführen und was sie dabei im Gegenzug vom ihm erhielt, darüber macht sich Arthur Schnitzler Gedanken und leidet unsäglich. Er wollte sich mit diesem Gespräch lediglich den Nachmittag verkürzen, doch nun entbrennen in ihm gleichermaßen Eifersucht und Zweifel an der geliebten Frau: »Denn daß Olgas Neigungen zwischen Geistigem und Sinnlichem, Künstlerischem und Mondänem, Romantischem und Sportlichem in beunruhigender Weise hin und her schwankten, daß diese feine, ja beinahe edle Frau den Lockungen des Snobismus zu widerstehen weder Kraft noch Lust besaß, darüber durfte ich mich keiner Täuschung hingeben; und auch die neugeweihte Pelzquaste, die ich krampfhaft zwischen den Fingern preßte, vermochte mir das verlorene Gefühl der Sicherheit nicht wiederzuverleihen. Abends aber, als ich mit Olga und Dora zusammensaß und die Unterhaltung sich leichter, vieldeutiger, anspielungsreicher emporschwang und die kupplerische Sorgfalt, mit der Frauen jede im Entstehen begriffene Liebesbeziehung zu hegen und einzuhüllen lieben, auch die unsre zu umschmeicheln begann, ward mir wieder wohler und hoffnungsvoller zumute. Nun war jedenfalls ich und kein andrer da; – Olgas Blicke, was immer in dieser dunkeln Augen Tiefe für Erinnerungen und Möglichkeiten träumen mochten, – nun sanken sie mit dem Ausdruck völligen Hingegebenseins in die meinen. Daß der Gatte immer in unserer Nähe umherschlich, schüchterte mich keineswegs ein, sondern erhöhte meine Stimmung, und ich fühlte mit Befriedigung, daß ich, wenn schon nicht einen glücklichen, so doch einen guten Abend hatte …«

Diese seine gute Laune sollte nicht lange anhalten, denn plötzlich wird Olga durch einen Dienstboten zu ihrem Gatten gerufen und taucht an jenem Abend nicht mehr auf. Am nächsten Morgen hört man, dass es ihr nicht gut gehe. Die Vermutung liegt nahe, dass es eine der häuslichen Szenen gegeben hat. Der Liebeskranke wagt sich aus Angst, den kurzen Moment, in dem die Geliebte vielleicht doch auftauchen könnte, zu versäumen, nicht aus der Nähe des Hauses. Er trifft aber ständig nur auf

Charles, der ihn mit bösen Blicken streift. Am Nachmittag reist er tief bedrückt nach Wien ab.

Etwa fünf Wochen später, am 18. Juli 1886, kommt Schnitzler wieder in den Thalhof, wo es nur sehr wenige kurze, unbelauschte und vom Gatten unbewachte Momente gibt, in denen Arthur Olga gesteht, dass seit den Tagen in Meran außer ihr nichts mehr für ihn existiere. Sie erwidert hastig, dass sie ihn bittet, vorsichtiger zu sein, man sei beobachtet und alle wüssten von ihren Gefühlen füreinander. Charles verhält sich ihm gegenüber äußerst frostig.

Am nächsten Morgen bringt der hauseigene Pferde-Omnibus nicht nur Schnitzler und andere Gäste, sondern auch Olga zur Bahn, da sie ihrer Schwester Gabriele, die ihren Besuch angekündigt hat, bis Gloggnitz entgegenfahren will. Beim Aussteigen flüstert sie ihm zu: »Leider geht auch eine solche Fahrt zu Ende!«

Nach zweiwöchiger Arbeitspause in Wien ist Schnitzler am Samstag, 31. Juli 1886, bereits wieder Gast im Thalhof; diesmal für längere Zeit, die nur ab und an von Wien-Aufenthalten und Besuchen bei seiner Familie in Bad Ischl unterbrochen sein wird. Bei seinem Anblick errötend empfängt ihn Olga herzlich und sehr schnell ergibt sich die Gelegenheit, sich der gegenseitigen Liebe zu versichern. Küssen darf er sie nicht. Den Grund dafür erklärt ihm die von Olga ins Vertrauen gezogene Dora Kohnberger bei einem abendlichen Spaziergang auf der Veranda – Arm in Arm, um den Gatten irrezuführen: Olga hatte ihrem Mann von allen Kurbekanntschaften in Meran erzählt, nur nicht von Schnitzler. Und nun hat Charles Waissnix zwischenzeitlich durch Zufall von dessen Anwesenheit im Kurort erfahren, ist rasend eifersüchtig geworden und hat geschrien, dass er diesen Menschen nicht ertragen könne.

Im Falle ehelicher Zwistigkeiten suchte der Ehemann gerne die Hilfe seines Schwiegervaters, dem er sogleich von der unleidlichen Angelegenheit schrieb. Ludwig Schneider reiste höchstpersönlich an, um seiner Tochter die Leviten zu lesen, und Olga wurde mit der doppelten Drohung eingeschüchtert, dass sie im Wiederholungsfalle der Gatte aus dem Hause jagen und der Vater nicht aufnehmen würde. Olga kannte ihren Vater gut genug, um zu wissen, dass er nicht scherzte, und fügte sich scheinbar in ihr Schicksal. Hätte sie es wirklich getan, hätte sie Schnitzler auf der Stelle das Haus verbieten müssen. Das bringt sie jedoch nicht übers Herz, zu sehr liebt sie diesen Mann und fühlt sich magisch von ihm angezogen. Das gefährliche Spiel mit dem Feuer muss weitergehen, sie will ein bisschen Glück genießen, obwohl sie ahnt, dass sie Gefahr läuft, zu verbrennen.

Schnitzler kann durch Doras Erklärungen Olgas übergroße Vorsicht besser verstehen, er fühlt sich sogar geschmeichelt, dass die Geliebte all diese Gefahren auf sich nimmt, um ihn weiter in ihrer Nähe zu haben. An diesem Nachmittag ist er bereit, sich allein mit ihren tiefen, langen Blicken in seine Augen zufrieden zu geben. Indem er sich ans Klavier setzt und für sie spielt, kann er seine Leidenschaft besser als mit Worten ausdrücken und die beiden fühlen sich einander erneut so nahe wie in Meran.

Am nächsten Morgen musste Arthur wieder nach Wien ins Allgemeine Krankenhaus, wo er die nächsten zwei Tage verbrachte. Seit 1. Juni 1886 war er hier provisorischer Sekundararzt. Am ersten Abend besuchte er die Familie Adler in Baden, mit deren Tochter Gisela er heiße Küsse tauschte und wo er bis 4 Uhr früh mit den Gästen pokerte. Um 8 Uhr früh war er bereits wieder in Wien im Krankenhaus. Wie ist es möglich, Olga so sehr zu lieben und eine andere zu küssen? Schnitzler versuchte sich abzulenken, holte sich, was er von Olga nicht in ausreichendem Maße bekommen konnte, um besser mit seinem Liebesleid umgehen zu können und sich seiner Männlichkeit zu vergewissern.

In Gesellschaft von Dora Kohnberger fährt er am Dienstag, dem 3. August, abends mit der Bahn nach Reichenau und erfährt von ihr, was sich in den zwei Tagen seiner Abwesenheit abgespielt hat:

Nachdem Schnitzler am Montag früh zu seinem Spitalsdienst abgefahren ist, bemerkt Charles bei einem Blick ins Reservierungsbuch, dass der verhasste Eindringling ab dem nächsten Abend ein Zimmer für längeren Aufenthalt bestellt hat. Er gerät in Wut, nennt Schnitzler einen Menschen, der mit seinem Klavierspiel den Weibern den Kopf verdrehe, und verlangt von seiner Frau, dass sie ihm sofort abtelegrafiert. Olga ist zutiefst verzweifelt und denkt darüber nach, ob es nicht besser sei, sich das Leben zu nehmen, als diese Szenen ihres Mannes weiter ertragen zu müssen. Nimmt sie, ohne weiter nachzudenken, etwas von dem Morphium, das sich in ihrer Hausapotheke befindet, oder ist sie sich dessen bewusst, dass die eingenommene Dosis nicht ausreichen wird, sie zu töten? Will sie ihrem Mann nur einen gehörigen Schreck versetzen, weil sie weiß, dass er sie nicht verlieren will? Will sie einfach Ruhe haben, tief schlafen und nicht mehr an ihre Probleme denken müssen? Schnitzler hält es für Kalkül, aber es zeigt beim Ehemann die richtige Wirkung. Er findet seine bewusstlose Frau, ruft sofort den Arzt und fühlt sich schuldig.

Dora Kohnberger, die sich als Hüterin und Vertraute der Liebenden sieht, redet Charles ins Gewissen und macht ihm klar, dass von Schnitzler keine Gefahr drohe und er seiner Gattin vertrauen könne. Sie kann den Mann einigermaßen zur Vernunft bringen, sodass Schnitzlers weiterem Aufenthalt am Thalhof fürs Erste nichts im Wege steht. Am Abend seiner Ankunft tritt Charles sogar an seinen Tisch und begrüßt ihn mit aufgesetzter Höflichkeit.

»Auch der nächste Tag hob unter den günstigsten Zeichen an. Schon des Morgens, freilich ganz flüchtig, sprach ich die Geliebte, Gerettete, die durch ihren Selbstmordversuch, ob er nun ernst gemeint gewesen war oder nicht, für eine Weile die Oberhand gewonnen und mir so mit heiterer Unbefangenheit entgegentreten konnte. Am Nachmittag trafen wir uns auf neutralem Boden, in Frau Doras Salon, und ich erhielt von Olga ein kleines Medaillon mit einem vierblättrigen Kleeblatt, das sie selbst gepflückt hatte.« Anschließend gehen die beiden in Begleitung der Anstandsdame Dora Kohnberger und Marie Engländer, der Cousine von Peter Altenberg, spazieren. Die beiden Damen halten einen rücksichtsvollen Abstand ein und so haben Olga und Arthur Gelegenheit, ungestört zu plaudern. Sie schwelgen in Meraner Erinnerungen und Olga erzählt ihm ehrlich von den Vorfällen der letzten Tage. Bedingt durch seine Neigung, in der Liebe auch immer leiden zu wollen, und aus schlechtem Gewissen vermutet Arthur, dass es zwischen den Ehepartnern zu einer Versöhnung gekommen sein muss und diese als keine größere Treulosigkeit angesehen werden kann als seine nächtlichen Küsse in Baden mit Gisela Adler. Schnell verwirft er diese Gedanken wieder und genießt glückselig den Spaziergang mit Olga. Zum Hotel zurückgekehrt, verfliegt seine gute Laune jedoch wieder, als Gustav Pick mit seinen beiden Söhnen Alfred, einem Gerichtsadjunkten, und Rudi anreist. Rudis sportlich schlanker Körper – Schnitzler hat zeitlebens mit seinem Gewicht zu kämpfen –, seine Eleganz und Heiterkeit machen Schnitzler neidisch und eifersüchtig.

Noch am selben Abend begleitet man Alfred Pick zur Bahn nach Payerbach. »Auf dem dunkeln Perron schwebte die ganze Gesellschaft hin und her, und Olga hatte sogar die Kühnheit, mit mir Arm in Arm auf und ab zu spazieren. ›Was war das heute für ein glücklicher Tag, Arthur‹, sagte sie; worauf ich sie unverzüglich wegen Rudi zur Rede stellte. Sie schüttelte den Kopf, gekränkt, aber gütig. Es war nämlich kein Wort wahr. Wie mir nur so etwas einfallen könnte, und ob ich denn nicht wüßte, daß sie niemanden geliebt habe als mich? ›Wenn wir nur immer so weiterwandern könnten‹, sagte ich, als wir vom Perron aus auf der Bahnstrecke weiter ins Dunkel schritten, ohne uns um die andern zu kümmern. Und sie: ›Warum reden Sie von einem solchen Glück, das uns ja doch niemals werden kann.‹«

Als die Gesellschaft unter einem klaren Nachthimmel mit dem hoteleigenen Pferdewagen zurückfährt, fühlt sich Arthur als Sieger. Über Olgas pessimistischen Ausspruch denkt er an diesem Abend nicht weiter nach. Der Tag war insgesamt zu schön, um sich die Hoffnung auf die Verwirklichung seiner Liebe rauben zu lassen. Olga hingegen ist sich immer bewusst, dass diese Liebe unerfüllt bleiben muss, will aber wenigstens den leisen Hauch eines möglichen Glücks genießen.

Zwei Tage später trifft man sich wieder im bequemen Salon der Hausfrau zum schwarzen Kaffee. Während Gustav Pick Schnurren aus seinem Leben erzählt, denen alle andächtig lauschen, findet Olga Gelegenheit, Arthur ein rotgebundenes Buch von Paul Heyse zu übergeben. Der 1830 in Berlin geborene und später in München lebende Heyse war zu seiner Zeit einer der beliebtesten Schriftsteller und Dichter und zugleich der erste deutschsprachige Autor, der 1910 den Literaturnobelpreis verliehen bekam. Er verfasste 180 Novellen, acht Romane und 68 Dramen. Während der Kuren, die Heyses erste Frau in Meran genoss, entstanden seine *Meraner Novellen*, die Schnitzler nun in Händen hält. Eine von ihnen, mit dem Titel *Gute Kameraden*, weist viele Parallelen zur Beziehung von Olga und Arthur auf. Olga hat einige Stellen mehrmals unterstrichen, die ihm noch lange schmerzlich und zugleich beseligend im Sinn haften bleiben sollten: »O Schwesterherz, was ich ihm für weise Dinge gesagt habe, an die ich selbst nicht glaubte, was für rechtschaffene Gemeinplätze, während das arme gequälte Herz in mir stöhnte und schrie und alle diese tapferen Sprüche Lügen strafte.« – »Er war so liebenswürdig. Warum darf ich ihn nicht lieben? So unglücklich. Warum darf ich ihn nicht glücklich machen?« – »Ich habe dann meine heißgeweinten Augen an den Blumen gekühlt, die sind nun alles, was ich von ihm bewahren darf.« Diese Textstellen machen Arthur bewusst, dass er in Meran in Olgas Wunsch einer guten Kameradschaft eingewilligt hat, weil sie nicht mehr verbinden kann und darf. Kann sie das ernst gemeint haben, wenn sie ihm solche Blicke schenkt und ihm gesteht, dass sie nur ihn liebe? Schnitzler ist verwirrt, denkt aber nicht daran, aufzugeben.

Am darauffolgenden Nachmittag genießen Arthur und Olga beim Promenadenkonzert zumindest die Nähe des Zusammensitzens und am Abend tanzen sie beim Hausball, der zum Höhepunkt der Sommersaison im großen Speisesaal stattfindet, sogar eine Quadrille. Arthur, der sich mehr von diesem Abend erhofft hat, trinkt zu viel und begegnet Olga am nächsten Morgen verkatert und übellaunig. So hat sie ihn noch nie erlebt und zieht sich erschrocken zurück. Bei einem kurzen Gespräch am Nachmittag stellt sie ihn zur Rede und gesteht ihm, dass es die unglücklichste Stunde ihres Lebens gewesen sei, ihn so verstimmt zu sehen. Seinem Tagebuch vertraut Schnitzler ein paar Tage später dazu an: »Nach dem Souper saßen wir lang beisammen. In jedes ihrer Worte wußte sie etwas von ihren Gefühlen für mich hineinzulegen – sie war unermeßlich lieb – Am Morgen darauf mußt ich weg – Ists denn möglich, daß Sie fortgehn, fragte sie – ich kanns nicht glauben – es ist schrecklich –!«

In seinen Erinnerungen gesteht sich Schnitzler ein, dass die Seele ein recht weites Land sei, als er vermerkt, dass er gleich am ersten Abend, nachdem er den Thalhof verlassen hatte, wieder zur Familie Adler nach Baden fuhr, wo er mit den Töchtern Gisela und der noch hübscheren Emma erneut Zärtlichkeiten im Park austauschte. Immerhin war er seinem Tagebuch gegenüber ehrlich, auch wenn er sich selbst und sein stark ausgeprägtes Triebleben, das nach Befriedigung sucht, nicht versteht.

Am Folgeabend besuchte Schnitzler seine Eltern, die sich bei Familie Mandl in Vöslau aufhielten, bevor er am Mittwoch, dem 11. August, abends wieder am Thalhof eintraf. Lange plaudert er mit Olga und Dora Kohnberger auf der Terrasse und jedes Mal, wenn der misstrauische Charles Waissnix herumspioniert, flirtet Schnitzler ostentativ mit Dora.

Der nächste Tag ist regnerisch und schlägt Olga aufs Gemüt, weil er sie an den Abschiedsmorgen in Meran erinnert. Als bei Tisch jemand von einem Mädchen erzählt, dem Schnitzler im Winter des Vorjahres den Hof gemacht und mit dem man von einem Verlöbnis gemunkelt hat, wird sie sehr blass und beißt sich aus Eifersucht – wie sie Arthur später gesteht – so fest auf die Lippen, dass Blutströpfchen hervorquellen. Zu der eingeschworenen Gesellschaft, die die unsündige Liebe der beiden beschützt, hat sich inzwischen eine junge, hübsche Engländerin, Eveline, gesellt, die es durch Heirat mit dem Sohn der einflussreichen jüdischen Familie Brandeis-Weikersheim nach Wien verschlagen hat.

Am Nachmittag spielt ein weiblicher Gast im Klavierzimmer. Olga und Arthur stehen hinter der Pianistin, er hält ihre Hand und bedeckt sie mit heißen Küssen. Nach dem Souper gibt es den üblichen Spaziergang, an dem diesmal auch Charles Waissnix teilnimmt. Olga und Arthur sprechen gerade leise darüber, eine regelmäßige Korrespondenz zu beginnen, als der Ehemann plötzlich verschwunden ist. Dass er nicht kurz darauf wieder erscheint, erregt Olga sehr und sie begibt sich auf ihr Zimmer. Gleich darauf stürzt Charles an Arthur vorbei und hinter seiner Frau her. Beunruhigt begeben sich Dora und Arthur ebenfalls zur Nachtruhe.

Am nächsten Morgen erzählt Olga Dora, die es wiederum Arthur berichtet, was vorgefallen ist. Charles wollte gehört haben, wie Schnitzler mit Dora Kohnberger über eine Scheidung zwischen ihm und Olga geflüstert habe. Er machte Olga eine fürchterliche Szene und flehte sie an, ihn nicht zu verlassen. Wie ein Toter sei er vor ihr zusammengesunken, wobei er nach der Meinung Olgas und Doras diese Ohnmacht nur vortäuschte. Auch Schnitzler ist der Überzeugung, dass Charles nur Komödie gespielt hat. Er hätte sich auch von einer wirklichen Ohnmacht nicht rühren lassen: »Denn Liebende sind im allgemeinen nur gut, soweit es den Gegenstand ihrer Liebe betrifft; in Hinsicht auf alles andere und gar auf Menschen, von denen sich ihre Liebe irgendeiner Störung versehen muß, hart bis zur Grausamkeit. Und unbekümmert um den Komödianten, wie ich es für meinen Teil auch um den Toten gewesen wäre, spazierten wir abends im Mondenschein wieder auf und ab, Olga und ich …«

Bevor Olga sich nach diesem romantischen Spaziergang zurückzieht, gesteht sie Arthur, wann sie sich in ihn verliebt habe, was er in seinem Tagebuch festhält: »Sie sagte, sie habe die Liebe zu mir in dem Moment das erstemal empfunden, wo ich ihr in Meran nach der Partie in jenes Thal gesagt: Die Stätte, die ein guter Mensch betrat, sie ist geweiht für alle Zeit – das war der elektrische Schlag, der coup de foudre – Nie hab ich

einen Menschen so lieb gehabt wie Sie! ... Was sie für jenen andern empfand ... sei nichts gewesen!«

Auch wenn Dora erneut beruhigend auf Charles eingewirkt hat, spricht
dieses Verhalten Olgas völlig gegen ihre so oft zum Ausdruck gebrachte
Angst. Nahm sie Charles plötzlich nicht mehr ernst? Fühlte sie sich durch
seine Schwäche mit einem Mal stark und bot ihm die Stirn? Oder nutzte
sie nur die Gunst der Stunde, um so viel als irgendmöglich von ihrer unerlaubten Liebe genießen zu können?

Das Grunddilemma der Eheleute war ihre unterschiedliche soziale Herkunft. Olga war ein Kind der Stadt, kam aus der Wiener Gesellschaft, in
der es zum guten Ton gehörte, zu flirten und auch als verheiratete Frau von
Männern umschwärmt zu werden. Was für sie nicht weiter bedeutungs-
volle Alltäglichkeiten waren, wurde im ländlichen Raum nicht toleriert, als
verwerflich und für den Mann erniedrigend angesehen. Es waren zwei
Welten, die aufeinanderprallten. Charles beherbergte zwar die Wiener
Gesellschaft in seinem Hotel, wollte mit ihren amoralischen Sitten aber
nichts zu tun haben. Seine Frau hatte sich den Gebräuchen der ländlichen
Gesellschaft, in die sie eingeheiratet hatte, entsprechend anzupassen.

Da Arthur in Kürze wieder abreist, weil er mit seiner Familie die alljährliche Sommerfrische in Ischl verbringen wird, lädt Dora Kohnberger
die Liebenden am nächsten Tag zu sich ins Appartement ein, wo sie sie
bald allein lässt. Sie fallen einander zu einem minutenlangen, leidenschaftlichen Kuss in die Arme. Olga sagt: »Wenn ich glaube, dass ich mich
werde beherrschen können, komme ich morgen herunter.« Sie kommt
und schenkt Arthur eine Rose. Charles steht daneben und dann begleiten
ihn die Eheleute gemeinsam ein Stück des Weges zur Bahn. Schnitzler
schreibt resümierend: »Sie war nicht am Morphium gestorben, er war
nicht toll geworden vor Eifersucht, und auch ich befand mich am Ende für
einen glücklich-unglücklichen Liebhaber nicht so übel, als man hätte denken sollen.« Wie eine Komödie erscheint diese Szene, die Charles' Ablehnung der höflichen Oberflächlichkeit der High Society nachvollziehbar
macht.

Schnitzler verbrachte die nächsten zehn Tage in Ischl, wo seine Eltern
regelmäßig zur Sommerfrische waren. Bald erhält er von Olga, die seine
Anwesenheit vermisst, eine Einladung, womit die Korrespondenz zwischen den beiden einsetzt.

18. August 86

Lieber Herr Doctor!

Der Reichenauer Verschönerungs-Verein im Allgemeinen & meine Wenigkeit im Besonderen senden Ihnen hiermit Ihre Einladung zu dem nächsten Sonntag bei den Eichen stattfindenden Wolthätigkeitsfest. Wir kennen ja Ihren milden Sinn und hoffen, daß auch Ihre Angehörigen Ihnen, lieber Herr Doctor, auf einen ganz kleinen Abstecher nach Reichenau Urlaub geben werden. Ich verkaufe bei den Cigarren und würde mich sehr freuen Ihnen eine anbieten zu dürfen.

Abends ist Kränzchen, alle anderen Aufklärungen mündlich. –

Ich hoffe Ischl hält Sie nicht so riesig fest & freut sich sehr Sie, lieber Herr Doctor, baldigst hier zu sehen

Olga Waißnix

Bitte kommen Sie aber erst Sonntag, denn Samstag dürfte es unmöglich sein Ihnen ein Zimmer zu verschaffen.

Dieses alljährliche Wohltätigkeitsfest rund um den Kaisergeburtstag fand 1886 auf der Eichenwiese oberhalb des Thalhofs statt. Die Einnahmen aus Verkäufen und Spenden kamen jedes Jahr anderen Bedürftigen oder sozialen Institutionen in Reichenau zugute. Die Organisation bis hin zu den Kostümentwürfen, passend zum jeweiligen Motto, lag in den Händen Olgas.

Die Einladung hält Schnitzler bereits – man lese und staune über die Geschwindigkeit der damaligen Postzustellung – einen Tag später in Händen und muss mit großem Bedauern absagen, da sein Vater seine Anwesenheit in Ischl wünscht.

Gleichzeitig sendet er einen humoristisch-sentimentalen Brief in Versen an Dora Kohnberger, der er damit für ihre liebevolle Unterstützung dankt. Darin kann er Olga versteckte Mitteilungen zukommen lassen, wie zum Beispiel, wann er wieder an den Thalhof kommen wird.

August 1886.
Verehrte würdige Freundin,
Geschätzte gnädige Frau,
Da sitz' ich einsam in Ischl
Und träume von Reichenau.

An schwülem Sonntagsabend
Empfing mich das Rauschen der Traun,
Es lag ein Dunst und Nebel
Rings über den grünen Au'n.
(…)
Nach Montag kam Dienstag wie immer
– Die Wochen sind so trivial –,
Da fuhr ich nach Kammer hinüber
Mit Mutter und Schwester zumal.
(…)
Nun kam des Kaisers Geburtstag,
In Gmunden verbracht' ich den;
Da hab' ich manch holde Frouwe
Und Magedin gesehn.

Des Abends stand ich am Ufer,
Da wogten in bunter Reih'
Viel festlich leuchtende Kähne
Rotschimmernd an mir vorbei.

Und in dem mächtigen Nebel
Raketen stiegen hinan,
Die flirrten und knallten und starben, –
Wie Menschenglück und Wahn.

Sie sprühten so überlustig,
Schier jubelnd ertönte ihr Knall,
Dann stoben die Funken gen unten, –
Versanken ins Wasser all.

Da kam die Melancholia
Wie einem Fünfziger mir; –
Doch nein: wie einem Jüngling,
Vous savez, Madame, c'est pire.
[*Sie wissen, Madame, das ist schlimm; Anm.*]

So klagt der Träumer in Ischl,
Dieweil in Reichenau
Gewiß schon zum Feste sich rüstet
Gar manche schöne Frau.

Doch kommt zum Fest nicht der Träumer,
So kommt er später bestimmt;
Und längstens kommenden Dienstag
Schneedörfl er wieder erklimmt.

Das Leben ist wie ein Kreuzzug
In das gelobte Land –
Und bis ich es wieder erschaue
Grüß' alles ich, was mir bekannt.
(…)
Der schönen Frau Eveline
Ergeben mein Grüßen gilt,
Ich küsse die Hände Frau Olga,
Der Wirtin wundermild.

Herrn Charles empfehl' ich mich bestens,
Auch Rettinger sei gegrüßt,
Von einem, der all seine Sünden
Im öden Ischl büßt.

Ich schließe somit, denn in kurzem
Bin ich ja wieder retour –
Und mündlich sinkt Ihnen zu Füßen
Ihr treuer Freund Arthur.

Die Antwort aus Reichenau kommt prompt am Samstag, 21. August 1886, in Form des folgenden gedichteten Telegramms, das neben Olga und Dora auch von Eveline Brandeis-Weikersheim und Marie Engländer unterzeichnet ist:

Besten Dank fürs Grüßenlassen besten Dank für Ihr Gedicht doch wir
können uns nicht fassen daß zum Fest Sie kommen nicht.
Dora Eveline Mitzi Olga

Wie Schnitzler später von Dora Kohnberger erfährt, hat Olga in ihrem
Zorn über sein Nichterscheinen zum Fest wütend einen Teller zerschla-
gen.

Am Dienstag, dem 24. August, kann er sich von seiner Familie in Ischl
loseisen und macht sich mit der Bahn auf den Weg nach Payerbach. Dort
besteigt er einen Fiaker und fährt elegant am Thalhof vor. Hier hat sich der
Kreis der Gäste inzwischen vergrößert – Olgas Schwestern Gabriele und
Fanni sind zu Besuch –, aber die Grundsituation hat sich nicht geändert:
»Das Mißtrauen des Gatten war während meines Fernseins offenbar noch
gewachsen; und da ich meine Gefühle immer weniger zu verbergen vermochte, und da auch Olga es zuweilen, sooft sie mir auch, wenn Gefahr in
der Nähe war, ein hastiges ›take care‹ zuflüsterte, an dauernder Vorsicht
und Verstellungskunst fehlen ließ, so wurde die Atmosphäre immer
schwüler und bedrohlicher; und wenn der Gatte und ich einander begegneten und mit stummen Blicken maßen, drängte sich mir das vielleicht
etwas zu großartige Bild auf, daß sich zwei Tiger auf dem Sprung gegen-
überlägen.«

Olga und Arthur sind nie mehr als eine Minute allein und der Schutz-
engel Dora Kohnberger ist mittlerweile abgereist. So müssen jene Gelegenheiten wahrgenommenen werden, bei denen man einander in lang-
weiliger Gesellschaft, während ermüdender Lesungen oder dilettantischer
Klaviervorträge wenigstens nahe sein oder sich in die Augen sehen kann.
Weitere Möglichkeiten sind Spaziergänge, bei denen Olga so tut, als würde
sie Arthur die umliegenden Berge erklären, ihm dabei aber zuflüstert:
»Sagen Sie mir noch einmal, dass Sie mich lieben, – ich kann es tausendmal hören, – wenn Sie wüssten, wie ich Sie anbete.« Da Olga jederzeit
irgendwo im Thalhof erscheinen könnte, wagt es Schnitzler nicht, sich
auch nur eine Viertelstunde vom Hotel wegzubewegen. Dabei liegt er mitunter verzweifelt in seinem Zimmer, weil die Angebetete, ein feindseliges
Verhalten ihres Gatten fürchtend, in kühlem Ton zu ihm gesprochen hat.
Er ist von der anstrengenden Gesamtsituation und dem ewigen Komö-
dienspiel entnervt.

Eines Tages kommen Olga und Arthur schließlich auf die Idee, Schach zu spielen, im kleinen Hof neben dem rückwärtigen Hoteleingang, der von allen Seiten zugänglich ist und damit quasi vor aller Augen liegt. Ständig gehen an dem Schachtisch Gäste, Bedienstete, Olgas Mann oder ihr Schwiegervater vorbei, verharren kurz, werfen einen flüchtigen Blick auf das Schachbrett und entfernen sich wieder. In aller Öffentlichkeit haben die beiden so die Möglichkeit, einander nahe zu sein, ohne allzu großes Aufsehen zu erregen. Es ist ein harmloses Spiel, bei dem die Finger der Spieler sich beim Rücken der Figuren flüchtig berühren können. Die dadurch entstehende Erregung kann durch das spannende Spiel erklärt werden. Selbst Charles kann nichts dagegen haben, dass seine Frau am späten Nachmittag mit einem pünktlich zahlenden Gast aus gutem Hause eine Partie Schach spielt.

Die Störung dieser Schach-Idylle sollte von unerwarteter Seite kommen. Am Morgen des 2. September fährt der fesche Kavallerieleutnant in Reserve, Rudi Pick, im Fiaker vor und bleibt für zwei Tage. Mit diesem Mann hat Schnitzler aus mehreren Gründen ein Problem. Nicht nur ist er ein Verehrer seiner Angebeteten gewesen, ist schlanker, blonder, eleganter als er selbst gekleidet und plaudert amüsanter. Mit ihm ist Olga alleine auf Gamsjagd gewesen, wo sich doch unvergleichlich bessere Gelegenheiten zur Liebe geboten haben müssen, als er sie hier mit ihr hat! Schnitzler wird völlig von seiner Eifersucht überrollt. Obwohl Olga während dieser zwei Tage alles Menschenmögliche tut, um ihn zu beruhigen, ihm verheißungsvolle Blicke und leidenschaftliche Worte zuflüstert, leidet Arthur unsäglich, was Olga wiederum beunruhigt: »Ich könnte weinen, wenn ich Sie traurig sehe«, sagt sie. »Wissen Sie denn, wie wahnsinnig ich Sie liebe? Jede Minute meines Lebens, meines Denkens gehört ja Ihnen nur allein«, entgegnet er. Nur Charles scheint die Situation zu genießen. Was soll schon passieren, wenn gleich zwei Verehrer seiner Frau zugegen sind?

Doch der Schein trügt. Am Abend nach Rudi Picks Abreise erscheint Olga nicht wie üblich im Speisesaal, da sie sich, wie man vernimmt, nicht wohlfühlt. Am nächsten Morgen erscheint sie sehr blass, winkt Arthur zu sich und bittet ihn, sich in fünf Minuten in ihrem Salon einzufinden. Als Arthur dort einlangt, steht sie, noch bleicher als vorher, am Klavier, sinkt in seine Arme, küsst ihn mit Inbrunst. Dann erzählt sie, dass sie Charles am Vorabend nur mit Mühe davon abhalten konnte, hinunterzustürmen und ihn zu erschlagen. Sie bittet Arthur, sofort abzureisen, um sich in Sicherheit zu bringen. Voller Überzeugung erklärt Arthur, dass er nicht daran denkt zu fliehen, sondern gerne für sie sterben will. Gemeinsam suchen sie nach einer Lösung, was immer wieder von zärtlichen Küssen unterbrochen wird. Arthur entwickelt einen Plan nach dem Motto, dass Angriff die beste Verteidigung sei.

Er lässt sich unverzüglich bei Charles melden und stellt ihn zu Rede. Fragt ihn, warum er seiner Frau das Leben mit seiner unbegründeten Eifersucht vergälle und harmlose freundschaftliche Unterhaltungen durch sein Misstrauen störe, erklärt ihm, dass eine verfrühte Abreise seinerseits peinlich auffallen und ihm in seinem Ansehen schaden würde. »Er erwiderte mir ziemlich ruhig, und nur seine zermarterten Züge, die schmalgewordnen Wangen, die rotgeränderten Augen mit den lefzenartig heruntersinkenden Mundwinkeln – Jagdhundgesichter pflegte später einer meiner Freunde solche eifersuchtverzerrte Physiognomien zu nennen – verrieten seine, mir freilich sehr gleichgültige oder gar lächerliche innere Pein. Er sei fern davon, sagte er, seine Frau ernstlich zu verdächtigen, und was ihr ›G'speanzel‹ mit mir anbelange, so solle ich ja nicht glauben, daß ihm das etwas Neues sei. ›Mit dem Richard Engländer und mit dem Rudi Pick‹, setzte er mit einem wohlgezielten Nebensatz hinzu, ›hat sie's genauso getrieben wie mit Ihnen.‹ Es ist wohl denkbar, daß nun auch meine Züge ins Jagdhündische zu spielen anfingen.« Er habe auch nichts gegen Gespräche, die seine Frau mit den Gästen führe, erklärte Charles, was er sich allerdings nicht gefallen lassen wolle, sei das dadurch entstehende Gerede der Leute. Die beiden Männer trennen sich mit einem Händedruck und Schnitzler kann bleiben.

Er tanzt am Abend mit Olga, wobei sich ihre Wangen berühren und sie Zärtliches flüstert, als Sieger fühlt er sich dennoch nicht. Der Stachel von Charles' Bemerkung, dass Olga es mit Altenberg und Pick genauso getrieben habe, sitzt tief. Bei der nächsten Schachpartie quält er Olga, indem er die hämischen Worte ihres Mannes wiederholt, ja sie ihr vorwirft. Sie erkennt darin die Rache ihres Ehemannes und geht nicht weiter darauf ein. Schnitzler hat nicht erreicht, was zum Grundmuster seiner Liebesbeziehungen gehört: Wenn er leidet, muss auch die Frau durch ihn leiden, denn ohne Leid und Eifersucht kann Liebe nicht wahre Liebe sein.

Noch vor Rudi Picks Ankunft hatte Schnitzler auf Bitten Olgas hin begonnen, ein Gelegenheitsstück zum Geburtstag der schönen Eveline Brandeis-Weikersheim zu verfassen. Er tat es umso lieber, als Olga sich bereit erklärt hatte, darin die Rolle des Thalhof-Genius zu übernehmen. Sich selbst als einzig mitwirkendem Herrn teilte er die Rolle des Genius von Wien zu. Am 4. September wird das *Thalhof-Festspiel* genannte Werk fertig und das erste Mal geprobt. Am Tag der Aufführung, dem letzten Tag von Schnitzlers Aufenthalt, gibt es vormittags eine weitere Probe. Nachmittags schreibt er in der Kanzlei des Hotels sitzend die Verse für den Souffleur ins Reine: »Diese sonst etwas langweilige Beschäftigung wurde mir dadurch versüßt, daß Olga von Zeit zu Zeit hereinkam, sich über die Blätter beugte und ich ihr die Hände küsste.«

Nur vor den engsten Freunden des Geburtstagskindes findet abends die Vorstellung im Teesalon statt. Die Damen in hübschen, von Olga entworfenen Kostümen, Schnitzler als Wiener Strizzi mit Strohhut. In seinen viele Jahre später geschriebenen Erinnerungen zu diesem Abend gesteht er Olga kein großes schauspielerisches Talent zu: »Olga sprach ihre Verse damenhaft mit dunkler Stimme und ohne Talent.« Nach der mit großem Beifall bedachten Premiere gibt es ein Geburtstagssouper und einen Schnitzler aufwühlenden Tanz, bei dem er seine Olga noch einmal vor dem Abschied im Arm halten kann, ihn aber auch sehr endzeitliche Gedanken ihre Beziehung betreffend beschleichen. Er zieht ein berührendes Resümee: »Heute war ja der letzte Abend meines Reichenauer Aufenthaltes, das Ende dieser wunderbaren glückselig-unglückseligen, sehnsucht- und leidenschafterfüllten Sommertage, in denen, wenn auch die letzten und heißesten Wünsche nicht gestillt waren, ich an Liebeserfahrung und Wissen um die Seele von Männern und Frauen und vor allem an Wissen um mich selbst weiter vorgeschritten war als in irgendeiner früheren Epoche meines Daseins. Wenn ich auch fühlte, daß es zwischen Olga und mir keineswegs für immer vorbei war, daß wir uns bald und vielleicht oft wiedersehen würden, und wenn sogar kühnste Hoffnungen für spätere Zeit in mir lebendig waren und lange blieben, – die Ahnung, daß das Schönste, das in einem tieferen Sinn Schönste, das Unwiederbringliche und Einzige dieser Beziehung mit dem heutigen Abend erledigt war, diese Ahnung umschattete meine Seele düsterer, als es irgendeine banale Abschiedsstimmung getan hätte; – und in dieser letzten Thalhof-Nacht weinte ich Tränen, die zu den bittersten, verzweiflungsvollsten meiner Jugend gehörten …«

Am nächsten Morgen fahren Arthur und Olga gemeinsam nach Wien, was nicht weiter auffällt, da sie oftmals ihren Vater besuchte und bei ihm am Südbahnhof wohnte. Im gleichen Coupé fährt Doras Mann, der Kaufmann Innocenz Kohnberger, der sich die gesamte Fahrt bis Mödling schlafend stellt, damit die Liebenden in einem langen, inbrünstigen Kuss versinken können.

Nach Wien zurückgekehrt, vertraute Schnitzler seinem Tagebuch am 7. September 1886 an: »Sie streichelte meine Wangen, meine Augen, meine Haare – dann küssten wir uns lang, lang … – es war uns beiden, als müßten wir vergehen –

– Und jetzt bin ich wirklich nicht mehr in ihrer Nähe. Wenn ich nur einen Moment einen andern Gedanken haben könnt als sie.«

Der Beziehungswandel
Beginn eines Briefwechsels

»Sie wären der erste, der mich verachten würde,
wenn ich anfinge incorrect zu sein.«

Auch wenn Schnitzler im Jahr 1886 noch einige Male auf den Thalhof kommen sollte, die erste »süße« Zeit der Beziehung und vor allem des oftmaligen Einander-Sehens war vorbei. Das geschriebene Wort begann an Bedeutung zu gewinnen. Allerdings bedurfte es, wie die Korrespondenz zeigen wird, einer Zeit der Annäherung, in der so manches falsch verstandene Wort geklärt werden musste, das von Seiten Olgas aus Angst vor Entdeckung gewählt, von Seiten Arthurs manches Mal aus Achtlosigkeit geschrieben wurde. Was nie vergessen werden darf, ist der Umstand, dass Olga Waissnix mit jeglicher persönlichen oder brieflich-intimen Äußerung an Schnitzler permanent ihre gesellschaftliche Existenz aufs Spiel setzte, während Schnitzler zwar mit Herzeleid, aber gesellschaftlich unbeschwert seine Verliebtheit leben konnte. Sorgen machte sich seine Familie, der natürlich nicht entgangen war, wer der Grund für die häufigen Reichenau-Besuche im Sommer 1886 gewesen war, allerdings um das leibliche Wohl des Sohnes, da die cholerische Brutalität von Charles Waissnix allseits bekannt war.

Am 6. September 1886 kommt Schnitzler in Wien an und beginnt sogleich wieder seinen Spitalsdienst. Beim Auspacken seines Koffers findet er einen Band mit Gedichten von Nikolaus Lenau, den ihm Olga geliehen und er irrtümlich eingepackt hat. Es ist ihm nicht unlieb, in dem Buch das eine oder andere nachlesen zu können, besonders jene Zeilen, die beide so sehr angesprochen hatten:

Wunsch
Fort möcht' ich reisen
Weit, weit in die See,
Oh meine Geliebte,
Mit dir allein!

Die Dränger und Lauscher
Und kalten Störer,
Sie hielt uns ferne
Der wallende Abgrund,
Das drohende Meer,
Wir wären so sicher
Und selig allein.
Und käme der Sturm,
Ich würde dich halten
An meiner Brust.
Wenn donnernde Wogen
Zum Himmel schlügen,
Doch höher schlüge
Mein trunkenes Herz;
Und meine Liebe,
Die ewige, starke,
Sie würde frohlockend
Dich halten im Sturm.
Du würdest zitternd
Mir blicken ins Auge,
Und würdest erblicken,
Was nimmer scheitert
In allen Stürmen,
Und würdest lächeln
Und nicht mehr zittern.
Sieh, nun ermüdet
Der tobende Aufruhr,
In Schlummer sinken
Die Wellen und Winde,
Und über den Wassern
Ist tiefe Stille.
Da ruhst du sinnend
An meiner Brust.
So tiefe Stille:
Mein lauschendes Herz
Hört Antwort pochen

Dein lauschendes Herz.
Wir sind allein,
Doch flüsterst du leise,
Um nicht zu stören
Das sinnende Meer.
Nur sanft erzittern
Die Lippen dir,
Die schwellenden Blätter
Der süßen Rose;
Ich sauge dein Wort,
Den klingenden Duft
Der süßen Rose.
Im Osten hebt sich
Der klare Mond,
Und Gott bedecket
Den Himmel mit Sternen,
Und ich bedecke,
Selig wie er,
Dein liebes Antlitz,
Den schönern Himmel,
Mit feurigen Küssen.

Olga und Arthur sprachen diese Verse aus der Seele, da sie alles ausgedrückten, was ihnen versagt war: Ungestörtheit, Berührung, Sinnlichkeit und körperliche Erfüllung. Der österreichische Lyriker Nikolaus Lenau (eigentlich Nicolaus Franz Niembsch Edler von Strehlenau, 1802–1850) stieg im Übrigen auch einst am Thalhof ab und arbeitete dort im Sommer 1836 an seinem Epos *Savonarola*. Einige Verse daraus, die er mit dem Titel »Während des Gewitterregens« überschrieb, finden sich als Eintrag im Gästebuch des Thalhofs.

In seinem ersten Brief nach dem aufregenden Sommer bittet Arthur Olga, den Lenau-Band noch eine Weile behalten zu dürfen. Olga antwortet bereits am nächsten Tag und gewährt ihm die Bitte nebst einem Bericht über neu eingelangte Gäste, darunter die berühmten Schauspieler Adolf von Sonnenthal und Stella Hohenfels. Die wichtigste Mitteilung ihres Schreibens ist allerdings: »Ich hoffe, Sie kommen bestimmt nächsten

Samstag. Wählen Sie keinen zu späten Zug, das sind alles gräßliche Bummler.« Aus Vorsichtsgründen ersucht sie ihn um kein weiteres schriftliches Aviso.

Wie groß aber ist Arthurs Enttäuschung, als er ihrem Wunsch entspricht, sie jedoch nicht zu Gesicht bekommt, weil sie sich, wie ihm die wieder am Thalhof urlaubende Dora Kohnberger berichtet, den Knöchel verstaucht hat und weinend in ihrem Zimmer liegt. Dort kann er sie unmöglich besuchen, ohne sie oder ihren Mann zu desavouieren. Zu allem Überfluss befindet sich an diesem Wochenende auch der verhasste Rudi Pick vor Ort und reist nicht wie Schnitzler am Sonntagabend wieder nach Wien. Aufgewühlt hinterlässt er ein paar bitter-traurige Zeilen. In Wien angekommen, tröstet sich der Gekränkte sogleich mit einer gewissen Lolotte, die er ein Jahr zuvor flüchtig kennengelernt hat, obwohl sie ihm eigentlich zuwider ist.

In der folgenden Woche gehen zwei offiziell gehaltene Briefe, den Gesundheitszustand Olgas betreffend, zwischen ihr und Arthur hin und her. Unter einem geschickten Vorwand kann Schnitzler am Samstag, dem 18. September, wieder an den Thalhof reisen: Er hat seine Mutter gebeten, ein paar Tage dort Urlaub zu machen, und besucht sie gemeinsam mit seinem Bruder Julius. Olga erscheint allerdings erst nach dem Souper, weil sie in Wien bei einer Hochzeit geladen war. In einem unbelauschten Moment gestehen die beiden einander von Neuem ihre Liebe, doch Olga wirkt bedrückt und zieht sich bald zurück. Von Dora Kohnberger erfährt Arthur tags darauf, dass es zwischen den Eheleuten seinetwegen wieder zu einer unschönen Szene gekommen und Vater Schneider erneut angereist sei. Abends, während eines Gesellschaftsspiels, steckt er der Geliebten einen Zettel mit liebestollen Worten zu: »Wissen Sie, daß ein Blick von Ihnen mein Leben ist? Dass der Ton Ihrer Stimme mich verrückt macht? Daß mein Leben in demselben Momente aufhören müßte –, in dem ich nicht mehr überzeugt sein könnte, daß Sie mich lieben? Ich muss Sie wiedersehn, ich muss. Ahnen Sie, wie ich Sie liebe? Wie ein Rasender … Es existiert nichts auf der Welt als Sie. Sie sind Alles, ein Engel, mein Gift – ein süßes Gift! Was mich fesselte, verschwimmt. – Ich muss Sie wiedersehen …«

Schnitzler verbringt eine schlaflose und traurige Nacht. Als er am Montagmorgen abreist, steht Olga – wie im Frühjahr in Meran – mit tränenverschleiertem Blick am Fenster. Auf seinen heimlich zugesteckten Zettel antwortet sie ihm am 23. September 1886. Es ist eines der frühesten Zeugnisse ihres Briefwechsels, den die beiden über elf Jahre aufrechterhalten sollten. Auch wenn er manchmal offiziell klingt, können sie viel zwischen den Zeilen lesen und einander an ihrem Leben teilhaben lassen.

Lieber Herr Doctor!
Ihrem Wunsche kann ich leider weder momentan, noch in der nächsten Zeit nachkommen. Ich werde im October Wien wenig besuchen, daher auch nicht das Vergnügen haben, Sie zu sehen. Frau Kohnberger ist so gütig, Ihnen alles Nähere mitzuteilen. Bewahren Sie, lieber Herr Doctor, mir Ihre freundschaftlichen Gesinnungen und nehmen Sie herzlichen Dank für gar manche genußreiche Stunde, die mir Ihre liebe Gesellschaft im Laufe des Sommers bereitet hat. Ich hoffe wir sehen uns im Winter als gute Freunde wieder. Erlauben Sie mir noch eine Bitte: quälen Sie sich & andere nicht mit unnötigen, unwahren Ideen, ich selbst weiß nur zu gut, daß vieles im Leben häßlich eingerichtet ist, und das, was man für das größte Glück hielt, nichts als eine lange Reihe der Qualen bedeutet. Ich habe es aber immer für den größten Triumph gehalten, mit mir selber fertig geworden zu sein. Hoffentlich sprechen wir noch über dieses und jenes und sind Sie mir nicht zu böse.
Ich sage Ihnen nicht adieu, sondern auf Wiedersehen!

Herzliche Grüße

von

Olga Waißnix

Frl. Hann [*Anna Hann, Klavierlehrerin; Anm.*] beauftragt mich, Sie um baldige Rücksendung des Lenau zu bitten. Er gehört nicht ihr, sondern einer Schülerin die ihn schon verlangt hat, daher die Belästigung. Ich würde mich sehr freuen, wenn ich von Ihnen hie & da ein schriftliches Lebenszeichen erhielte, darf ich Sie darum bitten?

Für Schnitzler klingt das nach Abschied. Sofort begibt er sich zu Dora Kohnberger, doch sie kann ihn nicht trösten, erzählt ihm vom kategorischen Befehl Ludwig Schneiders an seine Tochter, jegliche Beziehung zu Schnitzler sofort abzubrechen. Zum erneuten Eingreifen des gestrengen Vaters dürfte ein Vorfall am Tag nach seiner Abreise beigetragen haben.

Man hatte Kartenorakel gespielt und es wurde unter anderem gefragt, wer in einen entfernten Doktor verliebt sei. Die aufgelegte Karte wies auf Olga hin, die feuerrot wurde und peinlich berührt war.

Zur Beruhigung ruft sich Schnitzler alle schönen Momente, die leidenschaftlichen Worte, die verheißungsvollen Blicke und innigen Küsse in Erinnerung, um den Glauben an Olgas Liebe nicht zu verlieren. Und er schickt »dem Genius vom Thalhof« am 26. September 1886 das schriftliche Lebenszeichen, um das sie ihn gebeten hat, »aus dem öden Wien«. Statt sich mit Medizin zu beschäftigen, berichtet er, liest er philosophische Werke, spielt Klavier und komponiert Walzer in Moll. Den Lenau will er mit der nächsten Post schicken und bittet den Tintenklecks zu verzeihen, den er darin gemacht hat.

In der Nacht vom 30. September auf den 1. Oktober 1886 antwortet Olga:

Lieber Herr Doctor!

Einen kurzen Aufenthalt in Reichenau benütze ich, um Ihnen für Brief und Buch herzlichen Dank zu sagen. Ich segelte so ziemlich die ganze Woche umher, kam sogar bis ins Ausland, nach Ungarn, und werde auch morgen wieder den häuslichen Herd verlassen.

Die Aussicht, längere Zeit in den steirischen Bergen zu verbringen, freut mich ziemlich. Ich werde dann mein Lieblingsgedicht Scheffels »Einsam wandre Deine Bahnen« practisch ausführen können. Es wirkt unendlich beruhigend, wenn man so weit das Auge reicht, kein Haus, keinen Garten, überhaupt keinen Menschen sieht, außer einem stummen Jäger, der eigentlich nicht zählt. Ich habe mich wieder ganz meiner alten Freundin ergeben, der Jagd nämlich. Auf die bevorstehende Ausfahrt nehme ich eine Abhandlung Kant's »Über das Erhabene und Schöne« mit, die ich mir merkwürdiger Weise dieser Tage in Wien kaufte. Um die Schulter die Büchse, in der Tasche Kant und Marc Aurel im Herzen, so wolgerüstet werde ich morgen die Höhen erklimmen.

Die Cholera fängt an mich zu ängstigen. Nicht meinethalben, Gott bewahre, sondern wegen all' denen, die mir in Wien lieb & theuer sind. Ist es wahr, daß in Ihrem holden Krankenhause bereits einige Fälle dieser gräßlichen Krankheit vorkamen?

Wenn Sie Frau Dora sehen, so bitte, grüßen Sie sie aufs herzlichste von mir, wie sich auch Ihnen, lieber Herr Doctor, wärmstens empfiehlt

Olga Waißnix

Olgas Lieblingsgedicht kennt Arthur sehr gut, sie hat es ihm schon in Meran vorgelesen. Der 1826 geborene und aus Karlsruhe stammende Joseph Viktor von Scheffel war einer der meistgelesenen Dichter des 19. Jahrhunderts. Durch seine Gedichte *Biedermanns Abendgemütlichkeit* und *Bummelmaiers Klage* wurde er indirekt zum Schöpfer des Begriffes »Biedermeier« und avancierte mit dem Roman *Ekkehard* zum Lieblings-dichter Bismarcks. Aus seinem Versepos *Der Trompeter von Säckingen* stammen die Lieblingszeilen Olgas, allerdings hat sie im Brief aus dem Wort »wandle« fälschlicherweise ein »wandre« gemacht:

Einsam wandle deine Bahnen,
Stilles Herz, und unverzagt!
Viel erkennen, vieles ahnen
Wirst du, was dir keiner sagt.

Wo in stürmischem Gedränge
Kleines Volk um Kleines schreit,
Da erlauschest du Gesänge,
Siehst die Welt du groß und weit.

Andern laß den Staub der Straße,
Deinen Geist halt frisch und blank,
Spiegel sei er wie die Meerflut,
Drin die Sonne niedersank.

Einsam aus des Tages Lärmen
Adler in die Höhen schweift,
Storch und Kranich fliegt in Schwärmen,
Doch ihr Flug die Erde streift.

Einsam wandle deine Bahnen
Stilles Herz, und unverzagt!
Viel erkennen, vieles ahnen
Wirst du, was dir keiner sagt.

Olga spricht in ihrem Brief auch die Cholerafälle an, die sich 1886 in Wien häuften, und hat Angst, Schnitzler könnte sich im Spital bei den Patienten anstecken. Dem ungemein schnellen Wachstum der Städte und der Industrie fiel die Sauberkeit der Flüsse und des Trinkwassers zum Opfer. Es gab zu dem Zeitpunkt, besonders in den Wiener Vororten, noch kein durchgängiges Kanalisationssystem oder eine geregelte Müllsammlung. Im *Illustrierten Wiener Extrablatt* konnte man hierzu lesen:»In trockenen Sommermonaten konnte der in den Wienfluss geschüttete Unrat nicht abtransportiert werden, wurde jedoch bei starkem Regen in die Abzugskanäle der angrenzenden Stadtviertel gedrückt, ja auf Wege, Gassen, Plätze, Straßen und sogar in Häuser geschwemmt.« Somit war eine Verseuchung des Trinkwassers mit Cholerabakterien schnell gegeben und die Ansteckungsgefahr groß.

In den darauf folgenden Briefen beneiden sich die beiden Liebenden gegenseitig um das Leben, das sie führen. Olga ihn, weil er »in einer an Wahn und Wahnsinn grenzenden Fexerei das Theater besucht«, Arthur sie um ihre Freiheit, wenn sie in der Natur unterwegs ist.

Als Olga ihr Schreiben vom 18. Oktober 1886 – das Briefpapier ist von einem Kranz aufgeklebten Herbstlaubs umrahmt und beginnt mit den Zeilen »Der herrliche Wald sendet Ihnen seine besten Grüße« – mit den Worten »Hoffentlich erzählt mir Ihr lieber nächster Brief nur Lustiges, wie gut Sie sich unterhalten, wie sehr man Sie verwöhnt u. s. w.« beschließt, antwortet er am 22. Oktober mit einer feinsinnigen Parodie auf sein Leben:

Wien, Freitag 3 Uhr Nachts.

Verehrteste gnädige Frau!
Sie wünschen einen Brief von mir, der nur lustiges enthält – und wissen recht gut, daß ich Ihnen nichts abschlagen kann, – hier haben Sie also Ihren »lustigen« Brief –
Erfahren Sie denn, gnädige Frau, vor allem, daß auf der ganzen weiten Welt kein Mensch sich wohler befinden kann als ich. In aller Gottesfrühe fängt mein Glück bereits an. Ich stehe nämlich schon um 7 oder ½ 8 auf – und wie gerne ich das thue, bedarf keiner Versicherung. Dann mach ich mich auf den Weg ins Krankenhaus, schon im Hinbummeln alle die Freuden erwägend, die mir im Laufe des Tags erblühen können.

Ich gehe aufs Krankenzimmer und wandle zwischen den Betten der Patienten hin und her; die Seligkeit, die ich hier in der Ausübung meines Berufes finde, zu schildern ist kaum möglich. Es ist ja so herrlich! jeder Kranke hört einmal auf krank zu sein – so oder so! – und wenn einer von diesen Armen vielleicht einmal die Insolenz hat, sich über seinen Zustand zu beklagen, so muß man ihn wohl daran erinnern, daß der liebe Gott in seiner unergründlichen Weisheit zwar viele hundert Krankheiten geschaffen – aber nur eine Gesundheit! Diesen Optimismus, der täglich neu genährt wird, im Herzen, geh' ich nun ins Café frühstücken und Zeitung lesen. Diese theilt mir immer nur angenehmes mit, und mein naives Gemüth empfindet in jedem Localbericht den Reiz einer pikanten, psychologischen Thatsache; (…) Ich spaziere nun nach Hause; alle Leute, die mir entgegenkommen, sind mir ein Gegenstand aufrichtigsten Interesses; ich bin unausgesetzt in der Verfassung jenes Schwärmers, der »diesen Kuß der ganzen Welt« geben möchte, und wenn ich nicht die demselben Schwärmen entfahrene Äußerung: Seid umschlungen, Millionen! – in That umsetze, so sind sicher nur die Millionen und nicht ich daran schuld. –

Nach dem »Diner« studiere ich oder arbeite dies, jenes – immer mit jener heiligen ruhigen Begeisterung, die ein gütiges Geschick mir schon in die Wiege legte. Der Abend ist der Geselligkeit gewidmet – man kommt mit ein paar Bekannten zusammen – ausnahmslos Prachtmenschen – alle verstehen es mitzureden, mitzufühlen. Misgunst existirt nicht – dabei amüsirt man sich königlich; die Witze, die man hört, sind alle neu, die Mots so geistreich, die Betrachtungen über des Tages Arbeit und Vergnügen so fesselnd – so anregend. – Manchmal macht man auch einen Besuch; alle Leute die man besucht, sind natürlich liebenswürdig und – besonders! – feinfühlig; jeder hütet sich, an irgend etwas zu rühren, das einen andern vielleicht verletzen oder gar schmerzen könnte – Häufig genug ist auch das Theater der Abschluß des Tags. Die heitern Stücke erfreuen mich durch ihren Humor und bei schlechten Witzen denk ich: es gibt noch schlechtere – in ernsten Dramen oder Opern – wenn irgend ein Held an einer traurigen Leidenschaft krankt oder gar dran zu Grunde geht, überkommt mich mit süßem Schauer das Bewußtsein: So ein Narr könntest Du ja nie sein! – und wieder hab ich einen Grund mich unnennbar selig zu fühlen.

Wenn ich dann spät Abends oder Nachts den verstrichenen Tag an mir vorüber ziehen lasse, dann hab ich die Empfindung, so recht aus dem vollen gelebt zu haben; und das Wort Fausts »Entbehren sollst Du, sollst entbehren, das ist der ewige Gesang« kommt mir vor wie die abgeschmackte Phrase eines nervösen Poeten. Die wonnige Ruhe, die mein Gefühlsleben wie mit schützenden Schleiern umhüllt, läßt mich niemals irgend ein Sehnen empfinden – nie irgend ein seelisches Leid erdulden … und so ziehen meine Tage in tief innerlichem Gleichmaß und Gleichmut hin, wonach Sie, verehrteste gnädige Frau, ja einsehen müssen, daß es keinen Menschen gibt, der Ihnen leichter einen – lustigen Brief schreiben konnte als

Ihr ergebener
Arthur Schnitzler

Diese sehr persönlichen Zeilen gemahnen an Nestroy und beweisen, wie verhasst Schnitzler die Ausübung des Arztberufs von Anbeginn an war. Sie zeigen auch, welch großes Vertrauen Arthur bereits zu Olga hat.

Dora Kohnberger, die sowohl Olga Waissnix als auch Arthur Schnitzler unabhängig voneinander regelmäßig treffen, berichtet ihm Ende Oktober 1886, dass Olga beschlossen habe, eine durch und durch anständige Frau zu bleiben und ihn daher nie wieder sehen wolle. Sie merkt dazu an, dass dies Olga sicherlich leicht fallen würde, da sie ja kein Herz habe. Olga selbst hatte diese Feststellung in einem Brief vom 8. Oktober sogar untermauert, in dem sie schrieb: »Kaum von den Bergen herabgekommen mußte ich den Schmerz einer Frau um ihren Mann mitansehen, die Arme gebärdete sich wie eine Rasende, sie erzählte mir von ihrer Liebe zu dem Verstorbenen u. s. w. Mich überkam dabei ein unendliches Mitleid, für die arme Frau u. auch für mich. Ich wäre solcher Leidenschaft nicht fähig.« Arthur ist aufgrund der scheinbaren Gefühlskälte Olgas verletzt:

Ich muß Ihnen einmal vernünftig schreiben … das heißt bei mir natürlich wahnsinnig. Wenn Sie ahnen könnten, wie gewisse Stellen in Ihren Briefen mich verstimmen – kränken; – ich glaube Sie hätten sie nicht niedergeschrieben! Können Sie sich vorstellen, wie eine Bemerkung wie diese: !auch der geliebteste bringt mehr Unglück als Glück« oder »was man für ein großes Glück hielt, ist nur eine Reihe von Qualen« mich kränken muß? Erinnern Sie sich jenes Wortes, das Sie einmal zu mir gesprochen: »Ein Moment neben Ihnen wiegt mir alle Leiden auf, die ich Ihretwegen erdulden muß …« Unzählige Mal in trübsten Stunden habe ich mir jedes Ihrer Worte ins Gedächtnis zurückgerufen, und wenn ich mich Ihrer erinnerte, überkam mich mit unsagbarer Süßigkeit das Bewußtsein von Ihnen geliebt zu sein: Soll ich's Ihnen tausendmal versichern, daß mir überhaupt nichts das Leben lebenswert macht als dieses Bewußtsein? Soll ich es Ihnen wiederholen, daß sie angebetet werden, wie nie eine Frau angebetet, vergöttert worden – ? Oh an jedes Ihrer Worte erinnere ich mich, denn jedes ist mir heilig. Wie Sie mir sagten: »Ich bin kein Marmorherz …« und jetzt: mit einer Absichtlichkeit, die mir eine Pein verursacht, wie Sie sie kaum fassen können, ergreifen Sie jede Gelegenheit, mir – das Gegenteil begreiflich zu machen?! – Sie sprechen zum Beispiel von jener Frau, die Ihnen von Ihrer Liebe erzählt und setzen hinzu: »Ich wäre einer solchen Leidenschaft nicht fähig.« Was bedeutet das? – Oh niemals haben Ihre Lippen ein unwahres Wort zu mir gesprochen – es kann nicht sein; und als Sie sagten »Welche Seligkeit hab ich in Ihrem Kuß empfunden« so kam das nicht aus dem Herzen einer Frau, der die Liebe – »graue Theorie« ist. – Verzeihen Sie; doch ich bitte Sie; doch bitte Sie zu frühe, denn meine Kühnheit geht noch weiter … Könnten Sie mir nicht, wenn Sie einmal hier sind, ein paar Zeilen schreiben, die – anders klingen – die in gewohntem Tone zu mir reden – die glückselig machen – einen, den die Trennung von Ihnen halb närrisch macht, – Einen der trotz alledem selig ist – davon träumen zu können, daß einmal diese süßen Augen auf ihm geruht, – daß sein Mund diese Lippen berühren durfte, die für ihn das Köstlichste bedeuten, was es auf Erden gibt –

Olga ist genauso verliebt wie er, doch lebt sie in ständiger Angst vor ihrem Mann und ihrem Vater. Sollte einer ihrer Briefe in falsche Hände geraten, so darf nichts darin stehen, das sie verraten könnte, weshalb sie sich den Anschein von emotionaler Gleichgültigkeit gegenüber Schnitzler geben muss. Dennoch beginnt sie nach Arthurs leidenschaftlicher »Beschwerde« in ihrer übergroßen Vorsicht etwas nachzulassen, wird persönlicher und nutzt Abwesenheiten ihres Mannes oder die Nachtstunden zum Schreiben.

Nachdem Arthur ihr von seiner neuen Anstellung als zweiter Sekundararzt von Professor Meynert an der Psychatrischen Klinik berichtet hat, wo er in Zukunft auch wohnen wird, schreibt sie ihm am 6. November 1886:

Lieber Herr Schnitzler!
Ich sitze ratlos bei meinem Schreibtisch, das Licht ist schon ganz hinuntergebrannt und flackert ärgerlich, 3 Federstiele sind ½ zerbissen, ein paar Bögen Papier zerrissen und trotz dieser Kunstleistungen weiß ich noch immer nicht, was ich Ihnen heute schreiben soll. Ironisch blickt sogar der Mond herein, der sonst so hold meine Spaziergänge beleuchtet, und ironisch höre ich Sie sagen: »die bare Alltäglichkeit, man taucht unter vor Banalität.« – Sie haben ja leider das Vergnügen mich zu kennen, und wissen, daß ich mir so ziemlich gleich bleibe, daß ich in meiner naiven Consequenz morgen das denken werde, was ich gestern, was ich vor Monaten dachte, was soll ich Ihnen daher aus dem ewigen Einerlei des Innen- & Außenlebens recht außergewöhnlich neues mitteilen? (Hier regt sich der Kobold in mir. O heiliger Heyse! wenn ich könnte wie ich wollte!) Also was? Sie sehen die Einsamkeit »wirft ihre Schatten« auf mein Gehirn. – Vielleicht von meiner letzten Wiener Reise in der vorigen Woche, von der schönen Aufführung des Tannhäuser, (…) von meinen Besuchen? – banal –, von meinen Jagdabenteuern –, alltäglich, – von meiner Einsamkeit, die sich die ganze Woche wirklich nur auf mich reduzirte, (Charles jagte mit dem Erzherzog Gott weiß wo & Rettinger bleibt noch bis morgen zu seiner Unterhaltung in Wien) – banal, von den prachtvoll schönen Tagen, wo ich in Sommerkleidern mit dem Sonnenschirm bewaffnet in den herrlichen Herbstwäldern umherstreifte – alltäglich –. Doch Sie müssen ja auch mit Ihren neuen Kranken Nachsicht haben, bitte heben Sie mir davon ein wenig auf. –
Wissen Sie, daß ich mir Sie ganz gut vorzaubern kann, ich sehe Sie deutlich in Ihrer neuen Spitalstube, in meiner Stube. – An den weißen Wänden, die Sie in ihrem Einerlei so unangenehm berührten, hängen schöne Stahlstiche in matten schwarzen Rahmen (nur um Gotteswillen nicht die »interessantesten Fälle« aus dem Leben der Verrückten), in einer Ecke steht das Totengerippe, in den andern grüne Blattpflanzen, vorm Fenster hängt eine schwarze Plüchedecke, unterm Schreibtisch

liegt ein dicker weicher Teppich darauf, welch' stimmungsvolles Stilleben, welch' fröhliches Mixed-pickles! und davor im Fauteuil in einige recht weiche und warme Pölster vergraben, liegt der Herrscher dieses Raumes – hier verläßt mich meine Zauberkunst. (…)

Noch zum Schlusse eine Bitte, die vielleicht sehr arrogant sein mag. Sie schrieben mir neulich, daß Sie mir nichts abschlagen wollten, darum bitte ich Sie heute, sich nicht gar zu sehr in die psychiatrische Abtheilung hineinzuleben. Es kann unmöglich angenehm sein, die Tage mit Verrückten hinzubringen, warum also das Jagen nach Contrasten? Wirkt das Schöne nicht immer auf uns, auch wenn es vereinzelt auftritt? Und verzeihen Sie, wenn sich heute irgend ein Wort eingeschlichen haben sollte, das man anders deuten könnte, es war gewiß nicht so gemeint & seien Sie, lieber Herr Doctor, herzlich gegrüßt von

OW.

Lassen Sie bald wieder etwas von sich hören. Hat Ihnen der letzte 26. [*Schnitzlers Glückszahl; Anm.*] irgend ein Glück gebracht? Gute Nacht.

»Wenn ich könnte, wie ich wollte« ist ein von Olgas Seite im Briefwechsel der beiden häufig vorkommendes Zitat, das aus der Novelle *Gute Kameraden* von Paul Heyse stammt. Vollständig lautet es: »Wenn ich könnte, wie ich wollte, ich baute ein Zauberschloss auf einer Insel mitten im Meer, die Wände lauter krystallene Spiegel, die überall sein liebes Gesicht zurückstrahlten, und alle Vögel des Himmels riefen: Er ist der Holdeste! Und das Meer rauschte: Er ist der Beste! Und ich – nein, da hört es auf.« Der feindlichen, ihrer Zuneigung nicht wohlgesonnenen Welt zu entfliehen und einen stillen Ort zu finden, an dem sie ihre Liebe leben können, ist und bleibt ein Wunschtraum für beide.

Wie das Zimmer im Spital, das er bewohnt, tatsächlich aussieht, beschreibt Arthur in seinem Brief an Olga vom 22. November 1886. Es ist lange nicht so gemütlich wie in Olgas Vorstellung, hat eine niedrige Decke, graue Wände, die einige Bilder des Malers Kaulbach und pro forma auch Bildnisse einiger berühmter Mediziner schmücken. Die wichtigsten Einrichtungsgegenstände sind Schnitzler ein Sofa und ein Pianino.

Bei einem seiner Besuche Ende November 1886 im Hause Kohnberger erfährt er, dass sich Olga in letzter Zeit recht rar gemacht hat, was Dora Kohnberger sehr verstimmt. Das enge Verhältnis der beiden Frauen scheint getrübt, weil Dora in ihrer Schwatzhaftigkeit Dritten gegenüber zu viel von der Liebelei zwischen Arthur und Olga ausgeplaudert hat. Olga fürchtet den Tratsch, der ihrem Mann zu Ohren kommen könnte, und bittet Schnitzler in einem ihrer Briefe Anfang Dezember: »Bitte schweigen Sie über alles mich Betreffende im Staate Kohnberger.« Im selben Schreiben ersucht sie ihn, den für den Winter angekündigten Besuch am Thalhof an einem der nächsten Sonntage zu machen, wobei dieser aufgrund zu vieler anwesender Gäste verschoben werden muss. Kurz darauf erhält Arthur eine offizielle Einladung:

Mittwoch kleine Schlittenpartie Abfahrt Wien Mittwoch Früh 7 Uhr eventuell Dienstag Nachmittag. Wären erfreut wenn Sie kämen Bitte Antwort

Waißnix

Es sieht beinahe nach einer Einladung von Charles Waissnix persönlich aus. Schnitzler sagt zu und fiebert dem Wiedersehen mit Olga entgegen, unsicher, wie es verlaufen wird.

Freundlichst wird er am Thalhof als einziger Gast von Charles empfangen, der Olga und ihn vor dem gemeinsamen Nachtmahl sogar alleine lässt. Olga sitzt in der Kanzleistube auf einem Schemel zu Arthurs Füßen und lässt ihn all seine Zweifel, die durch Dora Kohnbergers Bemerkungen entstanden sind, vergessen. Olga freut sich, dass es ihr so gut gelungen ist, sowohl Dora als auch ihrem Mann vorzutäuschen, dass sie an Arthur nicht mehr interessiert sei. Die Komödie scheint geglückt zu sein, denn der gemeinsame Abend der drei verläuft heiter und unbeschwert.

Am nächsten Tag findet die Schlittenfahrt durch die klirrend kalte Winterlandschaft ins Höllental statt. Olga und Arthur sitzen wie Prinz und Prinzessin im Wagen, Charles vorne beim Kutscher. Immer wieder dreht er sich mit überflüssigen Bemerkungen nach den beiden um, die es kaum wagen, miteinander zu reden oder sich anzusehen, aber die Nähe unter den wärmenden Fellen genießen. Zum Abendessen ist Arthur in der Privatwohnung des Ehepaares geladen. Olga empfängt ihn allein im Salon und Arthur spielt ein paar Takte am Klavier. Sie wähnen sich unbelauscht und unbeobachtet, und ihre aufgestauten Gefühle füreinander brechen in Form von überschwänglichen Liebesworten hervor. Beim Essen sind auch die Klavierlehrerin und Hausdame Fräulein Hann sowie die englische Sprachlehrerin, die die Kinder wie auch Olga unterrichtet, anwesend. Kaum hat man zu Ende gespeist, verlässt das Ehepaar abrupt den Raum, Arthur ist verwirrt, hält aber eine oberflächliche Konversation mit den beiden am Tisch verbliebenen Damen aufrecht. Nach ihm endlos scheinenden zehn Minuten kehrt Olga zurück, sieht Arthur nicht an und stürzt ein Glas nach dem anderen hinunter. Kurz darauf nimmt auch Charles mit dem für ihn typischen eifersüchtigen »Jagdhundgesicht« wieder am Tisch Platz und es entspinnt sich eine mühsame Konversation. Plötzlich erhebt sich Charles und verschwindet, Fräulein Hann und die Englischlehrerin schließen sich ihm an. Rasch raunt Olga Arthur zu: »Er hat alles gehört, il sait, que je vous aime (er weiß, dass ich Sie liebe; Anm.), jetzt ist alles aus.« Mehr kann sie nicht sagen, denn Charles taucht wieder auf, nimmt zwischen den beiden Platz und bietet Arthur mit merkwürdiger Freundlichkeit eine Zigarette an. Olga sitzt erstarrt in der Sofaecke, es herrscht eine beklemmende Stimmung, der Arthur ein Ende macht, indem er eine Bemerkung zu Charles' so plötzlichem misstrauischem Verhalten macht. Da es an der Zeit ist, zum Bahnhof zu fahren, ersucht Arthur den Hausherrn, ihn dorthin zu begleiten, was dieser höflich ablehnt. Beim Abschied fordert er ihn kühl, aber liebenswürdig zum Wiederkommen auf. Arthur besteigt völlig verwirrt den Hausschlitten und ahnt von Seiten Charles' Rache auf sich zukommen.

Die nächsten beiden Tage verlebt Schnitzler im Spital in höchster Nervosität, da er jeden Moment die Abgesandten des beleidigten Ehemanns mit einer Aufforderung zum Duell erwartet. Aber nichts dergleichen geschieht, dafür trifft am dritten Tag ein Brief Olgas ein, in dem sie ihr Schweigen mit einer Fiebererkrankung entschuldigt.

Kurz darauf findet das erste Treffen Olgas und Arthurs in der Wohnung des Industriellen Markus Benedict und seiner Frau Marianne in der Löwelstraße 14 statt. Die Familie Benedict zählte ebenfalls zu den Stammgästen des Thalhofs, und besonders die beiden Töchter Emmy und Minnie waren Olga und Arthur ans Herz gewachsen. Im Zuge dieser Soirée bei Benedicts erfährt Arthur, dass es Olga nach der Schlittenfahrt gelungen war, ihren aufgebrachten Mann zu beruhigen. Er hatte keines der zwischen den Liebenden gewechselten Worte verstanden, nur aus deren Mimik und Gestik seine Schlüsse gezogen, während er die beiden von einem Dachbodenfenster aus beobachtet hatte. Wie oft er das wohl schon getan hatte? Die Wogen waren vorerst geglättet, man konnte jedoch nie sicher sein, wie lange die Ruhe bis zum nächsten Sturm andauern würde.

Am Ende des Jahres 1886, zwischen Weihnachten und Neujahr am Thalhof, lässt Olga schließlich in einem traurigen Brief an Arthur das Jahr Revue passieren:

Mein lieber Reisegefährte!
So wäre Weihnachten auch überstanden. Fanni, die die Feiertage hier heiligte, ist soeben fortgefahren. – Es bleibt nur noch Neujahr. Am Sylvestermorgen will ich hier durchgehen u. den letzten Abend des alten Jahres mit meinem Papa verbringen. Am Neujahrstag werde ich u. a. auch um die Mittagstunde am Ring segeln, denn nie sieht man so viele Menschen wie an diesem Tage, u. die sind für mich wahrlich eine Seltenheit. –
[*Nicht nur am Neujahrstag, an allen Sonn- und Feiertagen seit dem 1. Mai 1865 Brauch der Wiener Gesellschaft, zwischen Oper und Schwarzenbergplatz zu flanieren; Anm.*]
Das alte Jahr geht bald zu Ende und unwillkürlich ziehen alle Erlebnisse desselben an mir vorüber. Als es begann, da lag ich krank im Bette u. entging dadurch am 1. Tag dem mir so verhaßten Angratuliren. Schon als Kind konnte ich diese Unsitte nicht leiden, u. heute ist es mir völlig unbegreiflich, wie man sich vom Kalender schablonenhaft einen Tag vorschreiben lassen kann, an dem man seinen Lieben was Gutes wünscht. Kaum halbwegs gesund, schickte man mich damals auf 2 Monate fort. Du geliebtes Meran, wie die längst versunkene Zauberstadt Vineta [*sagenhafte Stadt; Anm.*] steigst Du vor mir herauf, mir treten die Tränen in die Augen wenn ich an Dich denke! Wieder sehe ich das liebe weiße Haus mit dem braunen Balcon im Naifthal, wieder die rätselhafte Coquette Sigmundskron, wieder Schloß Tirol aus der Spielereischachtel, wieder den Lazzagsteig mit der Zenoburg, wieder das geliebte St. Valentin vor mir. – Dann kam der Abschied und in Abbazia wurde wol 100 mal alles noch mal im Geiste durchlebt. –
Groß war der Abstand als ich aus dem warmen Süden in die Eisregion zurückkehrte. Überall lag Schnee u. kalt wurde es auch in meinem

Innern. – Dann kam der Sommer u. mit ihm der immerwährende Kampf mit mir selber und der Umgebung. Ist es mir doch oft als läge ein Fluch auf mir, der sich auch allen mitteilt, die mir nahe stehen. Der Sommer brachte manche glückliche Stunde, die aber bitter mit 1000 fachen Unannehmlichkeiten bezahlt wurde. – Dasselbe trotzige Aufbäumen gegen die bevorstehende Einsamkeit, dasselbe ewige Hoffen eines freudenreicheren Winters wiederholte sich wie alljährlich im Herbste u. als er hereinbrach, da wars das alte trostlose Einerlei, das alte Wollen u. nicht Können u. schließlich die alte, wütende Resignation! – Und jetzt, da das Jahr vorbei ist, frage ich mich umsonst, wozu war all' der Kampf, wozu all' das Sehnen. Um manche Erfahrung wurde ich reicher, aber wie viele Hoffnungen trug ich zu Grabe. Wol lockt der 50. Tag [*Olgas Eintreffen am 19. Februar 1886 in Meran, dem 50. Tag des Jahres, jährt sich bald zum ersten Mal; Anm.*] sehr verheißend aus der Ferne, aber hinüber führt kein Steg, keine Brücke. –

Wozu also sich abmühen, wenn man doch absolut nichts erreichen kann als ein paar Brosamen, wo man gern satt würde, wozu etwas besseres hoffen, wo man die Gewißheit hat, daß höchstens nur Unangenehmeres nachkommen könnte. Wozu diese hoffnungslose Qual immer tragen? – Wozu? – Wer doch schlafen könnte, lange – endlos! –

(Bitte vernichten)

Dieses melancholische und ausweglose Hadern mit dem Schicksal ist typisch für Olga. Seit dem Tag ihrer Hochzeit mit dem ungeliebten Charles versucht sie, sich in das vom Vater bestimmte Leben zu fügen, was ihr nur mit Resignation gelingt. Es ist ihr unmöglich, ihrem Eheleben etwas Positives abzugewinnen, und so bleibt ihr nichts anderes übrig, als sich mit ihrer Situation abzufinden, sich in die Arbeit zu stürzen und so oft als möglich vor ihrem Mann zu flüchten. Die kleinen Freuden, die sie im Laufe der Jahre hatte und sehnsüchtig zuließ, wenn sie interessante Gespräche mit sie verehrenden Männern führte, musste sie nach kurzer Zeit wieder büßen. Durch Schnitzler erlebt sie Emotionen ungeahnten Ausmaßes, die sie erstmals veranlassen, sich aufzubäumen und an einen Ausbruch aus ihrem Gefängnis zu denken. So schwankt sie ständig zwischen Hoffnung und Resignation hin und her, weiß im Grunde ihres Herzens aber um die Ausweglosigkeit der Situation.

Schnitzler hingegen antwortet Olga im neuen Jahr in völlig anderer Stimmung. Für ihn, den ungebundenen Mann, sind Hindernisse dazu da, überwunden zu werden. Wenn es keine verbindende Brücke über das trennende Wasser gibt, müsse man eben hinüberschwimmen. Er meint damit nicht, dass Olga ihren Mann verlassen solle, aber sie könne mehr riskieren. Die meisten jungen Ehefrauen der Wiener Gesellschaft haben heimliche Liebhaber. Er kann sich nicht in die völlig anderen Gegebenheiten im ländlichen Reichenau hineinversetzen, denen sich Olga anzupassen hat.

Beschwingt von der Ballsaison in Wien hat Arthur sich ans Klavier gesetzt und einen Walzer komponiert, dem er den Titel *Die Reichenauer* gegeben hat. Diesen und ein paar andere aus seiner Feder schickt er Olga und schließt mit den Worten: »Es hat die Ehre, sich Ihnen ehrfurchtsvoll zu empfehlen, immer gebückt und immer durstig Arthur Schn.«.

Olga ist höchst erfreut über die Walzer des »lieben, herzigen Onkel Componist«, wie sie Arthur nennt, die sie am Klavier sogleich ausprobiert. In ihrem Schreiben vom 10. Jänner 1887 geht sie auf seinen Vorschlag des Schwimmens, wo keine Brücke sich befindet, ein:

Was Ihre Schwimmtheorie betrifft, so erlaube ich mir darauf zu bemerken (mit aller Bescheidenheit natürlich, einer Autorität gegenüber) daß es sehr viel auf den Schwimmer ankömmt. Manchen bekleidet Mama Schicksal, die Garderobière des Strombades, mit einem feschen, dünnen Schwimmcostüm u. fröhlich u. mühelos erreicht der glückliche Schwimmer die Küste der Seeligen. Doch diejenigen, die sich nicht der Gunst dieser boshaften Dame erfreuen, hüllt sie in einen dicken Pelz, giebt ihnen noch ein paar schwere Fleckerlpatschen u. hängt ihnen womöglich noch eine Eisenkette um den Hals u. so sehr sich der arme Teufel abmüht das heißersehnte Land zu erreichen, er wird sich kaum in die Mitte des Stromes durcharbeiten u. dort elend, gedemütigt untersinken; und sollte er doch hinüberkommen, so hat er dafür so viel gewagt, so viel an Kraft u. Gesundheit verloren, daß er sich der Erfüllung seiner Sehnsucht gar nicht mehr freuen kann.

Arthur Schnitzler genießt viele durchtanzte Nächte, samt diversen »nebensächlichen« Flirts. Seine am 10. März 1887 im Tagebuch vermerkte Entschuldigung für die »colossalen Liebkosungen«, die er gibt und erhält: »Ja, warum gehen die Weiber decolltirt auf den Ball!« Für seine, von Olga nicht erfüllte, körperliche Befriedigung müssen flüchtige Amouren herhalten, an seiner Liebe zur Thalhofwirtin ändert das nichts.

Mitte Jänner 1887 hält sich Olga in Wien auf, besucht einige Hausbälle und Soiréen, auch Theateraufführungen, sieht Arthur aber nicht.

Erst während des langen Besuches in ihrem Elternhaus zwischen dem 26. Februar und dem 15. März trifft sie Arthur ein paar Mal wie zufällig en passant auf der Straße oder in der Oper. Sie können jedes Mal nur kurz miteinander sprechen, weil ständig Bekannte auftauchen, die sie nicht miteinander sehen sollten. Dabei flüstert ihm Olga Liebesworte zu und macht, wie Schnitzler in seinem Tagebuch am 10. März vermerkt, »dann so süße Augen«. Weiter schreibt er: »Heute ›traf‹ ich sie auf dem Ring – erklärte ihr, daß sie sich selbst betrüge, vor sich selber eigentlich nie eingestehen wolle, daß sie mir ein Rendezvous gebe – Sie: Sie wären der erste, der mich verachten würde, wenn ich anfinge incorrect zu sein – Ich sagte ihr, das seien von mir nicht approbirte Phrasen. Ich mußte sie wieder nach ein paar Minuten verlassen. Sie hat eine Heidenangst. – Von ihrem Mann bekommt sie schroff-ironisch-mißtrauische Briefe. – Beim Abschied war sie wieder per du – ›Ich lieb dich wahnsinnig –‹ – Zu dumm! Jetzt ist sie so lang in Wien – und ich kann sie nicht länger als 15 Minuten sprechen – Allerdings befindet sie sich in precärer Lage!«

Arthur kann die Hoffnung auf eine mögliche, so ersehnte Intimität mit Olga nicht aufgeben. Bemerkungen wie die von Marianne Benedict über Olga, »Ob sie wohl standhaft bleiben wird?«, nähren seine Hoffnungen noch zusätzlich. Einerseits bittet Olga ihn, nicht zu Einladungen, die sie teilweise mit ihrem Vater wahrnimmt, zu kommen, andererseits macht sie ihn auf die Schönheit des neuen Gitters zum Volksgarten aufmerksam, wo man sich treffen könnte. Oder sie lädt ihn zu sich und ihrer Schwester in die Opernloge ein und schenkt ihm erneut süße, tiefe Blicke. Was immer sie ihm in Wien an Schriftlichem zukommen lässt, bittet sie ihn, sofort zu vernichten.

Ab Mitte März weilt Olga wieder am Thalhof und hat ihre nach einer Krankheit rekonvaleszente Schwester Fanni zu Gast. Sie kommt nicht allzu viel zum Nachdenken über die glückhafte Meraner Begegnung des Vorjahres. Die ersten Gäste kommen und ab Ostern 1887 auch Kaiser

Franz Joseph zur Jagd, was besonders viel Vorbereitungsarbeit für die Thalhofwirtin bedeutet. Und sie spielt in einer von ihr organisierten Wohltätigkeitsaufführung mit. Während Schnitzler den Meraner Jahrestag in seinen sich mit Wiener Gesellschafts- und Theaterklatsch beschäftigenden Briefen der ersten Monate des Jahres 1887 erwähnt, geht Olga nur sehr andeutungsweise darauf ein.

Ende April schickt er ihr wortreiche Frühlingsgrüße aus Wien und sie antwortet sogleich vom Thalhof. Alle vier Briefblätter sind mit Blumen und Schleifchen beklebt, auf dem ersten Blatt in Form des Buchstaben O:

Ew. Hoheit!
Ja, es ist Frühling, man merkt es aus hundert Dingen. Die Natur ist erwacht, der Wald prangt im jungfräulichsten Grün, die Vögel suchen einander im Gesange zu überbieten, vorwitzig steckt manches Blümchen das Köpfchen in die Höhe, der Kaiser u. der Kronprinz jagen um die Wette, und auch Fremde, mitunter ganz angenehme, kommen bereits vereinzelt hergepilgert. Endlich hat die Saison morte ein Ende, die ganze Natur lächelt, ein sorgloses, kindliches Lächeln. »Neue Freuden, neue Blätter, nur dieselben sind es nicht!« Hélas. –
Gestern feierte auch ein Gewitter sein erstes début. »Die Nase in die Höh', stand ich da wie gewöhnlich« und starrte in die sonderbare Dunstformation. Ober der Rax hatten sich dichte Wolken zusammengeballt, gleichsam eifersüchtig auf die Sonnenstrahlen, die so süß u. lieb von der andern Seite den Berg beschienen. Es nützte nichts, ob die Wolken noch so grollten und brummten, die Sonne drang doch wieder siegreich durch die alten Brummbären u. bald lag der Berg seelig umflossen von den holden Strahlen da. O Frühling, o Jugend, o Liebe, wer euch erschuf, war doch ein großer Mann, kein Gelehrter unseres aufgeklärten Jahrhunderts hat bisher eine schönere Erfindung gemacht! (…)

Eine wundervolle Frühlingsstimmung hat Olga Waissnix hier beschrieben. Sie hatte poetisches Talent, denn der Briefwechsel mit Arthur Schnitzler dauerte noch nicht lange genug, um von ihm gelernt zu haben. Was ihren Schreibstil prägt, ist die große Verbundenheit mit der Natur, ihre Beobachtungsgabe wie auch ihre Belesenheit. Sie ist ein Bücherwurm und verbringt keine Mußestunde ohne ein Buch in der Hand, jede Neuerscheinung wird sofort erworben, die Klassiker immer wieder verschlungen. Auch dies ist als einer der Gründe anzusehen, warum sich Schnitzler so gerne mit ihr unterhält und von ihr sagt, dass er »mit keiner Frau so gescheidt reden kann, wie mit der«. Die Briefe der beiden sind voll von Zitaten und gegenseitigen Buchempfehlungen.

In ihrem Brief erwähnt Olga auch das bald stattfindende Frühlingsfest. So bezeichnet sie den zweiten Blumenkorso im Prater am 4. Juni 1887, an dem sie gemeinsam mit ihrer Schwester Gabriele in einer prächtig geschmückten Kutsche teilnahm und dabei an dem in der Menge stehenden Schnitzler vorbeifuhr, ohne ihn gesehen zu haben, was er enttäuscht in seinem Tagebuch notierte. Was er nicht sah, war, dass sie in Reminiszenz an das Vorjahr extra für ihn ein wunderschönes Exemplar der gelben Rose »Maréchal Niel« (benannt nach dem französischen Kriegsminister Marschall Adolphe Niel; Anm.) in der Hand hielt, das sie am Ende des Festes, ebenfalls enttäuscht, ins Publikum warf.

Nachdem Arthur danach zwei Wochen vergeblich auf einen Brief von Olga wartet, macht er den ersten Schritt und gesteht ihr schriftlich seine große Enttäuschung und Einsamkeit inmitten der Menschenmassen. Dieser Brief trägt das Datum jenes Tages, an dem er ein Jahr zuvor das erste Mal an den Thalhof kam, um sie zu besuchen, wie er im Schlusssatz erwähnt.

Olga antwortet ihm sofort, denn später wird sie keine Zeit mehr dazu haben. Das Haus ist voll von Gästen, man spielt Lawn-Tennis und abends gerne das in Mode gekommene Poker, welches sie nun erlernt hat. Stellenweise wird in dem Brief ihr Zorn darüber spürbar, dass Arthur sich beim Korso nicht bemerkbar gemacht hat.

Eine Woche später erhält sie seinen reumütig-liebevollen Brief vom 21. Juni 1887 mit Anspielungen auf die gemeinsamen Glücksstunden des Vorjahres, wobei er sich Olga in seiner Phantasie am Thalhof vorstellt:

Mir ist, als hört' ich Ihre Schritte auf dem Kies; ich sehe ein paar späte Lichter aus den Fenstern glühen; ich sehe das weite schlafende Thal vor mir, Ihnen zu Füßen; mir ist, als tönten vom Curhause noch Stimmen her. Ich bin hier und dort; allein und mit Ihnen. – Die »ew'ge Frage« – – – Ja? – Die zertretene Marschall Niel heb' ich in Gedanken auf; ich athme ihren Duft; ich lege sie zwischen die Blätter des »guten Kameraden«. »Einen bessern findst du nit.« –

Und der heurige Sommer? Mitte Juli dürft ich Urlaub nehmen; meine Leute sind in Ischl; einen Theil der Zeit verbringe ich jedenfalls dort; vielleicht fahr ich dann zu den bairischen Schlössern oder tiefer in die Berge – was weiß ich? Keineswegs nehm ich den einzig richtigen Weg.

»Keineswegs nehm ich den einzig richtigen Weg«, schreibt Arthur zu Recht. Nach Charles Waissnix' Verhalten anlässlich der Schlittenpartie im vergangenen Dezember ist es nicht ratsam, wenn er am Thalhof auftaucht. Mit seinem Medizinerdasein scheint sich Schnitzler inzwischen zumindest teilweise arrangiert zu haben. Im April 1887 ist er in die Abteilung für Hautkrankheiten und Syphilis versetzt worden, wo er sich auf Anraten seines Vaters, dessen Ordination er mitbetreut und später übernehmen soll, auf die luetischen Krankheiten des Rachens und des Kehlkopfs spezialisiert. Die melancholische Stimmung überkommt ihn regelmäßig, weil sich die beiden Dinge, die er sich wünscht, nicht einstellen: Fantasie, die er zum Schreiben benötigt, und dass Olga sich ihm hingibt. Seit über einem Jahr kann er die Geliebte nicht erobern und besitzen, wie er es sich vorstellt. Daher tröstet sich der sinnliche Mann Schnitzler mit diversen Fräuleins, Damen und Dämchen. Er nennt sie in seinen Aufzeichnungen großteils nicht einmal mit Namen. Bedeutung für sein Herz haben sie alle nicht, sie sind Ersatz, Ablenkung und oberflächliche Liebelei. Am angenehmsten von allen wird ihm das »süße Mädel«, die Kunststickerin Jeanette Heeger, sein, die er Anfang September 1887 am Ring kennenlernt. Sie zieht ihn mit ihrer Sinnlichkeit in ihren Bann und verlangt nichts von ihm als ihn selbst. Das Verhältnis soll über zwei Jahre bestehen bleiben. »Am Geschlechtstrieb selbst«, schrieb er als 18-Jähriger in sein Tagebuch, »ist nichts besonders hoheitsvolles zu finden, – laßt aber den Neid oder wie man ihn hier speciell nennt, die Eifersucht hinzutreten … dann habt ihr die Liebe, ach die Liebe, die alle Dichter besingen.«

In den späteren Jahren ihrer Beziehung wird Arthur Olga vertrauensvoll von seinen Liebesleiden erzählen und sie sogar um Rat bitten. In dieser frühen Phase der aufgewühlten Gefühle ist dies noch nicht der Fall. Olga erfährt durch den Gesellschaftstratsch immer wieder von seinen Liebschaften, die in ihr kurz die Eifersucht aufkeimen lassen. Aber sie ist klug genug zu wissen, dass sie ihm nicht wegen etwas zürnen kann, das sie ihm von Anbeginn vorenthalten hat.

Es bleibt ihr in der Hochsaison auch nicht viel Zeit, sich darüber Gedanken zu machen. Sie ist mit dem Hotelbetrieb, der Betreuung der Gäste und ihren Wohltätigkeitsveranstaltungen rund um die Uhr im Einsatz.

Maskeraden und Halali

Wohltätigkeitsfeste, Theater und Jagd

> *»Was hab' ich nur in Grotten, Taillen, Karten-*
> *aufschlägerinnen, Liebestränken, Buden, Kopf-*
> *tüchern, Schildern u. s. w. geleistet.«*

Ausgelöst durch die Industrialisierung war die zweite Hälfte des 19. Jahrhunderts von einer teilweisen Vermischung der ersten Gesellschaft, dem Adel, mit der zweiten Gesellschaft, dem Großbürgertum, geprägt und hatte eine neue Oberschicht entstehen lassen. Kaiser Wilhelm II. prägte dazu den treffenden Begriff von »Roggen und Eisen«. Während der Adel sich weiter fast ausschließlich um seinen Grundbesitz kümmerte und sich ansonsten nur in den Regierungen beziehungsweise beim Militär hervortat (Roggen), hatten geschäftstüchtige Bürger, unter ihnen auch viele jüdischer Abstammung, begonnen, sich einflussreiche Imperien in der Großindustrie, Wirtschaft und dem Bankwesen aufzubauen (Eisen). Ihre Verdienste waren für die regierenden Häupter und Staaten so unverzichtbar, dass ihnen als Dank und Anerkennung eine Erhebung in den niedrigen Adelsstand, eine Nobilitierung, zumeist mit einer finanziellen Gegenleistung an den imperialen Staat verbunden, zuteil wurde. Ohne das Geld, die Produkte und den wirtschaftlichen wie politischen Einfluss dieser zweiten Gesellschaft war die erste nicht mehr lebensfähig. Selbst die ursprünglich strenge Richtlinie, nur Adelige Regierungsämter und Diplomatenposten bekleiden oder Offiziere werden zu lassen, wurde langsam aufgeweicht. Zusätzlich gab es immer mehr verarmte Adelige, die, um überleben zu können, bereitwillig einer Ehe ihrer Kinder mit Großbürgern zustimmten.

Von der Hocharistokratie wurden diese neuen Adeligen nicht völlig akzeptiert und es bildete sich der sogenannte Industrieadel heraus, der wie das Großbürgertum nach gesellschaftlicher Anerkennung durch den Hochadel strebte. So begann man die adelige Lebensart zu imitieren: Das einfache Haus neben der Fabrik wich einem Herrschaftssitz, ergänzt durch ein Palais oder eine weitläufige Wohnung in der Stadt. In den neu aufkommenden Salons konnte man es sich leisten, Künstler aller Gattungen auftreten zu lassen und zu protegieren. Man ahmte den adeligen Brauch gegenseitiger Visiten nach, die nur zu bestimmten Tageszeiten stattfinden durften.

Für adelige Frauen war soziales Engagement zu Wohltätigkeitszwecken selbstverständlich und so griffen auch die neuen Aufsteiger der Gesellschaft dies auf. Als Angehörige des Hochadels gehörte Fürstin Pauline Metternich zu den Ersten, die in ihre Wohltätigkeitskomitees Mitglieder des Industrie- und Wirtschaftsadels sowie des gehobenen Bildungsbürgertums aufnahm. Ohne die Hilfe des Bankiers Nathaniel Rothschild, des Zeitungsverlegers Edgar Spiegl, des Direktors und Gründers des Technologischen Gewerbemuseums Wilhelm Exner und vieler anderer hätte sie niemals Feste ihrer Größe veranstalten und so viele Spendengelder einnehmen können. Die Gattinnen dieser nicht adeligen oder nobilitierten Geldgeber und Unterstützer waren somit automatisch in die Veranstaltungskomitees aufgenommen, eine Position, die bis dato nur Vertreterinnen des Geburtsadels zugestanden worden war.

Durch den Reichtum und Einfluss ihres Vaters war auch Olga Waissnix in den Grenzbereich der beiden Gesellschaftsschichten gelangt. Ihre Verehelichung mit dem Thalhofbesitzer förderte zusätzlich ein Naheverhältnis zum Adel, ja selbst zum Kaiserhaus. Adelsgeschlechter hatten im Laufe des Jahres schon immer ihren Aufenthaltsort gewechselt, das Jahr war in »séjours« eingeteilt: Die Zeit von Herbst bis zu Beginn der Ballsaison verbrachte man auf den Gütern, bis zum Derby blieb man in Wien, im Sommer fuhr man erneut auf einen der Landsitze und machte Verwandtenbesuche. Diese Gepflogenheiten imitierte auch der neue Geldadel. Nicht jeder aber hatte für den Sommer eigene Ländereien, also wurden entweder Villen in den neu entstandenen Kurorten gebaut oder man mietete sich in feudalen Hotels am Land ein. Diese neue Sitte der Sommerfrische wurde ab dem letzten Viertel des 19. Jahrhunderts auch vom Bürgertum gepflogen. Folglich kam es an diesen Sommerfrischen und Kurorten zu einer Berührung der Gesellschaftsschichten.

Der Thalhof in Reichenau war eine der angesagtesten Sommerfrischen der Monarchie. Hierher kam Kaiser Franz Joseph seit 1852 regelmäßig zur Jagd, wohnte anfangs im Thalhof und später in der eigens in der Nähe erbauten Rudolfsvilla. Neben dem Kaiser machten hier die Angehörigen vieler europäischer Adelshäuser, des Industrieadels, des Großbürgertums und später auch des Kleinbürgertums ihre Kaltwasser-, ihre Luftkur oder einfach Urlaub. Olga Waissnix war als Thalhofwirtin ständig mit allen Gesellschaftsschichten auf Augenhöhe und im erforderlichen Umgangston mit dem Kaiserhaus, den einflussreichen Familien und einfachen Bürgern geübt. Als angesehene, zwischen den Welten Reichenau und Wien pendelnde Gattin des Thalhofbesitzers Charles Waissnix und Tochter des Weinhändlers und Restaurantinhabers Ludwig Schneider wurde Olga selbst zur Veranstalterin wohltätiger Feste. Durch ihr Organisationstalent und ihre Kreativität war sie prädestiniert dafür.

Bereits im Sommer 1886 hatte sie Schnitzler zum Wohltätigkeitsfest auf der Eichenwiese eingeladen, zu dem er nicht kommen konnte. Anhand der Briefe des Jahres 1887 lassen sich ihre Tätigkeiten für weitere Feste sowie für das Theater in Reichenau sehr gut nachvollziehen. Am 10. Jänner berichtet sie Schnitzler von anstrengenden, bis in die Nacht andauernden Theaterproben. Sie ist für die Programmzusammenstellung einer Laienaufführung sowie für die entsprechende Adaptierung des heruntergekommenen Theaters verantwortlich. Es mag aufreibend sein, aber es macht ihr großen Spaß:

»Wenn Gott die Liebe im Zorn erschuf, was ich bestimmt glaube, war er auch nicht guter Laune, als er Wohltätigkeitsvorstellungen u. temporäre Theaterdirectricen entstehen ließ.
Sie können sich denken, was unsere lieben Schildbürger da in Gesang-, Violin- u. Zithersolis leisten werden. Und 3. unser Theater selbst, nicht gedacht soll es werden, was ich darüber schon gelacht habe. … Da ist vor allem mein erster Liebhaber, wissen Sie, der mich ›kriegt‹. Er ist sehr schön, sehr dumm, spielt miserabel u. hat Blei in den Gliedern. Wäre ich ein junger Mann, ich lernte es von ihm das Niederknien vor einer geliebten Frau, denn das macht er zu graziös! Sonst entwickelt er aber einen Feuereifer – Da ist dann mein 2. Liebhaber, der mich nicht kriegt; ein Gesicht wie ein Nußknacker u. ebensolche Bewegungen, ferner mein Papa, der immer über die lange Rolle klagt, nichts lernt, aber ziemlich gut spielt, dann meine alte ästhetische Gouvernante, von der ich mich habe 10 Jahre lang geduldig erziehen lassen, Rettinger als urdrolliger Bedienter u. ich Erny, ein 18jähriges Mädchen … Ich spiele natürlich

mit jenem Animo, das ein vollkommen gleichgültiges Publicum u. detto Collegen anfachen soll, eine Rolle, die mir gar nicht liegt u. bin von meiner Leistung sehr unbefriedigt. Denken Sie nur, heute erhielt ich vom Bezirkshauptmann in Neunkirchen eine Anfrage ob ich die Verantwortung auf mich nehme, wenn bei der Vorstellung irgend was politisch Unerlaubtes gesprochen würde. O fröhlich, vielleicht komme ich für alle Mühe, was recht elendes zu bieten, auch im Carcer, das wäre doch zu heiter!«

Die Ballsaison im Fasching war die Zeit, die üblicherweise von der vornehmen Gesellschaft für Theateraufführungen zu wohltätigem Zwecke genutzt wurde. Die Damen und Herren genossen es, sich verkleiden, in eine Rolle schlüpfen und auf der Bühne stehen zu können. Olga Waissnix ist für die Reichenauer mit ihrem städtischen Verhalten immer ein Fremdkörper geblieben, gleichzeitig war man sich jedoch bewusst, dass keine andere im Ort besser als Veranstalterin für Feste jeglicher Art geeignet war als sie. Als gebildete und belesene Dame von Welt hatte sie beste Beziehungen zur High Society, kannte die Wiener Theaterszene und was das Wichtigste war: Sie war kreativ und voller Ideen, die sie umzusetzen wusste. Olga liebte es, Kostüme zu entwerfen und mithilfe von Schneiderinnen selbst zu nähen. Sie hatte einen erlesenen Geschmack und ihr eleganter Kleidungsstil wurde von den Damen gerne kopiert. Ihre Hüte, derer sie eine Vielzahl hatte, wurden von den am Thalhof urlaubenden Damen neidvoll bestaunt.

Nach der Biedermeierzeit, in der niedrige Bänderhauben getragen worden waren, kam der dekorierte Hut mit ausladender Krempe in Mode, je höher, desto mondäner. 1884 wurde ein neuer Hutstil kreiert, der wie ein hoher umgekehrter Blumentopf mit schmaler Krempe aussah. Federn und andere Dekorationen dienten dazu, den Hut noch höher aussehen zu lassen. Bis weit ins 20. Jahrhundert war eine Dame der Gesellschaft ohne Hut unvorstellbar – ein Brauch, der sich in Adelskreisen bis heute gehalten hat. Nicht nur außer Haus, auch bei offiziellen Anlässen und im Theater behielt man zu Olgas Zeiten den Hut auf, was zu berechtigtem Ärger von Zuschauern aufgrund eingeschränkter Sicht auf die Bühne führte, wie ein Leserbrief in der *Presse* vom 3. November 1862 zeigt:

Herr Redacteur!

Eine neue Calamität sucht die Wiener seit kurzem heim. Zu den hohen Häusern, zu den hohen Miethen, zu dem hohen Agio, zu dem hohen Zinsfuß sind nun auch die hohen – Frauenhüte gekommen! Haben Sie diese Ungeheuer, diese Ungethüme, diese Riesenfregatten, mit Mastbäumen, mit gespannten Segeln und Fahrten, mit Spitzen, Blumen und Bändern schon gesehen, schon bewundert? Wenn Sie diesen erhebenden Anblick vollauf würdigen und genießen wollen, so müssen Sie dies vom Parterre eines unserer Theater thun. Es ist nicht übertrieben, wenn ich Ihnen sage, dass, wenn zwei Damen mit diesen Chimborassos von Kopfbedeckung vor Ihnen sitzen, Sie vom ganzen Theater und Publikum nichts sehen als eben die zwei – Hüte!

Zum warnenden Beispiel will ich Ihnen nun berichten, wie ich gestern im Kaitheater placirt war. Zu meiner Rechten saß eine »Dame« mit einer Crinoline, die wenigstens halb so umfangreich war, wie der neue Stadtpark, dazu hatte sie sicherlich noch kleine Crinolinen in den kurzen »Ärmeln«, die, mit steifen Spitzen besetzt, mir fortwährend um die Nase und Augen herumkrabbelten. Zu meiner Linken wieder saß eine Frau, sicherlich die Gattin eines Eisenbahn-Beamten, denn die Reife ihrer Crinoline streiften meine Füße so wuchtig und so scharf, wie – Eisenbahnschienen.

Der höchste Genuß war mir aber von vorne durch zwei schauderhafte Exemplare, obgenannter Ungeheuer von Hüten vorbehalten. Ich bückte mich und richtete mich auf, rutschte hin und her, machte mit einem Kopf die bedenklichsten Manöver, ich sah rechts, links, seitwärts, aufwärts und sah nichts als die zwei unverschämten Hüte! Nun frage ich Sie, Herr Redacteur, wenn ein solider Mensch ins Theater geht, ehrlich seinen Sitz bezahlt, alle Ansprüche dafür hat, »zehn uniformierte Mädchen« von vorne zu sehen, und dann nichts sieht als zwei schändliche Unformen von Hüten von hinten, ob er dann nicht gegründete Rechte hat zu einem hochtragischen theatralischen Schmerzensschrei?!

Ich stimme also für ein Gesetz, dass Frauen dergleichen gefährliche, gemeinschädliche, und närrische Hüte auch »an der Leine« ins Theater führen müssen.

Ein Warnender und Gewarnter.

Als Olga Waissnix im Jänner 1887 auf der Bühne steht, sitzen ebenfalls hochbehutete Damen im Publikum. Das Theaterspielen hat Tradition in Reichenau. Wie heute hat sich die damalige Reichenauer Aufführung von Carl Caros Lustspiel *Die Burgruine* sehr schnell in den theaterinteressierten Wiener Kreisen herumgesprochen, und fand sogar im *Neuen Wiener Tagblatt* vom 18. Jänner 1887 Erwähnung: »Das vom Burgtheater her wohlbekannte Lustspiel ist seinerzeit in Reichenau entstanden, wo es der so früh verstorbene Dichter vollendete. Die Wahl gerade dieses Stückes war somit ein Akt lokaler Pietät; überdies gab es der Darstellerin der weiblichen Hauptrolle, Frau Waißnix, Gelegenheit, ihr nicht gewöhnliches schauspielerisches Talent ins hellste Licht zu setzen.«

Der 1850 in Breslau geborene und 1884 in Wien-Pötzleinsdorf verstorbene Lyriker und Bühnendichter Carl Otto Caro war einer jener Autoren, denen bereits beschieden war, wonach Schnitzler sich lange Zeit sehnte: literarische Anerkennung und Aufnahme ins Repertoire des Burgtheaters. Caro hatte mit seinem einaktigen Lustspiel *Die Burgruine* beim Prager Concordia-Wettbewerb den ersten Preis gemacht und wenig später wurde es bereits am Burgtheater gespielt.

Auf dieses Zeitungszitat anspielend, antwortet Schnitzler auf Olgas Brief am 18. Jänner 1887: »Erlauben Sie mir vor allem Ihnen zu Ihrem nicht gewöhnlichen schauspielerischen Talente zu gratulieren, welches nun endlich auch von der Öffentlichkeit anerkannt wird, nachdem dessen Existenz für einige wenige Glückliche schon lange kein Geheimnis mehr war. Einer dieser wenigen Glücklichen wird immer mit Entzücken daran denken, wie sich der Genius des Thalhofs von seiner Ruhestatt erhob und mit unnachahmlicher Weichheit des Tones jene unsterblichen Worte … Was ists? … aussprach.«

An dieser Stelle leistet sich Arthur Schnitzler eine fromme Liebeslüge, hatte er doch in seiner Autobiografie vermerkt, dass Olga zwar damenhaft mit dunkler Stimme, aber ohne Talent ihre Verse in seinem Thalhof-Festspiel gesprochen hatte. Ob Olga Talent zur Schauspielerin hatte oder nicht, sei dahingestellt, auf den Berichterstatter der Zeitung hatte sie Eindruck gemacht und darauf kommt es bei Benefizveranstaltungen an.

Der Erfolg dieses Theaterabends macht Olga mutig, sie will auch in der sommerlichen Hochsaison mit Einbindung der Hotelgäste Theater spielen und schreibt am 27. März 1887 an Schnitzler: »Ich werde vielleicht noch im Frühling für die hiesigen Honoratioren einmal spielen. Im Sommer möchte ich dann ein ordentliches Theater arrangiren, wär das nicht fesch? Ich möchte aber eine ernste Rolle à la Wessely, nicht den Backfisch, der mir gar nicht liegt. Vielleicht kommt Ihnen was passendes unter, bitte haben Sie dann die Huld u. Gnade es mir mitzuteilen.«

Die Wessely des 19. Jahrhunderts war die bekannte Wiener Schauspielerin Josephine Wessely, Tante der später berühmten Paula, die im August 1887 erst 27-jährig in Karlsbad an Leukämie sterben sollte. Sie war seit 1879 am Burgtheater fix engagiert und oftmaliger Gast am Thalhof, so auch im Jänner 1887. Mit Olga war die junge Frau befreundet; sie war bei der Reichenauer Laientheatervorführung anwesend und machte der Thalhof-Wirtin Komplimente zu ihrem Auftritt.

Die Theaterlieblinge Wiens traten oft selbst in Benefiz-Theateraufführungen mit Adeligen und Großbürgern auf, denen sie dabei Schauspielunterricht gaben, oder führten Regie. Vom berühmten Adolf von Sonnenthal ist bekannt, dass er bei solchen Gelegenheiten mehrmals mit Fürstin Pauline Metternich auf der Bühne stand und von ihren schauspielerischen Qualitäten sehr angetan war.

Arthurs Antwort auf Olgas Frage nach einem Stück kommt prompt im April 1887 und es entsteht der Eindruck, dass er sich bei aller Liebe zu ihr lustig über sie macht: »Ihrer dramaturgischen Thatenlust, gnädige Frau, kann ich leider momentan kein Opfer anrathen, sintemalen ich in der betreffenden Literatur momentan nicht besonders au fait bin. Aber à la Wessely? – Wissen Sie, in welchen Stücken ich sie mir am besten denken muß? In griechischen – bevor Sie nicht in einem Sophokleischen Drama auftreten, gehe ich nicht ins Burgtheater. Eventuell könnten Sie aber die Antigone in Reichenau aufführen. Rettinger als König müßte vorzüglich sein. Für eine günstige Recension stehe ich ein. Noch gibt es selbstlose Kritiker; z. B. beim N. Wr. Tagblatt!«. Er unterzeichnet mit »Ihr Sie bewunderndes Publicum AS«.

Einige Monate sind inzwischen vergangen, seitdem Arthur und Olga einander am winterlichen Thalhof bei der Schlittenfahrt gesehen haben. Nach ihren flüchtigen Begegnungen in Wien ist Olga trotz allen Drängens von Arthur weiterhin zu keinem Rendezvous bereit. Am 1. Juli 1887 treffen die beiden einander zufällig in der Südbahn und alle Vorsicht ist vergessen. Sie sitzen allein im Coupé, fallen sich viele Male um den Hals und küssen sich, vorzugsweise in Tunnels. Dazu kann man in Schnitzlers Tage-bucheintrag vom 21. August 1887 lesen:»In Wien will sie mir kein Rendezvous geben – ›Ich habe Angst vor mir und Ihnen‹ sagte sie – Es sah wieder aus, als wären wir für die Ewigkeit verbunden – Seitdem haben wir uns wieder nicht gesehn; doch schreiben wir uns zeitweise – Auch auf die Augen küsste sie mich mit viel Gefühl …« Olga ist auf dem Rückweg von Wien nach Reichenau, wo sie neben der Sommertheateraufführung die noble, wenngleich recht anstrengende Verpflichtung übernommen hat, rund um den Kaisergeburtstag das alljährliche Volksfest auszurichten. Dieses fand entweder auf der Eichenwiese oberhalb des Hotels oder wie in diesem Jahr auf der Hammerwiese neben der Kirche statt. Von diesen Vorbereitungen erzählt sie Schnitzler sehr anschaulich in einem Brief Anfang August 1887:

Lieber Herr Doctor!
Wenn Sie eine Ahnung hätten, was ich zu thun habe, Sie würden einse-hen, welch' ein Vorzug meine schnelle Antwort ist. Soeben verläßt mich Graf Salm. Er wünscht die Gründung eines Damencomités fürs Volks-fest; Comitélocal meine Wohnung. Da kann natürlich Olga mein Kind wieder mit Ideen, Plänen u. Arbeit herhalten. Es soll ein Jahrmarkt wer-den: Baronin Bourgoing als Tscherkessin, Gräfin Salm als Bekannte von mir, die wunderschöne Frau Goldschmidt als Isolde verkauft Liebes-tränke die andern Damen weiß ich noch nicht, u. mein Costüm wird nicht verrathen. Dann gibt's ein Orpheum, ein Ringelspiel, kurz u. gut alle Schätze des Wurstelpraters werden aufgeboten werden.
Sie müssen selbstverständlich auch kommen, kriegen aber noch eine nähere Einladung. Morgen Samstag ist Kränzchen. Ich arrangire es mit ein paar Herren, da man sich competenter Seite in solche Sachen nicht dreinmischt. Sie sehen also, daß ich ein geplagter Mitteleuropäer bin. Ich glaube Sie sollten am 13. d. nicht kommen, besser wäre es, Sie kämen zum Volksfest. An ein Zimmer ist momentan nicht zu denken u. zum Table-d'hôte-schlafen im Speisesaal haben Sie doch keine Lust, n'est-ce pas, das hat übrigens dieser Tage Fürst Karageorgewich fluchend thun müssen.
Soeben ruft man mich wieder ab. Verzeihen Sie Ihrer

vielgeplagten, halbzerrissenen
OW.

Schnitzler antwortet Olga aus Ischl, dass er wohl erneut keine Zeit finden wird, dem Fest beizuwohnen, worauf sie ihm Mitte August zurückschreibt:

Mon doux ami!
Irgend ein Franzose sagte einst, »tout comprendre, c'est tout pardonner« [*alles verstehen heißt alles verzeihen; Anm.*], das dacht' ich mir, als ich Ew. verwöhnten Hoheit so überaus »liebenswürdiges« Schreiben las, u. darum beantworte ich es auch, was ich anfänglich auch nicht thun wollte. Sie haben mich ja redlich geärgert u. nun Schwamm drüber. Wenn ich heute ganz außergewöhnlich blöd bin, so verzeihen Sie das einer der geplagtesten Mitteleuropäerinnen; ich arbeite seit Wochen nur in aparten Ideen u. Costümen, aber nicht für mich, wie Sie spitzfindig herausfanden, sondern für alle andern. Was hab' ich nur in Grotten, Taillen, Kartenaufschlägerinnen, Liebesträngen, Buden, Kopftüchern, Schildern u. s. w. geleistet. Ja eine böhmische Greißlerei mit Delicatessen wie Gerstenzucker, Russen [*eingelegte Heringe; Anm.*] u. Stiefelwichs hab' ich gedichtet. (...) Nächsten Sonntag findet das Fest statt, im letzten Moment hängt mir Gabriele die auch kommt auch noch die Anschaffung ihrer Bude an, ich hoffe am Sonntag mich wirklich zu zerreißen.
Über meine Bude, wegen der ich eigentlich noch am wenigsten nachgedacht habe, wollen Sie erst nach dem Fest erfahren. Wie kühl mich eigentlich das ganze läßt davon haben Sie keine Idee, was ich thue geschieht aus Pflichtgefühl fürs Allgemeine u. weil ich Ihnen zeigen will, was ich kann. Auch sonst ist's hier so ruhig, so posirt, meine früheren Bekannten kennen mich gar nicht mehr. Kein Tratsch, keine Flirtation u. dabei die Freundin aller. Hat jemand einen Herzenskummer, so wird er der Phlegmatikerinn mitgeteilt, ich fei're Orgien der Freundschaft u. bin entschieden ins ältere Fach übergetreten.
Wie mir dabei zu Mute ist? Doch still, nur keine Stimmungsbilder, ich mag momentan absolut nicht nachdenken u. bin auch so nervös u. überanstrengt, daß ich's gar nicht kann.
Es ist schrecklich fad Ihnen erst versichern zu müssen welch' lieber, guter Freund Sie mir sind, bedarf es da erst der Erörterung? Kommen Sie nicht zum Volksfest aber an einem andern stillen, friedlichen Tag. Sie glauben nicht wie ich mich drauf freue. Darf ich Ihnen einen Tag bestimmen? Also seien Sie lieb u. schreiben Sie bald

Olga Waißnix
Spezialistin in Costümen u. aparten Ideen,
ordiniert täglich von 11 bis 12 u. 5 – 7;
das steht auf meiner Zimmerthür.

(P.S.)
Ich bin so müd, so abgehetzt, ich kann gar keinen ordentlichen Gedanken fassen.

Am 26. August 1887 schickt Olga Arthur im Namen des Damenkomitees eine Einladung zum Nachkirtag am 28. August, doch wieder muss er, diesmal wegen seines Spitaldiensts, absagen. Er wird sich Olga an ihrem Stand in ihrer Nürnberger Tracht, »mit allem Zauber«, der sie »umgibt, – umflossen von jenem unsagbaren Chic, welche eine« von ihren »sieben Vollkommenheiten ausmacht«, vorstellen und wird im Geiste mit ihr plaudern. Weiters stellt er fest: »Im übrigen bin ich jetzt eine gesellschaftliche Unmöglichkeit. Ich thue nemlich seit zehn Tagen nichts mehr, als mir den Bart wachsen lassen. Bis er eine halbwegs glaubwürdige Form angenommen hat, werde ich gen Thalhof wallen; um mich von Ihnen in Anbetracht der winterlichen Gefahren segnen zu lassen. Mir ist, als wenn Sie die Hände aufs Haupt mir legen sollten!«

Der 17. August war der Tag, ab dem Schnitzler den Bart trug, mit dem ihn heute alle Welt kennt. Olgas briefliche Bemerkung dazu lautete: »Sie lassen sich einen Bart wachsen? O fröhlich, der muß Ihnen aber schlecht stehen, verzeihen Sie das harte Wort.« Am 15. Mai 25 Jahre alt geworden, war Schnitzler der Meinung, dass er bisher nichts Richtiges geleistet habe und endlich wenigstens erwachsen aussehen müsse. In seinen Erinnerungen geht er sehr streng mit sich ins Gericht, bezeichnet sein damaliges Dasein als ein »hundertfach zerstreutes« und sich selbst als »Arzt, Dichter und Lebemann, der in Medizin, Poesie und Leben in bösen Stunden stümperte, in guten bestenfalls dilettierte, dessen Wesen von niemandem gekannt, von ihm selbst kaum geahnt wurde, der, umgeben von Dutzenden von Freunden, deren keinem er ganz, zwischen vielen Mädchen und Frauen, deren keine ihm völlig gehörte, der, zwar zweifellos unzufrieden, aber nicht ohne selbstgefällige Regungen, sich fast ausschließlich mit sich selber beschäftigte«. Der Ego- und Erotomane Schnitzler erkennt seine

Schwächen, nicht aber den Weg zur Veränderung. In späteren Jahren, als seine Begierden schwächer geworden waren, entwickelte er sich zwar zum Moralisten, doch Egomane blieb er zeit seines Lebens.

Nicht einmal die weltpolitische Krise dieses Sommers, während der Schnitzler als Reserveoffizier der Einberufung innerhalb von 24 Stunden gewärtig sein musste, macht ihm Sorgen, so sehr ist er mit sich selbst beschäftigt. Beim Berliner Kongress von 1878 hatten sich die europäischen Mächte über die Aufteilung des Balkans geeinigt, in Folge traten jedoch immer wieder Streitigkeiten zwischen Russland auf der einen und Österreich-Ungarn und dem Deutschen Kaiserreich auf der anderen Seite auf. Das Zünglein an der Waage war Serbien. Seit 1885 überlegten das Deutsche Reich und die mit ihm verbündete Donaumonarchie, durch einen Präventivkrieg gegen Russland eine schnelle Lösung herbeizuführen. Nicht weil man der Probleme am Verhandlungstisch nicht mehr Herr wurde, sondern weil man meinte, dass ein Krieg die bessere Variante sei. Bis zum Höhepunkt dieser Präventivkriegsbestrebungen im Winter 1887/88, die vorerst friedlich geregelt wurden, stand Leutnant Schnitzler auf Abruf bereit. Danach brodelte es weiter, bis der Ausbruch des schwelenden Konflikts im Jahr 1914 endgültig erfolgte.

Olga Waissnix' Leben und das ihrer Umgebung wird durch diese politischen Aspekte wenig berührt. Gedanken an die Gefahr eines möglichen Krieges werden in bewährter österreichischer Manier mit einem Achselzucken und einem »Es wird schon nix passieren!« beiseitegeschoben. Das Leben geht weiter wie bisher, Gäste aus aller Herren Länder urlauben am Thalhof und wollen von der attraktiven Gastgeberin verwöhnt und unterhalten werden.

Kurze Zeit nachdem Schnitzler Jeanette Heeger kennengelernt und eine Beziehung mit ihr angefangen hat, fährt er mit seinem Vater am 17. September zu einem Kongress nach Wiesbaden und schließt daran eine kleine Reise durch Deutschland an. Er schreibt Olga drei kurze Briefe aus Wiesbaden, Rüdesheim und vom Starnbergersee über seine Reiseeindrücke und stellt fest, dass er in Wiesbaden im Zimmer Nr. 26 übernachtet hat, ohne auch nur einen Brief von ihr dort vorgefunden zu haben. Er hoffe nun auf ein Dutzend davon in Wien. In einem ihrer Antwortbriefe nach Deutschland vom 21. September 1887 räsonniert Olga am Ende der Hochsaison poetisch: »Hier wird's mit jedem Tag stiller. Es ist sonderbar wie das Walten der Natur auf den Landbewohner wirkt. Im Frühling, wenn ein jauchzender Accord des Glückes durch die Wälder braust, da träumt das dumme Herz wieder weiß Gott was und jetzt wo alles müde geworden ist u. ein heftiger Sturm die trockenen Blätter umherpeitscht, jetzt sieht es erst mit unendlicher Wehmut, dass alles blieb wie es war und keine der süßen Hoffnungen in Erfüllung ging. Wenn ich so den ganzen Sommer an mir vorüberziehen lasse, glaub' ich geträumt zu haben … Mit dem Frühlingsfest beganns und dann drängte ein Erlebniß das andere. Die Menschen die ich da kennen lernte, waren mit geringen Ausnahmen, wie Wilczek sen., Hofrat Scherzer, nur Leute, die nichts dachten u. kannten als flott den Augenblick zu benützen, die fröhlich, ohne sich mit einem einzigen tiefern Gedanken zu quälen, an der Oberfläche dahingleiteten; manchmal glaub' ich beinahe, die Leute haben Recht.«

Wenn am Thalhof Ruhe einkehrt und die Tage kürzer werden, hat Olga wieder Zeit und Muße, über alles nachzudenken. Erneut beschäftigt sie die Hoffnungslosigkeit darüber, dass sie ihr Leben niemals ihren persönlichen Wünschen und Bedürfnissen gemäß gestalten können wird. Im selben Schreiben bemerkt sie, auf die einstige Meraner Gebarung, aus Wochen beziehungsweise Tagen Jahre zu machen, anspielend: »Wir haben in den letzten 10 Jahren sowenig miteinander verkehrt, daß Sie ebenso gut in Amerika wie blos 2 Stunden von hier hätten entfernt sein können und nun sind Sie wirklich, wenn auch nicht in Amerika, so immerhin ziemlich weit weg und Ihre guten Freunde konnten Ihnen zum Abschied nicht einmal die Hand schütteln, welche Ironie des grauslichen Schicksals!«

Am 24. September 1887 kommt Arthur nach Wien zurück. Seit der zufälligen Begegnung in der Bahn am 1. Juli haben er und Olga einander nicht mehr gesehen. Arthur hat Sehnsucht nach seinem Thalhof-Genius, auch wenn er seit Kurzem mit Jeannette Heeger liiert ist. So ist Olga auch nicht die Erste, die ihn bei seiner Rückkehr aus Deutschland begrüßt, es ist Jeanette, die ihn am Bahnhof erwartet. Vier Tage später fragt Arthur schriftlich bei Olga an, ob er in der darauffolgenden Woche zu ihr nach Reichenau kommen dürfe.

Olga willigt vorerst freudig ein und bittet ihn, ihr kurz vor seinem Erscheinen eine Depesche zu schicken, muss ihm aber schließlich schweren Herzens absagen. Sie ist zu Jagden mit den Erzherzögen geladen, einem Ruf, dem sie folgen muss.

Schnitzler erwidert am 7. Oktober:

Freitag

Verehrteste gnädige Frau!
Wozu sollte ich Ihnen heute vier Seiten schreiben, wenn ich Montag das Glück haben kann hundertvierundzwanzig Seiten mit Ihnen zu plaudern – ?
Also auf Montag! »Nie sah einen blauern ich je.«

Always yours
AS.

Es wird nicht einmal eine halbe Seite des Plauderns werden an diesem Montag, dem 10. Oktober 1887, sondern nur ein flüchtiger Kuss zwischen Tür und Angel, zu mehr ergibt sich keine Gelegenheit.

Am 18. Oktober begegnen sie sich zufällig in der Stadt. Erst will sie ihm kein Rendezvous geben, aus Angst vor ihrem Mann und ihrem Vater. Dann willigt sie doch ein und verspricht, am nächsten Tag bezüglich des Treffpunkts Bescheid zu geben. Da Arthur aber eine spitze Bemerkung wegen ihrer ständigen Furcht vor Entdeckung macht, folgt dieses Schreiben nicht.

Daraufhin ist Arthur beleidigt. Am Thalhof hatte Olga keine Zeit für ihn, in Wien will sie sich nicht mit ihm treffen. Ende Oktober schicken sie einander Briefe mit sarkastischen Anspielungen auf ihr gegenseitiges Beleidigtsein. Er nennt sie die »Werkeldame« seines Gemüts, die nach Lust und Laune auf diesem seinem Werkel spielt. Olga antwortet am 29. Oktober:

Mein hochverehrtes Werkel!
Mein größtes, aber auch einziges Plaisir, wenn ich längere Zeit fort war, wie z. B. jetzt, wo ich wieder mehrere Tage jagte, sind die eingelaufenen Briefe. Die heutigen enthalten alle Variationen über ein Thema, nemlich, daß ich ein grausliches Ding sei. Herr Gott, was hab' ich wieder neulich in unserer Residenz alles verbrochen! Ein einfach Gemüt behauptet in seinem Briefe, es kenne sich bei mir nicht aus, ich verwandle mich in einem fort, sei bald Fee, bald Teufel, eine aufrichtige Freundinn giebt mir am Anfang den Kosenamen »elende Creatur«, ver-

sichert aber schließlich ich könne thun, was ich wolle, sie höre doch nicht auf, mich zu lieben, und ein anderes gar verwöhntes Wesen möchte mich am liebsten zerreißen und schmückt sein Brieflein mit so vielen Namen, daß mir dabei der Atem ausging. Ach ja, ich weiß es, daß ich unliebenswürdig bin! Jeder Mensch hat es mir noch gesagt, wie beschämt bin ich darüber und wie gern möchte ich mich bessern! (…) Gott, so blöd wie heute, war ich lang schon nicht!

yours
OW.

Es gehen weitere schnippische Zeilen hin und her, die zu gegenseitigen Missverständnissen führen, bis es schließlich Schnitzler ist, der Ende November 1887 einlenkt, denn er bedarf der Harmonie und einer wohlwollenden Briefpartnerin, der er sich anvertrauen kann. Immer mehr wird für ihn aus der unerreichbaren Geliebten eine unverzichtbare Freundin, ein Gegenpol zu seinem rastlosen Leben.

Verehrteste gnädige Frau!
Langsam erwache ich aus der Erstarrung, in welche mich Ihr letzter Brief versetzt hat. Der Novembernebel liegt noch über meiner Fassungsfähigkeit: darum ist er mir offenbar unklar gewesen. Ich verstand seinen Ton nicht, seine Ausdehnung nicht, und einige Bemerkungen, die sich auf meinen letzten Brief bezogen – verstand ich erst recht nicht. Nun aber ist alles vorbei: Ich habe mich damit abgefunden, daß Sie just schlechter Laune waren. Mein Gott, warum sollen gerade Sie keine Launen haben – und daß dann ich dazu auserlesen ward, davon zu profitiren, macht mich eigentlich stolz, wenn ich's näher überdenke … Um eines aber bitte ich Sie recht sehr: zwei Leute nicht miszuverstehen, die es beide besser verdienten: Sie selbst und mich! Misverständnis –! es ist das jämmerlichste, was es gibt. Ein Unglück – meinetwegen: es liegt was großes darin in einem wahren Schmerze, der seine Gründe hat – aber ein Misverständnis – ein Irrtum – ein Nichts, dem man vieles opfert – das ist der banalste erbärmlichste Witz, den sich der Zufall mit uns Menschen erlauben kann. Und etwas, was uns wieder aufschauen macht! Diese Witze brauchen wir uns nicht gefallen zu lassen – ein wenig Ruhe, ein wenig Überlegung, und das Misverständnis ist zerflat-

tert, hin. Glauben Sie nicht, daß ich Recht habe –? Ich werde es aus ihrem nächsten Brief herausempfinden, ob Sie mir zustimmen – auch wird vielleicht diesmal kein Grund vorliegen, mich zwei Wochen auf zehn Zeilen warten zu lassen – Bettler mögen sparen! Sie aber sind eine Königin, warum verschwenden Sie nicht, wo es Wohlthun gilt –? (…)

Always yours

AS.

Solche Zeilen Arthurs beglücken Olga, aber Seelenfrieden und Ruhe vermag er ihr auf diese Weise nicht in gleichem Ausmaß zu geben wie sie ihm. An seinem Leben kann sich durch ihren Einfluss und ihr Zutun etwas ändern, umgekehrt jedoch nicht. Olga kann weder ihrem Schicksal entkommen noch nach ihren Vorstellungen glücklich werden. Ihr bleibt nichts als die Resignation. Am besten hilft Olga in diesen Momenten der Rückzug in die Natur, das Wandern und die Jagd. Von dieser Flucht in die Einsamkeit der Berge und in die Waissnix'sche Jagdhütte am Lackerboden berichtete sie Arthur bereits vor Saisonbeginn im März 1887: » Wenn's mir aber unten zu eng wird, da stürme ich hinauf in die Wälder, hoch, immer höher, halte Zwiesprach mit den Vögeln, den Bäumen was weiß ich, u. binde manchmal ganz hübsche Dinge aus Erica u. Schneerosen. Frag' ich mich aber dann wozu, fliegen die Blumen zerzaust in alle Winde. Auch beginnt jetzt bald der Hahnpfalz. Mein Jäger hat bereits einen Auerhahn gehört. Hat er einmal einen ausgelost, ziehen wir auf einige Tage ins Gebirge. Es ist herrlich ganz allein (der Jäger zählt ja nicht) da oben zu hausen.« Aus diesen Zeilen spricht nicht nur die passionierte Jägerin, sondern vielmehr die Naturliebhaberin, die die Stille der Landschaft und die Tierbeobachtung liebt.

Seit dem Jahr 1848 war jedem Besitzer eines zusammenhängenden Grundkomplexes von wenigstens 115 ha die Ausübung der Jagd gestattet. Der Adel war der größte Grundbesitzer und somit im Besitz der ausgedehntesten Jagdgebiete. Zu den regelmäßig veranstalteten Jagdereignissen wurden im 19. Jahrhundert zunehmend namhafte Vertreter der nicht adeligen Gesellschaft geladen, die zum Teil jedoch teuer für Abschüsse bezahlen mussten. Die Familie Waissnix besaß ein sehr beliebtes, riesiges Jagdgebiet voll von Hochwild und Auerhähnen, das seit 1852 regelmäßig auch von Kaiser Franz Joseph, Kronprinz Rudolf und den Erzherzögen Carl

Ludwig und Otto besucht wurde. Charles Waissnix ging mit der kaiserliche Familie und deren Gefolge auf die Pirsch, öfter jedoch wurde seine Frau dazugebeten. Die Erzherzöge und die Hocharistokratie zogen die charmante Begleitung Olgas vor. Dem im gesellschaftlichen Umgang ungeübten Charles blieb trotz seiner Eifersucht nichts anderes übrig, als seine Frau mit den hohen Herrschaften jagen zu lassen. Schließlich wurde Olga Waissnix des Öfteren von Mitgliedern des Kaiserhauses oder von Gästen des Thalhofs in fremde Jagdreviere geladen. In einem Brief an Schnitzler vom 5. Oktober 1889 erzählt sie eindringlich von einer solchen höfischen Jagdeinladung:

> Ich habe nun eine sehr anstrengende, aber wunderschöne Woche hoch oben in den steirischen Bergen verlebt. Natürlich alles dick verschneit und wäre ich nicht innerlich aus Kautschuk, ich hätte mir wahrscheinlich an irgend einem Abgrund das Genick gebrochen. Nein, Spaß à part, Ihre Freundin war ein paar Male in ernstlicher Gefahr, aber Sie wissen, meine Geschicklichkeit im Jagen, bei allem Sport u. hauptsächlich auf tollkühnen Wegen, ist mein größter Stolz. »Ich schnitt' es gern in alle Rinden ein«, – ich habe einen Hirsch geschossen, einen Zehnender wie Prinz Leopold [*Leopold von Bayern, Schwiegersohn von Kaiser Franz Joseph; Anm.*] Ich schlief im Zimmer der Erzherzogin u. war Gast des Kaisers, Streber würden mich vielleicht beneiden. – Es war ein großartiger Anblick. Ich, hoch auf einem Felsen, der Hirsch springt mir an, ein Schuß – und das gewaltige Thier rollt hinab in die Tiefe.

Olga erhielt von Gästen des Thalhofs Einladungen bis nach Rumänien, wo man ihr zu Ehren eine Bärenjagd geben wollte, und zu einer Eberjagd nach Dänemark. Solche Jagdauftriebe mochte sie allerdings nicht, sie hielt sie wie vieles andere für ein gesellschaftliches Übel. Die allgemeine Trophäensucht verabscheute sie. Mit ihrem Jäger allein in den Bergen zu wandern, anzusitzen und ab und an Tiere zu erlegen, das war Jagen für sie: »Ich liebe die Jagd, weil sie eine eifersüchtige Herrin ist, die einen so in Anspruch nimmt, daß man an gar nichts anderes denken kann und weil immer ein bißchen Gefahr dabei ist, das regt an!«

Die Bergwelt rund um den Thalhof bot für die vielbeschäftigte Hotelière Erholung vom Rummel des Tagesgeschäftes und der Oberflächlichkeit so mancher Konversation. Während der Saison konnte sie in der Regel nur kurze Ausflüge machen, aber sobald der Betrieb im Herbst nachließ, verschwand sie stundenlang ins Gebirge, wie aus einem Brief an Schnitzler vom 26. Oktober 1886 hervorgeht:

> Neulich stieg ich an einem Tage 9 Stunden umher, Samstag war ich wieder 5 Stunden fort. Sie glauben gar nicht, welch' schreckhaft erhabenes Gefühl es ist, so stunden- & stundenweit keine Menschenseele zu wissen. Bei einbrechender Dunkelheit stand ich noch hoch oben auf der Spitze des Saurüssels. Im Thal hatten die saligen Fräulein graue & weiße Nebel gewoben, am fernen Horizonte, hinter den steirischen Bergen, malte die untergehende Sonne purpurrote Streifen, die mit den dunklen Tönen der Ebene ein eigenthümlich farbenprächtiges Gemisch bildeten. Ich stand wie verzückt; langsam wurde es ganz finster, im Thal zündete man die Lichter an & die Kirchenglocken läuteten zum Ave Maria. Da blinkte & winkte es so verheißend herauf, als ob da unten nur eitel Glückseligkeit & Friede herrschte. Sonderbar! in unerreichbarer Entfernung erscheinen uns oft die Dinge so begehrenswert! Wie unglücklich wären wir vielleicht oft – wie enttäuscht, wenn unser früher rastloses Sehnen erfüllt würde!

Diesen letzten Gedanken kann Schnitzler nicht nachvollziehen. Er ist ständig voll rastlosen Sehnens nach Erfüllung seiner Wünsche und Begierden. Sein Sexualleben ist durch Jeanette Heeger etwas ausgeglichener, seine berufliche Situation aber höchst unbefriedigend. Dies ist die große Ähnlichkeit von Olga und Arthur: Beide müssen sich den Wünschen der Väter beugen und ein Leben führen, das ihren persönlichen Vorstellungen und Neigungen nicht entspricht, Olga privat, Arthur beruflich. Er kann dem erlernten Arztberuf nichts abgewinnen und will sich als Schriftsteller etablieren. Instinktiv erkennt er, dass ihm Olga mit ihrer emotionalen Unterstützung auf diesem Weg mehr nützen kann denn als Geliebte.

Die Seelenfreundin
Das Werden eines Dichters

>*»Ich fühle mich ordentlich um einige Stufen höher
>seit ein Strahl des Dichterruhmes eines künftigen
>Goethe auf mich Unwürdige fällt.«*

Nach dem Abklingen der verwirrten Verliebtheit zwischen Olga und Arthur wird sie ihm bei seiner Selbstfindung zu einer unverzichtbaren Stütze. Sein großes Problem ist der Zwiespalt zwischen dem vom Vater vorgeschriebenen Beruf des Arztes, der ihm weder liegt noch ihn freut, und der von Kindheit an in ihm wohnenden Berufung zum Dichter. Dieser gibt er zwar ständig schreibend nach und vernachlässigt Studium und Wirken als Arzt, sich aber voll zu ihr zu bekennen, getraut er sich nicht. Olga Waissnix ist nicht die einzige, aber mit Sicherheit die bedeutendste Begleiterin Schnitzlers auf seinem Weg zum Schriftsteller. Keiner anderen vertraut er sich mit seinen Ängsten und Zweifeln so vollkommen an wie ihr. Für eine solche Öffnung der Seele darf ein Mann jedoch nicht von den Gefühlen eines Geliebten behindert sein, er muss in der Frau, der er so offen schreibt, die vertraute Freundin sehen. So wurde in weniger als einem Jahr nach dem Entflammen einer Liebe ohne Zukunft aus der unvollendeten Geliebten eine vollendete Seelenfreundin.

Olga Waissnix kam in den Genuss, von Arthur Schnitzler in seiner literarischen Anfangszeit und auch später vertrauensvoll Werke zum Lesen überantwortet zu bekommen, zu denen sie sich äußern sollte. Manchmal war sie die Erste, die seine Texte las. So belesen und gebildet Olga war, traute ihr Arthur dennoch nicht die Kompetenz einer Lektorin zu. Vielmehr wusste er genau, dass sie eine kluge, wohlwollende und zugleich ehrliche Leserin und vor allem eine aufrichtige Bewunderin von ihm war. Schnitzler suchte sich unbewusst genau die richtige Person aus, die ihm jene seelische Unterstützung geben konnte, derer er damals so dringend bedurfte.

Olgas Interesse an Arthurs Werk war von Anfang an groß und so fragt sie ihn im Jänner 1887, wann er wieder etwas in der von ihr bereits abonnierten *Deutschen Wochenschrift* veröffentlichen werde, weil doch »der vazirende Gott zu köstlich war«. Sie meint damit die erste seiner Erzählungen, die unter dem Titel *Er wartet auf den vazierenden Gott* publiziert worden war. Protagonist ist der Poet Albin, dem ständig neue Ideen für Dramen und Novellen kommen, die er zu Papier zu bringen beginnt, aber nie vollendet. Der Erzähler Schnitzler kommentiert: »Ich weiß, warum Albin eigentlich nichts arbeitet: es fällt ihm zuviel ein.« Albin schreibt zudem Aphorismen, darunter »er ging daher wie ein vazierender Gott«, die sein Freund nicht versteht, hinterfragt und nach gemeinsamer Überlegung zu dem Schluss kommt, dass vazierende Götter »diejenigen sind, welche eigentlich alles vollbringen könnten und denen nicht die letzte Inspiration fehlt, sondern, welche diese Inspiration vorübergehen lassen und mit allen ihren großartigen Plänen gemütlich weiterbummeln, ohne was Rechtes anzufangen, und sich genügen lassen im Bewußtsein ihrer himmlischen Würde? Sie mischen sich unter die Sterblichen und lassen sozusagen die Unsterblichkeit verfallen, auf die sie eine Anweisung in der Tasche tragen.«

Wie die meisten von Schnitzlers Werken trägt auch dieses autobiografische Züge. Er bringt hier treffend auf den Punkt, dass er die überbordende Fülle seiner Kreativität nicht zu bändigen weiß und sein Talent vergeudet.

Schnitzler antwortet am 18. Jänner 1887 auf Olgas Frage nach der nächsten Veröffentlichung in der *Deutschen Wochenschrift*: »Daß Sie, verehrteste gnädige Frau, in der Dtsch. Wochenschrift nichts von mir finden, wundert mich nicht besonders, da ich in der letzten Zeit nichts für dieses Blatt geschrieben habe. Ich komme nicht recht dazu, weiß selbst nicht ob aus Stimmungslosigkeit oder aus Zeitmangel. Ich habe eigentlich nicht so besonders viel zu thun; komme aber doch zu nichts rechtem. (…) Ich will jetzt irgend was ausgedehnteres schreiben – alle heiligen Zeiten einmal eine Seite – bin respective bereits im 2. Akt einer Comödie … aber um einen bekannten Coupletrefrain zu citiren, ›machens keine Erwähnung‹. – Auch mehrere Novellenstoffe könnten jeden Moment in Angriff genommen werden, wenn der Moment käme – so aber muß ich mich begnügen den vacirenden Gott zu spielen, und die wallenden Gewänder schleppen im Kothe nach … Nach dem Stempel der Göttlichkeit suchen Sie freilich vergebens auf einer Stirn, welche die Muse leider zu küssen vergessen hat.«

Der Arbeitstitel dieser Fragment gebliebenen Komödie – über den Beginn des zweiten Aktes kommt er nie hinaus –, mit der er sich schon seit 1880 beschäftigt, war *Albine*, in der ein Lebemann und ein Studierender ihrer tödlichen Langeweile dadurch entkommen wollen, dass sie ihre Leben tauschen. Bei dem erwähnten Novellenstoff handelt es sich unter anderem um *Reue der Unschuld* oder *Gabrielens Reue*, in dem eine junge Frau für ein jahrelanges Verhältnis Sühne tut. Dies ist eines von Schnitzlers Lebensthemen, der auf das Vorleben jeder seiner unverheirateten Geliebten eifersüchtig ist, es ihnen zum Vorwurf macht und sie deshalb leiden lässt. Schnitzlers Vater las diese Novelle ein paar Jahre später und tat sie mit dem Wort »dilettantisch« ab.

Olga geht am 25. Jänner 1887 auf Schnitzlers melancholische Zeilen ein: »Sie können sich denken mit welch' lebhaftem Interesse mich die Nachricht von dem Entstehen einer Comödie u. einiger Novellen in Ihrer Hexenküche, verehrtester H. Dr. Faust, erfüllt. Darf ich wissen um was es sich handelt? O, runzeln Sie nicht die olympischen Brauen, darf so eine gewöhnliche Alltagsperson nicht erfahren, was Sie momentan quält, beschäftigt und entzückt? S'ist gewiß nicht allein weibliche Neugier, aber ich wäre glücklich, wenn ich vor allen andern die Kinder Ihres Geistes kennen würde«.

Mit diesen Worten bringt Olga genau die richtigen Saiten in Arthur zum Klingen und am 28. Jänner bricht es plötzlich aus seinem Gemüt hervor:

Ihr schmeichelhaftes Interesse, gnädige Frau, für die Novellen etc. hat mich so lebhaft gefreut, daß ich daraus den Mut fasse, Ihnen zu gestehen, – diese literarischen Dinge bedeuten eigentlich mehr für mein Empfinden, als ich nach außen hin merken zu lassen gewohnt bin. Das widerspricht durchaus nicht meiner grenzenlosen Nachlässigkeit auch in dieser Beziehung. Ich muß Ihnen sagen, daß mir häufig genug das Bewußtsein der Stimmung allein genügt, und ich so die Gebilde meiner Phantasterei vor mir hin- und hertanzen lasse, ohne sie abzuconterfeien, … ein Scheintodtentanz (…)
– Manchmal ist mein Wesen vollgetrunken mit Aesthetik; meine Freuden sind Dreivierteltakt; meine Schmerzen Jamben; u. meine Liebe – »malt mir was« – Ich thue also, wie Sie aus dem vorhergehenden zu entnehmen beliebten, nichts, oder weniger: nämlich wenig. (…) Eine Komödie, an der ich jetzt angeblich arbeite, behandelt ein noch weit ungemütlicheres Thema; nämlich die Ehe. In meinen literarischen Fle-

geljahren wollt' ich diesem Titel die heimtückische Bezeichnung zufü-
gen: »Ein Mysterium der Gegenwart.« – Erzählungen schwirren mir
manche durch das, was ich unbescheiden genug meinem Kopf nenne.
(…) U.s.w. u.s.w. und dann kommt noch die Medizin und nimmt
einem eine Masse Zeit weg. Manchmal allerdings bringt sie mich gewal-
tig in Stimmung und entwickelt mir Stoffe, für die ich dankbar wäre,
wär ich der Mensch, alles auszuführen. (…)
Wenn Sie vielleicht jemand wissen, der die Güte haben wollte, mich
zusammenzuklauben, so unterlassen Sie nicht davon zu verständigen

Ihren Sie herzlich grüßenden

AS.

In seiner Verzweiflung macht Schnitzler sein Talent kleiner, als es ist; gut
möglich, dass er sich damit selbst über den Zustand, dass er aus Zeitnot
nichts Ordentliches zu Papier bringt, hinwegtrösten will. Die kluge Olga
geht nicht auf sein Lamentieren ein. Sie antwortet humorig-sarkastisch,
lässt ihre eigene tiefe Enttäuschung, ja Verachtung für die Institution Ehe
durchblicken und denkt an die verflossenen Tage in Meran:

1. Februar 1887

Lieber Herr Doctor!
Also über die ungemütlichste Einrichtung der Gegenwart wollen Sie eine
Comödie schreiben? (…) Wäre es nicht besser ein Trauerspiel über die
barbarischste aller unmenschlichen Institutionen zu dichten? Ein Trau-
erspiel mit unendlich vielen Acten u. unabsehbarem Ausgang, mit so viel
Greueln wie in denen eines Gryphius, Grabbe u.s.w. (…) – Die Heldinn
der Comödie möcht' ich darstellen, ich glaube, ich würde sie verstehen.
Es war wirklich zu liebenswürdig mir so schnell u. so eingehend zu antworten. Bitte lassen Sie's nicht beim Versprechen bewenden und senden
Sie mir baldigst die Novelle (falls sie existirt), ich freue mich unendlich
darauf. Auch hoffe ich dann mit Ihnen über dieselbe zu sprechen.
Reichenau gleicht jetzt ein wenig Meran; herrliches, warmes Wetter u.
die gewisse Frühlingsahnung, die aber, nebbich, nur bei der Ahnung
bleiben wird. Neulich war ich allein im Gebirge, es war prachtvoll. Als
ich am Saurüssel heraus kam, mußt' ich plötzlich laut aufschreien, vor
mir lag Partschins, wie vor einem Jahr als wir auf die Höhe des Naifthals

heraustraten. Es ist etwas unglaublich wehmütig Tückisches in solchen Hallucinationen. Gewissenhaft wie immer lt. allerhöchstem Auftrage, um mit einem geliebten Classiker zu sprechen, »wandert ich überall u. sucht in Stadt u. Land und Thal«, um eine milde Seele zu finden, die so ein zerstampftes Dichter-Gemüt zusammenklauben will. Ich wollte Ihnen schon die freiwillige Rettungsgesellschaft anempfehlen, da fiel mir meine Freundinn Julia ein. Soll ich's ihr sagen, ists Ihnen recht? Ich glaube, sie wäre bereit dazu. –

Schonen Sie sich ein wenig, tanzen Sie nicht gar zu viel, damit Sie nicht wieder wie im Vorjahre krank werden, u. wenn Sie nicht gar zu ball-müde sind, o so lassen Sie baldigst von sich was hören, Sie wissen, wie mich das freut.

Draußen tanzt man jetzt vielleicht den Cotillon – und ich bin so allein. –

OW.

Kurz darauf, im Februar 1887 erhält sie bereits Arthurs Antwort:

Was, vil gnaedice frouwe, das »Zusammenklauben« anbelangt, so gehört einiges dazu, wovon ich nicht ganz überzeugt bin, daß Sie es in Erwä-gung zogen. Erstens die Überzeugung, daß das Zusammenzuklaubende des Zusammenklaubens werth ist. Zweitens ist zwar das Gedicht von Goethe »Wirkung in die Ferne« sehr schön, erhebend, und die Idee als solche beglückend, doch heißt es von der Shakespearschen Heldin, die Sie citirten, »o könnte Julia ewig bei mir sein«, was vielleicht ein abge-schmackter Vers, aber ein bedeutender Gedanke ist. Was alles nicht hin-dert, daß der Vorschlag hochgradiges Entzücken hervorruft. »Doch still mein Herz, denn schweigen muß mein Mund.« –

Die Novelle existirt wirklich u. Ihrer gütigen Erlaubnis folgend wird sie Ihnen mit einer der nächsten Posten zugesandt werden. Gefallen wird sie Ihnen kaum – oder doch, wenn Ihnen ein herber, ernster Stoff, mit wenig Kunst vorgetragen, behagen kann – Halten Sie im übrigen kein zu strenges Gericht über mich; es sind schon schlechtre Dinge geschrieben worden – allerdings auch von mir.

Ich lege Ihnen die ehrfurchtsvollsten Grüße zu Füßen.

Le votre
AS.

Man sucht diese Novelle vergeblich im Werkverzeichnis Schnitzlers, er erwähnte sie nur in seiner Autobiografie. Sie war, noch bevor sein Abenteuer mit Olga begann, in Grundzügen entstanden und trug zunächst den Titel *Menschenliebe*, später *Belastet*. Im Zentrum der Handlung steht ein Arzt, der vergeblich versucht, zwei Geisteskranke an einer Verehelichung zu hindern. Jahre später begegnet er, ohne es zu wissen, dem Sohn der beiden, der ebenfalls dem Wahnsinn verfällt. Wie wichtig Schnitzler Olgas Meinung war, lässt sich seinem Tagebucheintrag vom 10. März 1887 entnehmen, in dem er hervorhebt, dass Olga ihm geschrieben habe, »sie könne sich von dem Zauber der Erzählung nicht losmachen«. Er selbst nennt dieses Frühwerk »kindisch-verworren und dichterisch hoffnungslos«.

Olga Waissnix pendelt bis Ostern 1887 zwischen Reichenau, Vöslau und Wien hin und her. Danach ist sie zum Saisonbeginn wieder am Thalhof und hat neben den ersten Gästen und der kaiserlichen Familie ihre Schwester Fanni zur Erholung bei sich, mit der sie einige unbeschwerte Stunden verbringen kann. Bei ihren Wien-Aufenthalten genießt sie, wie sie Schnitzler in einem Brief vom 9. März 1887 erzählt, besonders die Momente in ihrem Jungmädchenzimmer in der elterlichen Wohnung am Südbahnhof, die wehmütig und erfrischend zugleich sind. In der Vöslauer Villa fungiert sie als Gastgeberin für die Bekannten und Freunde ihres Vaters, was nicht immer angenehm ist: »Gestern fühlte ich mich versucht, irgend ein schrecklich trauriges Drama unter dem Titel ›Pflichten einer Hausfrau beim Diner oder der verdorbene Wonnetraum‹ zu schreiben. Die 14 anwesenden Gäste, bei denen ich die honneurs machen mußte, hinderten mich zum Glück für die Menschheit daran. Heute, der Namenstag meiner armen seeligen Mama, wird auch in Vöslau verbracht.«

Seit dem frühen Tod der Mutter stand Olga ihrem Vater bei offiziellen Anlässen zur Seite. Bevor sie Hoteliersgattin wurde, tat sie es mit Freuden, nun sucht sie in Vöslau Ruhe und Erholung vom Hoteltrubel und fühlt sich von Besuchern gestört.

Am Ende der Ballsaison, am 22. März 1887, meldet sich Schnitzler mit einem wehmütigen Bericht seines Alltags. Immer wieder durchlebt er melancholische Phasen, während derer er Olgas Zuspruch bedarf:

Ich meinerseits verbringe meine Zeit mit den heterogensten Dingen. Ich studire, schreibe, unterhalte mich, bummle, langweile mich, irrlichtelire

auf dem Piano, lasse mich von Erinnerungen und Hoffnungen umschweben – »und bin so klug als wie zuvor.« Ihre Hoheit, die Muse beschäftigt sich in der letzten Zeit wieder damit, mich auf die Stirne zu küssen. Dann lächle ich – und es ist ein Lied! Manchmal beißt sie mich in die Stirne – dann schreie ich – und es ist eine Tragödie. Manchmal schwebt sie nur an mir vorbei und läßt mich in ungestilltem Sehnen einsam unter Tausenden zurück – dann werde ich sentimental und fühle, daß ich ein bedeutender Kerl hätte werden können, wenn die Natur bei Verfassung meiner Wenigkeit nicht eine Kleinigkeit vergessen hätte: nemlich das Genie. – Alle andern Eigenschaften habe ich ja: Ich bin leichtsinnig, faul, oberflächlich, ich liebe die Freude, die Schönheit, die Phantasie – Schmeichler finden sogar einen gewissen Grad von Narrheit in meinem Wesen – was hilft mir alles. (…)
Es grüßt Sie herzlich mit der ergebenen Bitte um Ew. Liebden fernere Gewogenheit

Ihr ungebundener
ArthSch

Olga weiß genau, was Arthur braucht, und antwortet ihm einige Tage später mit liebevoll aufbauenden Worten:

Sonntag, März 1887

Lieber Herr Doctor!
Neulich las ich irgendwo, daß große Geister, wie Schiller, Hartmann u. s. w. aus irgend welchen Gründen die herbsten Selbstkritiken verfaßten. Wollten Ew. Gnaden nach berühmtem Muster handeln od. waren Ew. Herrlichkeit recht schlechter Laune, als Sie Ihren liebenswürdigen letzten Brief schrieben, od. hatte Sie Ihre schneidige Muse gerade in die Stirn gebissen, od. war jemand so unglücklich Sie zu beleidigen, daß der Zorn über die ganze Species Sie gegen sich so wüten ließ, od. was wars, was jenen verbitterten, unbekannten Hauch über Ihre Worte breitete? Welche Veränderung! Hu! es fröstelte einem beinahe. – Sie sagten mir einst, Sie könnten mir nichts abschlagen, das macht mich heute so kühn, Sie um etwas zu bitten. Wenn Sie wirklich jemand zürnen, so bitte, bitte, seien Sie wieder gut, ja? (…) – Das Hinsterben der Saison verstimmt Sie gewiß auch, Sie tanzen ja so gern u. jetzt ists, Gott sei Dank, à pardon,

leider, bald mit all' den schönen Wintervergnügen aus. Nun brauchen die Damen nicht mehr gar so berückend zu sein, das wird jetzt für den Sommer aufgehoben. (...) – Unsereins wird auch aus dem Winterschlaf geweckt, es heißt der erträumten Märchenwelt adieu sagen, denn schon kommen täglich Fremde auf Wohnungs-Suche ...

Ab dem Frühsommer überfallen den jungen, hin- und hergerissenen Arztdichter weniger melancholische Phasen. Die hellere Jahreszeit, die ihm die geschätzten Aufenthalte in der Natur ermöglicht, tut seinem Gemüt gut. Er findet auch mehr Zeit zu schreiben und berichtet Olga vom Entstehen der Erzählungen *Erbschaft* und *Mein Freund Ypsilon. Aus den Papieren eines Arztes*. Bei der zweiten bemüht er sich um Veröffentlichung, doch sein Vater ist damit nicht einverstanden, wie sich Schnitzlers Tagebucheintrag vom 19. Oktober 1887 entnehmen lässt: »Zu solchen novellistischen Skizzen noch massenhaft Ideen, vielleicht dann als Buch. Papa will nicht, daß ich in Zeitungen mit meinem Namen novellistisches veröffentliche, keiner würde mich dann als Arzt ernst nehmen.« Johann Schnitzler erkennt sich selbst in seinem Sohn wieder und will ihn und sich vor einer Blamage bewahren. Was Arthur Schnitzler von seinem Vater nicht weiß, ist, dass dieser in seinen ersten Jahren in Wien neben seiner journalistischen Tätigkeit für medizinische Magazine ebenfalls Theaterstücke und Novellen verfasst hat. Um seiner Reputation als Arzt nicht zu schaden, verzichtete Johann Schnitzler jedoch darauf, sich weiter literarisch zu betätigen. Er verbot dem Sohn, was er sich selbst nicht vergönnt hatte. Gegen das schriftstellerische Talent, das er Arthur vererbt hatte, sollte er letztendlich nicht ankommen.

Bedingt durch Schnitzlers intensive Liaison mit Jeanette Heeger ab September 1887 trübt sich sein Verhältnis mit Olga ein wenig. Er notiert in seinem Tagebuch, dass Olga ihm nach wie vor etwas bedeute, das Verhältnis mit dem süßen Mädel aber sehr angenehm sei. Um die Jahreswende 1887/1888 kehrt wieder der vertraute Ton zwischen den beiden ein und Anfang Februar, nachdem sie einander kurz bei Familie Benedict in der Löwelstraße getroffen haben, schreibt Arthur, der seit Jahresbeginn auf der chirurgischen Abteilung Dienst tut, humorig:

Verehrteste gnädige Frau!

Ich könnte Ihnen eigentlich eine Art Zeitung statt eines Briefes schreiben. »Neues Wiener Tagebuchblatt«. Zuerst Leitartikel. Sehr pessimistisch gehalten. »Schweren Herzens, verdüsterten Auges blicken wir in die Zukunft« u. s. w. Dann unter dem Strich das Feuilleton. Irgend eine in geistreichem Plauderstil gehaltene Arabeske. Worüber nur? Über die Blasirtheit, die Liebe oder sonst irgend einen neuen Stoff. Dann kommen die Localnachrichten, die kleine Chronik. Da wäre eine unendliche Abwechslung: »Wie wir hören, hat Herr Dr. X. heute morgens einem bei einer Rauferei übel zugerichteten Schustergesellen die Lippen zusammengenäht. – Der gestrige Ball bei Professor N. zeichnete sich durch hervorragende Langeweile aus. Dr. X. soll keinen Schritt getanzt haben.« – Theater und Kunstnachrichten: X. soll, wie man uns berichtete, an einem neuen Lustspiel arbeiten. – X. hat manche Einfälle, ob sie gut sind, wird die Zukunft lehren. – U. s. w. –

Ich muß Ihnen bemerken, daß ich es entsetzlich dumm von mir finde, Ihnen so selten zu schreiben. Gut plaudern läßt es sich doch nur mit Ihnen! (…) Heuer erst dreimal getanzt! – Ich werde alt – Mir fangen die Bücher und meine Schreibereien an lieber zu werden als die Welt. – Ein rechter Mediziner bin ich doch nicht. Aber sagen Sies nicht weiter. Die Leute sind mir ekelhaft – alles um mich herum! Oh so viel, so viel könnt ich Ihnen sagen! Ja lachen Sie nur! Ich verdien es wirklich nicht. Ich verdiene viel, viel besseres; manchmal fühl ich es!

Stets der Ihre mit tausend Grüßen
AS.

Olgas Antwort kommt krankheitsbedingt erst Ende Februar 1888:

Sie schrieben mir neulich, Sie möchten in Bänden mit mir plaudern, das hat mich so enthusiasmirt, daß ich wirklich einen ganzen Band verbrach. Alle Gedanken, die die ganze Zeit kraus durch mein soidisant Gehirn wirbelten, wurden täglich zu Papier gebracht – jetzt erhöhen Sie die $10°$ meines Stübchens. Sie Glücklicher, daß Sie diesen Stuß nicht lesen brauchten, alles hätte er vor Ihren Augen gefunden, nur keine Gnade. Seitdem ich aus Wien zurück bin, laborire ich an einem wirklich mauen Lungencatarrh. Vormittag liege ich im Bett, aber kaum ist's Mittags ein bißchen besser, wird Schlitten gefahren, um dann Nachmittags bei den heftigsten Lungenschmerzen wieder für meine Sünden Buße zu thun. Wenn Sie wüßten, wie kalt, wie (ich finde kein passendes Wort) es in mir aussieht, diese Fröhlichkeitscomödie vor den Leuten, pfui! Das einzige, was mich freut, sind die Schlittenorgien, auch die häufigen Fahrten in unsere Residenz lassen mich kühl. Denken Sie nur, gestern fuhr mir eine sogenannte schneidige, hiesige Dame auf einer gefährlichen Stelle nach und brach sich dabei durch einen ungeschickten Sturz beinahe das Genick. Wie das jammerte und heulte. Ich hatte aber nicht das geringste Mitleid. Wenn einem so viel am Leben liegt, fährt man nicht per Pflanz über halsbrecherische Stellen, nicht? Sie wissen wol nicht, wie egal mirs ist, geht's einmal schief!

Wann immer Olga kränklich ist, ist sie von den Menschen in ihrer Umgebung schnell genervt. Dann fällt es ihr besonders schwer, die fröhliche Thalhofwirtin zu mimen, und sie flieht in die Natur, obwohl dies ihrer Gesundheit schadet. Im Grunde ist sie sich dessen bewusst, denn mit halsbrecherischen Schlittenfahrten in kalter Luft setzt sie ihr Leben, an dem ihr wenig liegt, aufs Spiel. Sie kokettiert gerne mit dem Tod, der ihr eine Befreiung von einem unerfüllten Leben zu sein scheint.

Mit seiner Antwort Anfang März 1888 schickt Arthur Olga das Stück *Das Abenteuer seines Lebens* zum Lesen, in dem sie sich in der Figur der Gabriele wiedererkennt. Der Name Gabriele hat besondere Bedeutung, denn die Hauptperson in der von beiden so oft erwähnten Erzählung *Gute Kameraden* von Paul Heyse heißt ebenfalls so. In diesem Lustspiel in einem Akt taucht zum ersten Mal die Figur des Anatol auf, und die darin vorkommende Beziehung erinnert an Olga, Arthur und Charles. Im selben Brief meint Arthur, dass er eigentlich zu gar nichts tauge und schriftstellerisch nie aus seinen »Anfängen herauskommen werde«, und ersucht Olga um ihre Meinung dazu.

Olgas Antwort vom 20. März 1888 hält Arthur erst Wochen später in Händen. Dass sie hier von einer Novelle spricht, ist ein Irrtum:

Ich glaube bestimmt, daß Sie aus den »Anfängen«, wie Sie Ihre bisherigen Werke zu nennen belieben, sehr bald heraus kommen werden. Es ist gut für Ihr Genie, daß Sie fortgehen, gut, daß Sie aus den dünnen Nebeln herausgerissen werden, mit denen Sie möglicher Weise alle Coras und Gabrielen umgaben. »Sie erst wird mich zum großen Dichter machen«, sagt irgendwo Anatol, ich glaube, Sie werden »sie« auf dieser großen Reise finden, es ist ja erstens Ihr Glücksjahr, dann das große Leben in London, wie wird da der Blick so noch viel größer u. weiter u. bei Ihrer Genialität, doch gar. Als clergyman bestieg Darwin den »beagle« und als unsterblicher Naturforscher kam er heim. Ich freue mich schon den berühmten Dichter bei seiner Rückkehr begrüßen zu können. Daß Sie Ihre reizende Novelle »einzig u. allein« pour mon humble personne bestimmten, hat mich gerührt u. stolz gemacht. Mündlich mehr über dieselbe, falls ich noch das Vergnügen hätte, Sie hier vor Ihrer Abreise zu sehen. (…)

O.W.

Seien Sie nobel u. bestrafen Sie mich durch eine baldige Antwort. –

Sie hat das Vergnügen, ihn kurz vor seiner Abreise am Thalhof zu sehen. Dabei macht Olga eine Bemerkung über das spürbare »Decrescendo« in ihrer Beziehung, ein Anflug von Eifersucht auf Jeanette, von der sie weiß, ist herauszuhören. Das verletzt Arthur, wie er ihr ein paar Tage später aus Berlin brieflich gesteht. Olga schreibt ihm darauf an einem Sonntag nächtens zurück, entschuldigt sich und versteht es, den richtigen Ton, versetzt mit dem gerade nötigen Maß an liebevoller Leichtigkeit, anzuschlagen. In der Schlusspassage erwähnt sie: »Ihr letzter Brief hat neulich alle Reichenau Centraleuropas passirt, bis ein listiger Postbeflissener ihn hierher escamotirte. Bitte schreiben Sie nächstens Niederösterr. drauf, u. schreiben Sie bald, yes? please!«

Schon drei Tage nach seiner Rückkehr aus Berlin fährt Arthur tagsüber nach Reichenau. Dieses von ihr ausgesprochene »Decrescendo« lässt ihm keine Ruhe. Er möchte bestimmen, wann eine Liebschaft zu Ende ist, das hat nicht Sache der Frau zu sein, damit wird seine Eitelkeit verletzt. Allerdings war die ihre nie eine Liebschaft im herkömmlichen Sinne, dazu hatte er seine süßen Mädeln und andere. Die Beziehung zu Olga hatte sich mittlerweile zu einer tiefen Freundschaft entwickelt, die ein Erinnerungshauch von Liebe umwehte. Ganz aufgegeben hat er den Wunsch nach Eroberung jedoch nicht, wie sein Tagebucheintrag nach diesem Besuch zeigt: »16/5 Mittwoch. Besuch in Reichenau bei Olga. Küsse. Sie: Ich liebe Sie; nur Sie, doch werd ich nie Ihre Geliebte! Ich darauf sehr unverschämt. Glaube doch. – »Du« – – – Sonderbar! Beim Clavier.«

Kurz darauf beginnt Schnitzler eine große Reise über Paris nach London und über Brüssel zurück nach Wien, die von Ende Mai bis Ende August 1888 dauern und medizinischen Studien dienen soll. In dieser Zeit schreibt »Sir Arthur an Lady Olga« lange Briefe, in denen neben den Beschreibungen seines Lebens in der Fremde immer wieder die Sehnsucht nach der verständnisvollen Frau und Seelenfreundin durchschimmert.

Anfangs wohnt er in London bei seinem Onkel mütterlicherseits, Felix Markbreiter, in dessen Haus Woodville Hall in Honor Oak, und schreibt am Ende seines Briefes vom 24. Mai 1888:

Wie lang ist es her, daß ich bei Ihnen war! Erst acht Tage – es ist unglaublich! Zum Glück haben Sie mir wenigstens ein paar Worte mitgegeben, welche die Entfernung zwischen England und Österreich beträchtlich verringern.

Je eher Sie mir schreiben, umso früher kommt der Tag, an welchem ich mich gut gestimmt fühlen werde.

Leben Sie wohl, ich küsse Ihnen die Hand und bin so wie am Continent – als wenn sich da was ändern könnt'

always, always, always your friend

AS

Olgas Antwort trifft zehn Tage später in London ein. Zuerst motiviert sie den Dichter in Arthur mit aufmunternden Worten und fragt neugierig nach neu entstandenen Texten. Dann warnt sie ihn vor Flirts mit den glutäugigen, aber kaltherzigen Engländerinnen und bedauert ihn, weil er im Lande »der wässerigen, ungesalzenen Gemüse« weilt. Außerdem gibt sie ihm einen Einblick in ihr Seelenleben. Beim Rennen in Wien, das sie mit ihrem Vater und den Schwestern besucht hat, erzählt sie, habe sie »mit den bessern Kleidern die schlechtern über die Seele gezogen«. So sehr sie Pferderennen schätzt, die damit verbundenen Repräsentationspflichten in der Kaiserloge der Krieau sind ihr zuwider, weil sie allen zu gefallen und den gesellschaftlichen Gepflogenheiten zu entsprechen hat. Zurückgekehrt an den Thalhof begibt sie sich sofort in die Natur und beneidet die Tiere um ihre Freiheit: »Jedes Rennen gebe ich willig für einen Tag da oben verbracht, hin.« Weiters berichtet sie vom Pfingstaufenthalt der Benedicts am Thalhof und bezeichnet sie als Arthurs Schwiegereltern in spe, weil deren Tochter Minnie ihn mit ihrer Klugheit beeindruckt und er so gerne mit ihr geplaudert hat. Olga sähe Arthur sichtlich lieber als Ehemann einer klugen und gebildeten Dame aus gutem Hause statt mit der einfachen Kunststickerin Jeanette liiert. Sie schließt ihren Brief mit den Worten: »Nein, es giebt keine Entfernungen; und so lange ist man nicht ganz unglücklich, als man Menschen, ob nah ob fern, zu seinen Freunden zählen darf, die man sans remords (ohne Reue; Anm.) lieben und achten u. denen man ganz vertrauen kann, nicht wahr, mein Freund?«

Prompt schreibt Schnitzler aus einem Boarding-House in South Kensington, in das er mittlerweile übersiedelt ist, zurück. Alles zum Leben Notwendige erhält er dort, »mit Ausnahme der Liebe«. Er ist froh, seinen Onkel nahe zu wissen, wodurch er sich nicht völlig fremd in London fühlt. Über ihren Brief, der »mitten in dieses Leben, grau wie ein Herbsthimmel, blitzte«, freut er sich außerordentlich. Zeilen von ihrer Hand sind für seine Seele wie »Gebirgsluft, in der sie frei und mit vollen Zügen athmet«. Dann fühlt er sich plötzlich, als ob er »wirklich irgend wer wäre«. Lustlos widmet er sich vormittags dem Studium, besucht nachmittags Spitäler und meint: »Ich habe wieder in meinen Plänen herumgeblättert und es packte mich wie eine Verpflichtung: du mußt das schreiben, du mußt die papierenen Leute auf die Beine stellen, du mußt dieses papierene Leben in Luft und Bewegung tauchen. So hab ich denn auch das und jenes wieder angefangen.« Gleichzeitig bezichtigt er sich des Größenwahns, weil er sich ein Talent anmaßt, das er doch gar nicht besitzt. Eigentlich könnte er sich glücklich schätzen, denn seine Karriere als Arzt ist vorgezeichnet, er muss sich nur darauf einlassen. Und doch sagt etwas in ihm, dass er zu anderem berufen ist. Er will nicht wie »diese jämmerlichen banalen Menschen geboren werden, ein Weib nehmen und sterben«. Abschließend gesteht er Olga: »Ich würde mich überhaupt nicht getrauen, zu jemanden andern über diese Dinge zu reden als zu Ihnen.«

Woher kommt dieses Vertrauen, dieses fast selbstverständliche Verstehen der beiden? Niemand anderem in seinem Leben offenbart sich Schnitzler so schonungslos wie Olga. Die Abgründe seiner Seele, seine

Unsicherheiten und Unzulänglichkeiten vertraut er ansonsten ausschließlich seinem Tagebuch an.

Man kann es als eine wahrhaftige Liebe bezeichnen, die diese beiden am Leben so oft Leidenden verbindet – wäre da nicht die immer wiederkehrende körperliche Begierde, die zu Unruhe und Missverständnissen führt.

Schnitzler erzählt weiters von Ideen zu neuen Werken. Am 9. Juli 1888 beginnt er in London den Einakter *Anatols Hochzeitsmorgen*, den er mit einem abgeänderten Schluss am 25. Oktober in Wien beenden wird. Außerdem entsteht in London die Erzählung *Der Fürst ist im Hause*.

Olgas Brief vom 18. Juni 1888 soll ihn auf seinem Weg zum Dichter erneut bestärken, sie lässt ihn jedoch auch tief in ihre eigene Seele blicken:

Es ist so ein wolthuendes Gefühl inmitten all' der Heuchelei einen Freund zu wissen, dem man sich so geben kann, wie man ist, dieses erwärmende Gefühl weht auch durch Ihre Zeilen. Sie müssen nur immer die Wahrheit schreiben, mein Freund, im Guten und im Bösen, ich glaube Ihnen alles, und könnte den Gedanken, auch mit Ihnen Comödie spielen zu müssen, nicht ertragen. Ihre innere Unzufriedenheit begreife ich vollkommen, der Mann, der ruhig seinen Kohl baut, kennt sie nicht. In allen Classikern hab' ich über dieses, den Dichter so oft überkommende Gefühl gelesen, all' die bedeutenderen Menschen, mit denen ich bisher verkehrte u. denen die große Buhlerinn Muse den Kuß auf die Stirn gedrückt hat, haben an ihr gelitten. Ohne dieser inneren Zerfahrenheit keine Schaffenskraft. Sie wissen so gut wie ich, 100 competentere Leute haben's Ihnen vor mir gesagt, Sie sind ein großes Talent. Sie werden ein tüchtiger Arzt werden, und bei Ihrem journalistischen Talent, weiß Gott, was noch. Die Sorge mit der Medizin soll tagsüber der Tribut an die Euminiden (in dem Wort kommt wo ein y vor, wo ist mir nicht ganz klar, das können Sie ausbessern) sein und am Abend kommt dann »Dame Phantasie mit all' ihren Wundern über Sie.« (…) Sie haben wieder was zu schreiben begonnen, opfern Sie sich in die Stimmung hinein. Doux Jésus, je grille [*Süßer Jesus, ich brenne darauf; Anm.*] Sie von den Brettern des Burgtheaters herab zu hören. Gott segne Sie auch für das Gefühl der Eitelkeit, das übrigens mehr in Ihrem werten Inneren ausgebildet ist, als Sie vielleicht ahnen. Es liegt so was wolthuendes darin, sich mehr zu fühlen, als die andern, das treibt an. Wie kommt es übrigens? Gerade bei Menschen mit riesiger Selbsterkenntniß sind Eitelkeit u. Selbstbewußtsein am meisten ausgebildet. Auch ist unser Inneres nie ganz im Einklang mit unsern Worten. In dem Momente wo man sich lobt, sagt einem eine innere Stimme »Du bist ja viel schlechter«, u. erniedrigt man sich wieder, so cajolirt einem besagte innere Stimme mit den zärtlichsten Kosenamen.

In ein paar Jahren, in kurzer Zeit, ja vielleicht schon während ich Ihnen das schreibe, wird das Glück herangetrippelt kommen, kindlich einfach und schön, wie es sein soll, – vollkommen wird's wol auch nicht sein – aber momentelang wunderschön. Trotz alle und alle dem, nur die Auserwählten haben gefühlt, was jetzt in Ihrem Innern vorgeht und Sie sind der Glücklichen einer, Sie haben gar keine Idee, wie wenig Glück andern beschieden ist. –

Zusammen mit ihrem Brief sendet Olga Arthur ein sehr persönliches Gedicht, das sie für ihn geschrieben hat:

»Es hat nach Jahren auch Dich erfaßt,
Was meine Seele erschüttert,
Was halbverloschen, halbverblaßt,
Uns schattenhaft umzittert.
Ein kleines Stübchen, hoch in der Luft,
Ein Mensch vor mir auf den Knieen,
Und dann eine abgrundtiefe Kluft,
Die klagende Schatten umziehen.«

Olgas Verse fordern das folgende Schnitzler'sche Antwortgedicht heraus:

London, 2. Juli 1888

In Eure vielgeliebte Au
Klingt schnödes Versgebimmel;
Verzeiht Ihrs nicht, vielwerthe Frau –
Verzeihts mir doch der Himmel!

Wie sich der Pegasus auch bäumt –
Ich zwing ihn ohne Säumnis!
Das ungereimte wird gereimt:
Darin liegt das Geheimnis!

Doch fühl ich mich (und dank's Euch heiß)
Viel wen'ger schuldbeladen,
Seit ich Euch, Hohe, wandeln weiß
Mit mir auf gleichen Pfaden!

Collegin nun begrüß ich Euch,
Die edelste der Frauen,
Ihr dichtet auch – ich dacht' es gleich:
Ganz darf man keiner trauen! –
(…)
                                                            A.S.

Mit großer Freude reagiert Olga auf dieses ihr von Arthur gewidmete
Gedicht und fantasiert mit viel Esprit über die umjubelte Aufführung seines neuesten Lustspiels im Burgtheater:

                                                            17. Juli 1888
Schade, daß ich's Ihnen nicht sagen kann, wie unendlich mich Ihr
Gedicht erfreut hat. Ich hätte Ihnen überhaupt oft gar manches zu sagen
u. sag's Ihnen auch, aber ein tete-à-tete mutterseelenallein. Sie werden
zugeben, daß dies oft sehr unvollkommen ist. Wissen Sie, daß obener-
wähntes Gedicht Ihr erstes Epos an meine Wenigkeit ist, der Papagei
kanns auch schon wieder ganz herplappern. Was mich am freudigsten
berührt ist der sieghafte Ton, der sich durch das Ganze zieht. Sie haben
also wieder ein Lustspiel geschrieben (zu etwas war das Verhältnis mit
der alten Thalia doch gut) u. besagtes Lustspiel ist gelungen, nicht wahr?
Lassen Sie's aber nicht wieder in Ihrer Mappe liegen, sondern senden Sie
es vor allem nach (ich glaube) Berlin zur Preisausschreibung, wo Caro
auch die Burgruine hinschickte. Wie diese erhält auch Ihr Werk den 1.
Preis. Man reißt sich im Burgtheater drum, man führt es sogleich auf.
Natürlich hat nun der Autor alle Hände voll zu thun.
»Frl. Hohenfels, ich bitte, sprechen Sie diese Stelle nochmals, etwa so« –

»Frl. Mitterwurzer, ich glaube, Sie würden durch andere Betonung mehr Effect erzielen«, – dann Sonnenthal, Hartmann, Gabillon, Regisseure u. s. w. alle, alle haben sich Ihrem Commandowort zu fügen. Endlich kommt der große Tag der Aufführung. Das Publicum hört dumm zu, es weiß ja nie ob ein Stück gut od. schlecht ist, endlich fängt ein Gescheuter zu applaudiren an, ein anderer Gescheuter folgt u. nun tönt ein Beifallssturm durchs ganze Haus. Der Dichter erscheint 10 mal, man jubelt, man klatscht u. nach dem Theater beim Banquet flüstern seine schönen Nachbarinnen ihm manch' freundlich' Wort ins Ohr »nichts Neu's … doch freut es immer«. – Am andern Tag in aller Gottes Früh wird ihm die Thüre eingetreten. Autografen- u. Anecdoten-, ja sogar Datensammler für den Necrolog wimmeln heran, dann erscheint die glänzende Kritik in der Zeitung u. s. w. u. s. w. Gestatten, daß ich aber jetzt jeder weiteren Beschreibung spotte.

In Kürze wird Olga ihren Vater für ein paar Tage bei seinen Geschäftsreisen begleiten. Mit der schönen und charmanten Tochter an seiner Seite sind lukrative Weinlieferverträge mit Hotels und noblen Großhaushalten vorprogrammiert. Olga hofft, diese Fahrt gesundheitlich durchzustehen, denn sie ist »2 Tage auf, 3 im Bett«.

Es fällt auf, dass sich Olga immer dann schlecht fühlt, Migräne und Probleme mit der Lunge hat, wenn sie sich in Reichenau befindet. Das erinnert an Kaiserin Elisabeth, die sich während ihrer immer rarer werdenden Aufenthalte in der Wiener »Kerkerburg«, wie sie die Hofburg nannte, in Krankheiten flüchtete. Die beiden Frauen ähneln einander in mehreren Punkten. Wie Sisi ist auch Olga nicht willens, sich mit ihren Problemen auseinanderzusetzen und aktiv an einer Verbesserung ihres Lebensglücks zu arbeiten. Flucht, Resignation und Todessehnsucht sieht sie als einzige Auswege eines in ihren Augen verfehlten Lebens. Die Folge sind ernst zu nehmende pychosomatische Erkrankungen, an denen sie leidet, die aber gleichzeitig willkommen sind, bieten sie doch die Gelegenheit, ihr unliebsame Orte und Menschen verlassen zu können.

Anfang August 1888 erhält Olga einen Brief Arthurs aus Ostende, in dem er ihr von der Entfernung eines Zahnes unter Narkose und den aus dieser resultierenden Phantasien berichtet, die ihn sein Leben wieder hoffnungsfroher sehen lassen.

Olga antwortet aus Zeitgründen – es ist Hochsaison am Thalhof – erst Mitte August mit nur wenigen Zeilen, die er sechs Wochen lang nicht erwidert. Am 25. August wieder nach Wien heimgekehrt, ist er tagtäglich mit dem süßen Mädel Jeanette zusammen und Olga verschwindet dadurch als begehrenswerte Frau immer mehr aus seinem Herzen. Auch hat er mit seiner krankhaften Eifersucht auf die früheren Liebhaber Jeanettes zu kämpfen, weswegen es immer wieder zu unschönen Szenen kommt, die beiden das Leben verleiden. Zusätzlich erkrankt er und muss eine Woche im Bett liegen, was ihn depressiv werden lässt. So überkommt Arthur Schnitzler die bis dato schlimmste Krise seines Lebens, die er seinem Tagbuch anvertraut. Der Grundton ist derselbe wie bisher, der Widerstreit zwischen seinem Beruf und seinen literarischen Ambitionen. Verstärkt wird dies durch die glänzenden medizinischen Karrieren in seiner Familie. Er steht »zwischen einem berühmten Vater, einem tüchtigen unendlich fleißigen Bruder, der Doctor der Medicin ist, und einem künftigen Schwager (Verlobter seiner Schwester Gisela; Anm.) Dr. Markus Hajek, gleichfalls als Mediziner weit über dem Mittelmaß«. Er weiß, dass er »ihnen da nicht gleich werden; nie diese Arbeitskraft aufbringen« kann. Der Leistungsdruck, unter dem Schnitzler steht, ist enorm. Oftmals ist er der Verzweiflung nahe. Als Mediziner wird er nicht ernst genommen, gilt in Ärztekreisen als der dilettierende Sohn des bedeutenden Dr. Johann Schnitzler. Als Schriftsteller findet er nicht die erwünschte Anerkennung und zweifelt an seinem Talent. Er schließt den Tagebucheintrag mit: »Vorbei das Jünglingsalter; ich bin Mann, ein gereifter Mann, und nichts hat sich gefestigt – zu nichts bin ich gekommen. Keiner glaubt an mich – natürlich, wie kann man auch. (…) Jämmerlich, jämmerlich, ein elendes Leben ist es, und nur lächerlich kann ich erscheinen, nicht anders!«

Alleine kann er diesen inneren Kampf nicht durchstehen. Ende September 1888 meldet er sich wieder bei seiner Seelenfreundin und bittet sie, sein langes Schweigen und erneutes briefliches Lamentieren zu verzeihen. Er wünscht, sich »einer Himmlischen mit der himmlischen Stimme zu Füßen legen zu können«, dass sie ihm über sein »müdes Haupt streicht« und von ihr »noch einen literarisch-aesthetischen Kuß auf die Stirne zu kriegen.« Er ist sich selbst nicht darüber im Klaren, warum er das intensive Bedürfnis hat, sich ihr in seinen jammervollsten Stimmungen zu zeigen: »Gerade Sie und nur Sie wissen, wie es in mir herumflackert –

warum? Sagt mir doch eine geheime Stimme, daß ›von dorther‹ meine Hoffnung kommt?«

Arthur bittet in diesem Brief um die »Gnade einer Antwort«, die ihm die vielbeschäftigte Olga in aller Kürze zuteil werden lässt. Wie Schnitzler war auch sie eine Woche lang krank, mit einem Lungenkatarrh, zu Bett gelegen. Nun pendelt sie zwischen ihren gesellschaftlichen Verpflichtungen in Vöslau und diversen Jadgausflügen mit Aristokraten rund um den Thalhof. Jedes Wort Olgas ist Labsal für Arthur und er kommt sich wie ein »Begnadigter« vor. Die Krise ist vorerst überstanden, er fasst neuen Lebensmut und beginnt erneut zu studieren. Er bemüht sich, Arzt u sein, und arbeitet an einem Artikel »*Über funktionelle Aphonie und ihre Behandlung durch Hypnose und Suggestion*«. Bis 1893 wird er über siebzig weitere medizinische Schriften veröffentlichen.

Zu seiner Besserung trägt äußerlich auch der Umstand bei, dass Schnitzler nicht mehr direkt in der Wohnung seiner Eltern am Burgring 1, sondern in einem angrenzenden Appartement mit separiertem Eingang lebt, was ihm ein Gefühl der Selbstständigkeit und Etabliertheit vermittelt. Er wird von ersten Patienten konsultiert, hat aber während der Ordinationsstunden immer noch genügend Zeit, weitere Lustspiel-Einakter entstehen zu lassen. Als wollte er nun das Gleichgewicht des Gebens und Nehmens in ihrer Freundschaft wieder herstellen, ersucht er Olga dringend, ihm etwas aus ihrem Leben zu erzählen, und bemerkt mit leichter Ironie, dass sie sich immer »Incognito« in Wien aufhalte und ihn nicht davon in Kenntnis setze. Er schreibt: »Unsere Freundschaft ist seit zwei Jahren ein etwa vierundzwanzigstündiges Gespräch, das meist zur Unzeit unterbrochen, meist auf unrichtige Weise weitergeführt und glücklicher Weise noch nie zu Ende geleitet wurde.«

Olga, von den Jagden, Vöslau und einem Wien-Aufenthalt an den Thalhof zurückgekehrt, freut sich, Arthur »nun etablirt zu wissen«. Gerne hätte sie seine neuen Lustspiele zum Lesen und auf seine Frage, was in ihrem Kopf und Herzen vorgehe, antwortet sie: »Ich habe nun gefunden, daß an der Stelle, wo wir abwechselnd unser Herz u. unser Gewissen haben, bei mir alles beim Alten blieb. Vielleicht ist's noch ein bißchen herbstlicher geworden, aber der Idealismus des Herzens war ja schon lange dahin. Zu großen Leidenschaften hab' ich kein Talent, mein Stolz u. eine heilige Angst vor Demütigungen ließen mich da stets bei Zeiten zum

Rechten sehen; sehr viel vocation aber hab' ich entschieden zur Freundinn u. Schwesterseele, und wem ich mit diesen Gefühlen ebenso hartnäckig als aufrichtig verfolge, wissen Sie. (…) Freundschaft ist ein sehr schönes Gefühl, das einzige, das zwei ganze Menschenleben verschönern und erwärmen kann, weil sie hoch über allem Egoismus und andern niedern Leidenschaften steht.«

Wie jeden Herbst hat Olga mehr Zeit für sich. Sie ist weniger melancholisch als üblich, das »wochenlange tete-à-tete mit sich selbst« fällt ihr nicht schwer, denn sie ist zufrieden. »Das größte Glück«, meint sie, »ist jedenfalls ein behagliches, von einem großangelegten u. geliebten Gefährten geteiltes Heim, u. wer das nicht haben kann, der verbringe seine Zeit auch nicht damit sich selbst zu bedauern, sondern gebe sich alle Mühe sich zu verbessern, um nicht immer in gar zu schlechter Gesellschaft zu sein. Wenn man dann in der weiten Welt noch einen wirklichen Freund hat, ist man nicht gar so zu bedauern.«

Für ihr »Incognito« in Wien hat sie eine humorige Erklärung: »Gar so incognito, als Sie glauben, tauche ich auf den Straßen der Residenz denn doch nicht auf, ja neulich hatte ich sogar das Glück Ew. Hoheit zu sehen. Schon wollt' ich meinem Kutscher einen Tupfer zum halten geben, da bemerkt' ich erst, daß Sie im lebhaften Gespräch mit einer Dame waren. Natürlich ließ ich von meinem uneleganten Vorhaben sofort ab u. bekam beinahe einen kleinen Lachkrampf über Ihr galant-zärtliches Gesicht, denn die Dame kam mir eigentlich gar nicht so schön vor.«

Ein neuer Lebensmut hat Olga erfasst, ihre Zeilen klingen deutlich weniger resignativ als frühere Briefe. Das Glück liegt in einem selbst und nicht in Äußerlichkeiten, welch weise Feststellung für eine 26 Jahre alte Frau. Der gleichaltrige Arthur mag die größere Finesse im Schreiben besitzen, im Vergleich zu Olga ist er als Person allerdings sehr unreif. Auch kann er im Gegensatz zu ihr nicht gut mit sich alleine sein.

Olga weiß, dass jede Begegnung mit Arthur bei ihr zu neuer Gefühlsverwirrung führen wird, denn diesen Mann liebt sie wirklich. Geliebte darf sie ihm nicht, Seelenfreundin und Kameradin kann sie ihm aus der Entfernung besser sein.

Eine Zeit der Verwirrung
Freundschaft oder doch Liebe?

»Sollten Sie wirklich die bei den Herren der Schöpfung so seltene Tugend, die Treue, besitzen u. sie bei mir Unwürdigen ausüben?«

Seit dem 16. Mai 1888 am Thalhof haben Olga Waissnix und Arthur Schnitzler einander nicht mehr gesehen und zwischen dem 15. November und dem 10. Dezember dieses Jahres gibt es keine Korrespondenz. Olga ist mit ihren üblichen vorweihnachtlichen Verpflichtungen und zusätzlich mit der Verlobung ihrer Schwester Gabriele beschäftigt, die sich auf ein Leben mit dem schlesisch-dänischen Adeligen und preußischen Leutnant Georg Erdmann Karl Ferdinand Graf von Haugwitz-Hardenberg-Reventlow freut. Auch Arthurs Schwester Gisela hat sich mit dem Laryngologen und späteren Universitätsprofessor Markus Hajek verlobt. Beide Paare werden im Jänner 1889 heiraten.

Schnitzler arbeitet als Assistenzarzt seines Vaters an der Poliklinik und beschäftigt sich mit Hypnose. Er schreibt weiter an den Anatol-Einaktern, verändert *Anatols Hochzeitsmorgen*, es entsteht *Episode*, und er will diese beiden Einakter gemeinsam mit *Abenteuer* und *Erinnerungen* unter dem Titel *Treue* herausgeben. Er fühlt sich, wie er im Jänner 1888 im Tagebuch notiert, »im ganzen wohler; weniger hypochondrisch, hoffnungsfreudiger. Besonders literarisch. Durch Weiber angenehm angeregt«.

Ohne die Anregung durch das weibliche Element geht im Leben Arthur Schnitzlers gar nichts. Die anfängliche Euphorie und Lust bei seiner Dauergeliebten Jeanette ist verflogen, sie ist zur Gewohnheit geworden.

Es macht ihm keine rechte Freude mehr, sie mit seiner Eifersucht auf ihre Vergangenheit zu quälen. Sein Maßstab für die Liebe ist sein Leidensfaktor und dieser wird in ihrer Beziehung nicht mehr genügend erfüllt. Trotzdem wird jeder Geschlechtsverkehr mit ihr im Tagebuch notiert und monatlich zusammengezählt. Das zusätzliche Verhältnis mit der Straßenbekanntschaft Mirzel Rosner befriedigt ihn auch nicht, da er ihre vorgetäuschten Gefühle durchschaut. Die mit einem Fabrikanten verheiratete und recht kapriziöse Adele Spitzer gibt sich ihm nicht endgültig hin, weil sie – wie Olga – keinen Ehebruch begehen will. Diverse Ballbekanntschaften, von denen er alles haben könnte, sind ihm entweder zu langweilig oder zu wenig elegant. Was ihm außerdem fehlt, notiert er ebenfalls: »In meiner Correspondenz mit Olga lange Pausen. Heute schrieb ich ihr; sehr gekränkt, geradezu echt.«

Wie sehen Zeilen eines Arthur Schnitzlers aus, wenn er keine gesellschaftliche Komödie spielt und »geradezu echt« ist? Olgas kleine Zurechtweisung in ihrem letzten Brief, dass er sich nicht selbst bedauern und froh über einen wirklichen Freund im Leben sein solle, erregt seine Ungnade. Auch hat er offenbar noch ihr »Decrescendo« vom letzten Jahr im Ohr und beschwert sich, hat das Gefühl, sie mit seinen Briefen zu stören: »Die Freundschaft ist ein herrliches Geschenk; tausendmal dankt ein Weiser dafür; wenn man aber eine Sonne erwartete und man kriegt ein brennendes Holzscheit aus einem Kaminfeuer, dann fährt man zusammen und bebt: Wie kalt … wie kalt!«

Nach Monaten nagt es in dem eitlen Mann noch immer, dass die von ihm verehrte Frau es gewagt hat, von einem Abflauen der Verliebtheit zu sprechen, keine eifersüchtigen Szenen macht, ihm nicht ständig Briefe schreibt und er sichtlich nicht das Zentrum ihres Lebens ist. Bestärkt wird sein Unmut gerade durch die Erlebnisse mit jener Adele Spitzer, die ihn zwar leidenschaftlich küsst, aber wie Olga nicht ans Ziel seiner männlichen Wünsche kommen lässt. Olga gelingt es wunderbar, auf das Schnitzler'sche Lamento nicht allzu sehr einzugehen, erzählt vom Glück ihrer jung vermählten Schwester und bemerkt: »Übrigens hab' ich armer autsider (!) schon längst gelernt, mich an dem Glück anderer zu freuen, glücklich zu sein per procura!«

Immer wieder kommt es vor, dass Olga nicht genau weiß, wie ein fremdsprachliches Wort zu schreiben ist, oder Fallfehler macht, im Fall von »autsider« ist es jedoch eine durch Ausrufezeichen hervorgehobene Absicht. Einst schrieb sie das Wort falsch, hat im Zuge des Unterrichts, den sie gemeinsam mit ihren Kindern bei der Englischlehrerin erhält, zwar dazugelernt, findet aber weiterhin Gefallen an ihrer alten Wortkreation.

Als älteste Schwester hatte Olga Waissnix bei den Vorbereitungen zu Gabrieles Verlobung und Hochzeit sichtlich die Stelle der verstorbenen Mutter eingenommen und kümmerte sich um die zur üblichen Aussteuer, dem *Trousseau*, einer Braut aus gutem Hause gehörenden Utensilien. Olgas künftiger Schwager Georg war der drittgeborene Sohn eines schlesisch-dänischen Adelsgeschlechts und siebzehn Jahre älter als Gabriele. Seit 1865 diente er als Berufsoffizier bei den Kürassieren, dem ältesten Regiment der preußischen Kavallerie. Im Zuge eines Reitturniers in Wien, an dem er teilgenommen hatte, lernte er seine spätere Frau kennen und lieben. Nach der Eheschließung zog Gabriele mit ihrem Mann nach Schlesien, wo sein Regiment stationiert war.

Für Gedanken an Schnitzler bleibt Olga nicht viel Zeit, vielmehr wird ihr bewusst, dass ihr ein Liebesglück, wie ihre Schwester es nun erlebt, nicht vergönnt ist. Arthur ist ob der Situation wenig erfreut. Erst Wochen später kann er Olga wieder kontaktieren und gesehen hat er sie schon lange nicht mehr, obwohl sie einige Male in Wien war. Seinen Vater hat sie getroffen und mit ihm über ihn geredet, ihm selbst ist sie aus dem Weg gegangen. Dementsprechend pikiert fällt sein Antwortschreiben aus, durch das aber nach wie vor ein Hauch von Meran schwebt:

Wien, 25. Februar 1889

Verehrte gnädige Frau!
Es sind mehr als dreiviertel Jahre, daß wir uns nicht gesprochen haben. Zwischen den letzten Worten, die zwischen uns hin und her gegangen sind, liegt ein bißchen Berlin, einiges London, ein wenig Ostende und sehr viel Wien, alles in allem doch ein Stück Leben, das man rechnen muß, nachdem ja die ganze Geschichte nicht übermäßig lang ist. Sie finden es genügend, mich ab und zu durch ein paar Zeilen wissen zu lassen, daß Sie leben, die Menschheit verachten und die Natur lieben – das ist Ihre Sache; ich aber finde das nicht genügend, was wieder meine Sache ist, für welche zu plaidiren mir nicht verwehrt sein kann. Ich sage Ihnen also, daß ich es unbegreiflich finde Wochen lang zwischen denselben Mauern mit einem »guten Kameraden« zu weilen und ihn nie und nimmer wissen zu lassen, wo man eigentlich zu finden, zu sprechen – oder nur zu sehen ist. Unbegreiflich: das heißt ich sehe keine Gründe, die ins Gewicht fallen könnten gegenüber dem Wunsche einen wiederzusehen, der einem doch wahrhaftig ein guter Freund ist. Seien Sie doch so liebenswürdig, sich die vorstehenden Bemerkungen durch Erinnerungen aus Ihrem reichen und schönen Innenleben zu ergänzen.

Wenn Sie die Gabe des lebendigen Gedächtnisses haben, so zweifle ich nicht, daß Sie mich völlig verstehn. Es gibt unsterbliche Stunden, die ewig jung sind, die dasselbe sind, ob man sie gestern oder vor Jahren erlebt hat. Jedenfalls aber werden Sie mir aufrichtig antworten, und nicht aus purer Güte sagen, daß Sie mir nachempfinden können. – Ein herrlicher Zug von Ihnen wäre es auch, wenn ich bald, sehr bald was von Ihnen hören möchte. Sie begreifen, daß es mich weder völlig befriedigen kann, wenn Sie meinem Papa tiefsinnige Bemerkungen über meinen Bart unterbreiten, noch wenn Sie zu beachten geruhn, daß ich im Gespräch mit einer Dame ein komisch-galantes Gesicht entwickle. All das kann nicht als vollwerthige Aufrechterhaltung unseres Verkehrs gelten. – Es kommt nun sehr darauf an, wie Sie all das, was ich hier gesagt habe, auffassen. Wie ist Ihnen? Als wenn man was Todtes zu erwecken suchte, oder was Schlummerndes aufküßte? Zum erstern gehörte freilich so was wie ein Wunder, zum letztern nichts als ein jugendfrisches Lippenpaar. –

Sonst, sehr verehrte gnädige Frau, geht es mir so gut und schlecht wie gewöhnlich. Der Geist der Medizin ist leicht zu fassen, also hab ich noch immer keine Patienten; der Lieder süßen Mund gab mir Apoll, folglich werd ich noch immer nicht im Burgtheater aufgeführt; das Leben ist der Güter höchstes nicht, was mich nicht hindert, weiter zu existiren als

Ihr allzeit ergebner
Guter Kamerad
A.S.

Es ist eine kokette Mischung aus Verärgerung, Zurechtweisung, Appell an die Freundschaft und Liebesflehen, mit der Arthur Olga aus der Reserve locken will. Sie reagiert nicht gleich, sondern erst 14 Tage später in leicht sarkastischem Ton. Auch sie erinnert sich im Frühling wieder der Tage in Meran, erneut steigt eine kurze Hoffnung auf gemeinsames Liebesglück in ihr auf. Angelehnt an Paul Heyses Erzählung *Gute Kameraden* impliziert diese Bezeichnung bei beiden sowohl die hoffnungsvolle Liebe als auch die Freundschaft, die aus der Unerfüllbarkeit dieser Liebe entsteht.

Auf dem Weg von der Liebe zur Freundschaft befinden sich Olga und Arthur meist in unterschiedlichen Abschnitten. Zu Beginn der Beziehung bot Olga Freundschaft an, die Arthur nicht leben konnte. Durch sein hartnäckiges Werben im ersten Sommer fiel Olga um einige Etappen des begonnenen Weges zurück. Mit großer Mühe versuchten sich beide im zweiten Jahr erneut auf den Freundschaftsweg zu begeben, was relativ leicht fiel, weil sie einander kaum begegneten. Nun, im dritten Frühling voll der Erinnerungen, wird die Gefahr eines Rückfalls groß. Wieder ist es Arthur, der eine schwierige Phase auslöst, weil er gerade nicht genügend weibliche Ablenkung hat.

Olga reagiert auf Arthurs Brief am 10. März 1889 etwas weniger zurückhaltend als sonst und gibt zu, wie sehr sie sich über einen Besuch Arthurs am Thalhof freuen würde, zu dem es aber erst im August kommen sollte:

»Wie ist Ihnen«, fragen Sie weiter, »tot od. verschlafen?« Total verschlafen, dear Sir, u. mich zu erwecken, dazu gehörte viel. Man müßte mir den Glauben an gar manches wiedergeben. Das Alltägliche ist mir fad, mich reizt nur mehr das Außerordentliche – übrigens, es käme vielleicht auch auf den Erwecker an. (…)

Da sehen Sie sich den heutigen Tag an, der reine Frühling! Sigmundskron! So schön wars auch einst, als ich noch so idealistisch-sentimental war, an Glück zu glauben. Und heute? Ich kann mir 100 mal sagen »sei doch nicht so dumm, der Frühling, das ist ja alles purer Schwindel«, wenn die Sonne so froh hervorguckt, wenn alles wieder auflebt, da fängt ganz dummer Weise das dumme Herz wieder leis u. schüchtern zu hoffen an, da liefe es am liebsten mit dem Verstande davon. Viel hätt' es da gerade nicht mitzunehmen, aber das bißchen hat den renitenten Flüchtling noch immer rechtzeitig aufgehalten!

So, und nun geb' ich Ihnen treu u. bieder zum Abschied die Hand u. bin as usual

ever yours truly
Guter Kamerad.

Sagen Sie können Sie die Schmiererei lesen? Ich könnts nicht! Sie Armer!

O. W.

Inzwischen hat Olga nach Gabrieles Abreise die Aufgabe übernommen, ihre mittlerweile 18-jährige Schwester Fanni in die Gesellschaft einzuführen und sich nach einem geeigneten Bräutigam umzusehen. Das herzensgute und hilfsbereite Nesthäkchen der Familie Schneider ist an einer

Ehe jedoch nicht interessiert und muss auch keinen ehrgeizigen Plänen des Vaters mehr entsprechen. Sie unterstützt lieber ihre beiden Schwestern bei deren Alltagspflichten und pflegt sie aufopfernd im Krankheitsfall. Sie selbst wird kinderlos bleiben und erst 1910 mit 39 Jahren den sieben Jahre jüngeren Beamten Johannes Kneiss heiraten, nachdem sie ihre Pflichten als Tante bei den sieben Kindern ihrer Schwestern erfüllt hat.

Die Saison des Jahres 1889 bot nicht die beste Ausgangsposition für ein junges Mädchen, da man sich aufgrund der Hoftrauer nach dem Selbstmord von Kronprinz Rudolf am 30. Jänner 1889 beim Besuch öffentlicher Gebäude wie Theatern schwarz zu kleiden hatte. Interessant ist, dass dieser Trauerfall weder in Schnitzlers Briefen noch in seinem Tagbuch eine Erwähnung findet. Olga lässt sich immerhin zu der Bemerkung hinreißen, dass Wien zu dieser Zeit ein Gräuel sei und sie gar nicht verstehe, dass man »für so jemand trauern müsse«. Mit Sicherheit las sie den am 2. Februar 1889 in der amtlichen *Wiener Zeitung* teilweise veröffentlichten Obduktionsbefund des Kronprinzen, der besagte, dass »die That in einem Zustand von Geistesverwirrung« geschehen sei. Rudolf war trotz seiner fortgeschrittenen Geschlechtskrankheit, einer Gonorrhoe, nicht geistig verwirrt gewesen, aber ein voll zurechnungsfähiger Selbstmörder hätte niemals ein kirchliches Begräbnis bekommen. Sowohl ein Geisteskranker als auch ein Selbstmörder waren für die High Society nicht akzeptabel. Der Kronprinz hatte mit seiner Flucht aus der Verantwortung Schande über die gesamte Monarchie gebracht. Die breite Volksmasse hingegen liebte Rudolf, und es nahmen am 3. Februar etwa 20 000 Wiener von dem in der Hofburgkapelle aufgebahrten Toten Abschied und es soll zu Raufereien, Ohnmachtsanfällen und Schreikrämpfen gekommen sein.

Schnitzlers Antwort erreicht Olga Ende März am Thalhof, in der er sie mit der unerreichbaren blauen Blume der Romantik vergleicht und sie gleichzeitig als das »Abenteuer seines Lebens« bezeichnet, das sie bis zu seinem Tod für ihn bleiben wird. Endlich kommt er auch Olgas Wunsch nach weiteren Stücken nach. Am 10. April 1889 erinnert er sich an den Tag vor drei Jahren, als er bei Regen Meran verließ, und schickt ihr seinen Einakter *Episode* aus dem *Anatol*-Zyklus.

Das einzige Exemplar eines Manuskripts zu schicken, bedeutete ein großes Vertrauen in die Zuverlässigkeit der Post. In dem Einakter übergibt Anatol seinem Freund Max die gesamten Liebesbriefe, die er von seinen Verflossenen erhalten hat, zur Aufbewahrung, da er sein Leben neu ordnen will. Über einem Briefpäckchen, das Anatol mit dem Vermerk »Episode« versehen hat, beginnen die beiden ein Gespräch darüber, wodurch ein Mann den Frauen in Erinnerung bleibt. Anatol ist der Meinung, es sei der Zauber der Stimmung. Bei der Zirkusartistin Bianca, um die es in *Episode* geht, trifft das nicht zu, wohl aber bei Olga, die seit dem Frühjahr 1886 die Stimmung aus der Zeit in Meran mit Arthur in ihrem Gemüt bewahrt. Sie liest den Einakter mit großer Freude. Da es ihr schwerfällt, dieses Manuskript wieder aus der Hand geben zu müssen, verbringt sie in einem kleinen Zimmer, das sie sich am Thalhof als Rückzugsort eingerichtet hat, eine arbeitsreiche Nacht, über die sie Arthur eindrucksvoll Bericht erstattet:

15. April 1889

Das copirte Manuscript.
Schreckliches Drama, das eine ganze Nacht dauerte.

Zimmer der Heldin, mies aber bequem, »ein Meer von Licht«, die Fenster sind weit geöffnet und die frische Frühlingsluft weht herein, draußen scheint der Mond, die unnahbare Majestät der Berge magisch beleuchtend. In der Außenwelt überall kühler Friede, in der kleinen Innenwelt – ein Schlachtfeld. Auf dem Tisch liegen eine Menge Briefe und Manuscripte, letztere copirt die Heldin. Es ist 3, nein ¼4 Uhr Früh. Endlich ist sie fertig, besieht sich im Spiegel und muß hellauf lachen. Die Finger, das weiße Nachtgewand, ja sogar das Gesicht sind voller Tintenflecke. Rasch wird noch ein leeres Blatt hervorgewühlt u. folgende Zeilen aufs Papier gefeuert: Meinen innigen Dank, Sie lieber, lieber Freund, kann ich heute blos stammeln. Ihr Lustspiel ist reizend, einzig, genial, und habe ich es soeben von a bis z abgeschrieben. Dabei hetze ich mich riesig. Sie brauchen es ja. Was das für ein Wesen, das beim copiren von Telegrammen schon seufzte, bedeutet, brauche ich Ihnen nicht zu erwähnen, sagt Ihnen aber gleichzeitig genügend wie sehr mir »die Episode« gefiel. –
Mon Dieu, da fällt mir nach gethaner Arbeit plötzlich ein, daß Sie mir vielleicht wegen unerlaubter Vervielfältigung fremden Eigenthums böse

sein können. Es soll niemand die 54 von mir copirten Seiten sehen, ich ganz allein will mit ihnen flirten, das ist selbstverständlich. Nächstens mehr u. Ausführlicheres über Ihr schönes Werk, bis ich nicht mehr den Schreibkrampf in allen 10 Fingern habe, es ist die 2. Nacht die der Arbeit galt, die erste wurde vertanzt, die zweite verschrieben, il n'y a qu'un pas [*es ist nur ein Schritt; Anm.*] vom Lächerlichen zum Erhabenen. (…) Nochmals tausend Dank – Burgtheater, Lorbeerkränze, 100maliger Hervorruf … sie ist glücklich eingeschlafen.

O. W.

Olga kann sich aus tiefster Seele für etwas begeistern, wenn die richtige Saite in ihr angeschlagen wird. Ihr großes Interesse an Literatur, gepaart mit der Zuneigung, die sie Arthur entgegenbringt, lassen sie mit Hingabe eine Nacht opfern. Schnitzler ist tief beeindruckt und schreibt in seiner Autobiografie: »Schmeichelhafter als jeder andere Erfolg war für mich, dass Olga das Manuscript, das ich ihr, ebenso wie ich's mit meinen früheren Versuchen getan, übersandt hatte, in einer Nacht eigenhändig kopierte und mir die schöne Abschrift zum Geschenk machte.«

Dass Olga seine Worte kopiert, mitempfindet und lobt, sieht er als bisher größten Freundschaftsbeweis. Er ist zutiefst gerührt und dankt dem »süßen Kameraden« überschwänglich. Durch Olgas Lob ist Arthur höchst motiviert und schreibt vermehrt »Noveletten«. Es sind dies die Erzählung *Reichtum* und die Novelle *Der Sohn*, aus dem sich später der Roman *Therese* entwickeln sollte. Beide werden noch 1889 in Literaturmagazinen unter dem Pseudonym »Anatol« veröffentlicht, denn die Nennung seines Namens war nach Meinung von Schnitzlers Vater nicht mit seinem Arztberuf vereinbar. Für den Augenblick ist Arthur glücklich und wünscht sich: »Einen halben Tag bei Ihnen gesessen sein und geplaudert haben und noch einen ebensolchen halben Tag vor mir haben. – Unter anderm!«

»Unter anderm!« – erneut flammt der Wunsch nach mehr als nur Freundschaft auf. Mittlerweile ist in Schnitzlers Leben die junge Schauspielerin Marie Glümer, eigentlich Marie Chlum, aufgetaucht, die ihn immer mehr in ihren Bann zieht. Auf Empfehlung seines Arztkollegen Theodor Friedmann, dessen – was Schnitzler anfangs nicht weiß, später aber von Theodor im Vertrauen erfährt – Geliebte sie bis vor Kurzem gewesen war, war sie als Patientin in seine Ordination gekommen. Im Gegensatz zum

Vorstadtmädel Jeanette ist Marie Glümer ein anständiges Mädchen, oftmals begleitet von ihrer Mutter und ihrem Bruder. Schnitzler sieht in ihr das Ideal des süßen, unschuldigen Mädels und findet, bis er von ihrem Vorleben erfährt, sogar Gefallen daran, dass sie trotz leidenschaftlicher Umarmungen nicht seine Geliebte wird, wodurch er sich die Illusion ihrer Jungfräulichkeit bewahren kann. Was dieser Beziehung mit Mirza oder Mizi, wie Schnitzler sie nennt, fehlt, ist die geistige Komponente. Bis zum Ende seines Lebens ist Arthur auf der Suche nach einer Frau, die ihm sowohl Lust als auch Intellekt bieten kann – Olga Waissnix entspricht diesem Wunschbild. Gleichzeitig ist Schnitzler froh, dass sich dieser Traum nicht erfüllt, denn nichts fürchtet er mehr, als sich binden und festlegen zu müssen. Die Befriedigung seiner Lust kann er sich bei anderen Frauen holen, die des Intellekts und des seelischen Verstandenwerdens nur bei Olga.

Auf Arthurs Bitte, ihm aus ihrem Leben »etwas Thatsächliches« zu berichten, reflektiert sie am 19. Mai 1889 auf der Terrasse des Thalhofs sitzend:

> Es ist jetzt gerade ein Jahr, daß wir zum letzten Mal miteinander plauderten. Sie saßen da auf diesem Stuhl u. ich hier. Auch damals war ein herrlicher Frühlingstag. Gott wie schön ist dieses Reichenau eigentlich, hätte ich nur eine Idee von der alten Sentimentalität, ich könnte wirklich poetisch werden. Ich habe ein sehr ereignisreiches Jahr hinter mir u. schließlich doch gar nichts erlebt. Man erlebt Äonen wenn Herz od. Eitelkeit verletzt werden, zur Liebe bin ich aber zu alt u. zur Eifersucht zu jung. (…) Es ist auch viel zu fad von dem »Thatsächlichen« aus meinem Leben zu sprechen. Erzählen Sie mir lieber etwas von Ihnen (…) Denken Sie nur, ich war noch immer nicht in Deutschland, ich freue mich rasend meine Schwester wiederzusehen, komme aber nicht weiter. (…) Bei Nacht bin ich in den Bergen, schieße bei Sonnenaufgang einen Hahn & Mittag hüpfe ich in der Stadt umher u. kaufe die Sommersachen für meine 2 Schwestern, oh Weh!
> Durch all das Getriebe zieht sich Ihre Freundschaft wie ein goldner Faden immer gleich lieb u. treu. Farewell, farewell my darling friend.
>
> O. W.
>
> Beim Derby werde ich Sie ganz flüchtig sehen, wenn mich nicht was Unvorhergesehenes am Kommen hindert.

Das alljährliche große Derby in der Freudenau am 30. Mai 1889 bringt eine große Verwirrung in die Beziehung von Olga und Arthur. Die Korrespondenz ist danach bis zum 27. August 1889 unterbrochen. In *Jugend in Wien* findet sich eine Beschreibung der Zeit vor und dem Derby selbst: »… in meiner Korrespondenz mit ihr waren in der letzten Zeit wochenlange Pausen eingetreten, in meinen Briefen aber blieb noch immer anspielungshaft ein Ton festgehalten, als wäre das einzig wahre und starke Gefühl meines Herzens meine Liebe zu ihr; und aus den ihren durfte ich nach wie vor herauslesen, daß auch in ihr sich nichts verändert habe, trotz des gelegentlichen besonders in der Jagdsaison sich steigernden aristokratischen Verkehrs, dessen sie öfters mit einer nicht ganz überzeugenden Selbstironie Erwähnung zu tun pflegte. Nachdem fast ein Jahr seit jenem Reichenauer Besuch zwischen Berlin und London verstrichen war, schrieb sie mir im Frühjahr 89, dass sie mich beim Derby-Rennen zu treffen hoffe. Aber es war keine glückliche Stunde, in der wir einander wiederbegegneten. Nur ein paar Worte wechselte ich mit ihr im Beisein ihres Vaters; plötzlich entließ sie mich mit einem kühl-gnädigen ›Auf Wiedersehen‹ …«

Was war passiert? In seiner Überempfindlichkeit interpretiert Schnitzler die Situation falsch. In Begleitung ihres Vaters, dem der junge Arzt und Hobby-Schriftsteller ein Dorn im Auge ist, weil er Unruhe in die Ehe seiner Tochter bringt, kann sich Olga nicht ungezwungen mit ihm unterhalten. Mit ihrer kühlen, plötzlichen Verabschiedung deutet sie an, dass es besser sei, hier nicht weiterzuplaudern, da es zu gefährlich ist. Sie muss vor ihrem Vater den Eindruck erwecken, dass Schnitzler nicht mehr interessant für sie sei. Der beleidigte Brief, den ihr Arthur nach dieser Begegnung schickt, ist nicht erhalten, aber Olgas Reaktion darauf. Sie fühlt sich missverstanden:

2. Juni 1889

Herrn
Dr. Arthur Schnitzler
I. Burgring 1.
Wien.

»Ich bestätige Ihnen dankend den Erhalt Ihres kategorischen Briefes vom« – das weiß ich nicht, denn ich habe den Brief ganz wütend sofort zerrissen. Sagen Sie, lieber Herr Doctor, wie konnten Sie mir nur – doch still, ein geschriebenes Wort legt man oft anders aus als es gemeint ist und ich könnte Sie am Ende auch verletzen und kränken. – Sie wollen mit mir sprechen, ja, ja es wird ganz gut sein, wenn wir nach Jahr und Tag wieder ganz tüchtig miteinander streiten, aber schreiben Sie mir nicht bis dahin. Es klingt so faxig und wenn man sich beklagt, ich weiß nicht was mir fehlt, aber ich bin nicht mehr gesund, so ein armer nervöser Hals. Was ich an Kopfschmerzen leide! Ich glaube, ich habe Anthipyrin & Bromkali oder wie das Zeug heißt, schon kiloweise geschluckt; und dabei muß man noch immer ein gleichmütiges Gesicht machen, weil man nicht bedauert sein will! – Wenn Sie wollen u. können, so bitte kommen Sie zwischen 8. und 15. August auf ein, zwei Tage. Es verkehren heuer ganz fesche Nachmittagszüge, wo man à peu près um ½ 8 Uhr Abend auf der Insel anwimmelt. Wenn nichts ganz Unglaubliches dazwischen kommt, treffen Sie mich dann sicher, aber nicht mehr schreiben, bitte, bitte. Hoffentlich haben Sie dann einen freundlichen Tag bei der Hand für den bösen Kameraden.

O. W.

In diesem Sommer unterhält Schnitzler Beziehungen zu mehreren Frauen. Mit Jeannette Heeger befindet er sich in der aufreibenden Endphase und von Adele Spitzer lässt er sich bei heimlichen Treffen nach wie vor hinhalten. Hinzugekommen ist Helene Herz, ein junges Mädchen der Wiener Gesellschaft, das Schnitzlers Eltern gerne als seine Ehefrau sähen. Er kennt sie seit der Ballsaison 1885/86, wo sie ihm zwar in ihrer unberührten Jungmädchenhaftigkeit ins Auge stach, ihn aber nicht weiter reizte. Mittlerweile ist sie erwachsen, sehr hübsch, recht vernünftig in ihrem Denken und sehr an ihm interessiert, aber zu mehr als einem oberflächlichen Flirt kann er sich nicht entschließen. Immer mehr verfällt er Marie Glümer, er fühlt sich wie ein verliebter Jüngling und – denn das macht Liebe für ihn erst zu richtiger Liebe – er leidet: Sie gibt sich ihm nicht ganz hin, will das anständige Mädel sein, benimmt sich wie eine »wilde Jungfrau«. Er sagt ihr nicht, dass er von seinem Freund Theodor um das frühere Verhältnis weiß, sieht dem Theater zu, das sie ihm vorspielt, und beginnt auf ihr Vorleben eifersüchtig zu sein. Mitte Juli notiert er in seinem Tagebuch: »Es kommt ein merkwürdiges Element hinzu! Ich empfand es als angenehm, wohlthuend in Jeanettens Armen, dass ich dadurch – Mizi untreu bin, diesem Mädel, das mich so leiden macht – es befriedigt mich – das Gefühl des Hasses, das man gegen jedes Mädel hat, das man liebt, wird ein wenig befriedigt – Es ist so süss zu betrügen! – Leider denken sich das die Weiber auch!« Das Geständnis, das Objekt seiner Liebe gleichzeitig zu hassen und ohne Leiden nicht lieben zu können, macht Schnitzlers komplexes Verhältnis zur Liebe deutlich.

Schweren Herzens lässt er Mizi allein und fährt Anfang August zu seinen Eltern in die Sommerfrische nach Ischl, wo er bis Mitte August bleibt und neuerlich mit der »treuen« Adele Spitzer flirtet. Danach begibt er sich mit seinem Bruder Julius sowie dem Journalisten und Mitredakteur der literarischen Zeitschrift *An der schönen Blauen Donau*, Paul Goldmann, zum Wandern in die Eisenerzer Alpen und kommt am 17. August 1889 an den Thalhof. Olga steckt mitten in den Vorbereitungen für das Volksfest, das am nächsten Tag auf der Eichenwiese stattfinden wird. Zum ersten Mal hat Olga Arthur nicht dazu eingeladen, ihn im Gegenteil gebeten, eine Woche vorher zu kommen, wenn mehr Ruhe herrscht. Am Vormittag des Kaisergeburtstages hat Olga keine Zeit für ihn. Schnitzler setzt sich ans Klavier im Teesalon und spielt ein paar seiner Walzer. Die Musik und die Umgebung inspirieren ihn zu einem besinnlichen Gedicht:

Am Flügel
Da sitz' ich im wohlbekannten Gemach
Und spiele die alten Walzer und Lieder
Doch find' ich die alten Töne nicht wieder.
Da laß ich das Spielen und sinne nach.

Und sehe draußen den Wald sich weiten
Zum Fenster grüßen die Bäume herein,
Vom Felsen die schweren Schatten gleiten,
Der Mittag ist stille, ich bin allein.

Wie hab' ich so ernst und beklommen
Mich heut zum Flügel hingesetzt,

Hier hab' ich Deine Hand genommen
Und sie mit meinen Thränen benetzt.

Erinnerst Du Dich? Du hast's vergessen.
Laß Dirs erzählen zum letztenmal.
Wir waren allein im dämmrigen Saal,
Und ich bin vor dem Flügel gesessen.

Und hab' von Dir einen Blick ersehnt, –
Und während meine Weisen erklangen,
Im Walde die Leute lachten und sangen,
Hast du am Fenster schweigend gelehnt.

Und lehntest lange schweigsam da,
Dann aber hört' ich ein leises Bewegen
Du neigtest Dich meinem Haupt entgegen,
Und Deinen Atem fühlt' ich nah.

Und über die Stirne glitt Dein Hauch,
Und meine Hände sanken nieder,
Verstummt die Walzer und die Lieder.
Ich bebte, mein Lieb! … Du weintest auch.

Vergebens heut in den alten Tasten
Such' ich den süßen, geliebten Ton,
Es ist ein alter Klimperkasten,
Wahrscheinlich war ers damals schon.

Die Leidenschaft ist vergangen und mit Wehmut erinnert er sich an die Zeit vor drei Jahren. Warum hat es ihn trotzdem wieder hierher zu ihr an den Thalhof gezogen? Nachmittags nimmt er am Fest teil und schreibt darüber in seinem Tagebuch: »Und heute Nachmittag gabs ein Fest. Olga und andre … standen beim Buffet. Ich daneben, trank Champagner, vertheilte Indianerkrapfen unter die Buben. Ein gelinder Rausch umfing mich. Ich war lustig. Und Olga mit ihren dunklen Augen war neben mir. Einen Augenblick war mir wohl auch, als ob wirklich sie es wäre. Und dann die Auction der Würste, Schinkenbrode, Semmeln. Es war wirklich fidel! – Und als wir hinuntergingen, dem Thalhof zu, sagte sie: Haben Sie mich denn noch lieb? … Und wir trugen zusammen die Cigarrenkiste. Und sie sagte, sie habe immer nur mich geliebt … Es war höchst sonderbar. Dass aber dreiviertel meines Glücks, das ich bei all dem empfand, der Alcohol war, das ist eigentlich erbärmlich –«

Wieder nüchtern denkt er um elf Uhr nachts auf seinem Zimmer über seine Gefühle für Olga nach. Er kommt zu dem Schluss, dass er, wenn überhaupt, Mizi liebt, nach der er sich so sehnt. Jeanette enerviert ihn nur mehr. Bei Olga ist er sich nicht sicher: »Und Olga – ? Ich weiss nicht! Wenn wir wieder Tage und Wochen beisammen wären – möglich, dass ich sie wieder liebte. In diesem Augenblick nicht! – und sie? Hat sie mich angelogen, nur aus Lust am flirten? Liebt sie mich noch? – Leidenschaftlich gewiss nicht! – Da – gegenüber von mir – mein Ruf durch die Nacht könnte sie erreichen – schläft sie – ich empfand nichts besondres. Kaum dass ich eifersüchtig sein könnte. – Und doch fühl ich mich in meinem Schmerz betreffs Mizi leicht gemildert … Wirklich? Nein! Die Ungewißheit quält mich – ich sehne mich hundertmal mehr nach ihr – als nach allem andern … Wenn ich jetzt in Olgas Armen liegen könnte, wär es da anders? Ich glaube ja … Was ist dies alles? Was für Masken nimmt der dumme Trieb vor?«

Olga spürt die Veränderung in Arthur und bittet ihn am nächsten Morgen in ihre Wohnung hinauf. Sie fragt ihn geradeheraus, ob er eine andere liebe. Als er verneint, reicht sie ihm ihre Lippen zu einem langen, innigen Kuss, betont jedoch erneut ihre Keuschheit, um ihn keine falschen Schlüsse ziehen zu lassen. Wieder fragt sich Arthur, ob er Mizi vergessen könnte, wenn Olga seine Geliebte würde.

An diesem 19. August entsteht ein zweites Gedicht, das trotz des Wohlgefühls, das er nach wie vor in Olgas Nähe empfindet, deutlich seine »Gefühlsdecadence« verrät.

Sie
Hei, welch ein Fest! wie tanzen die Leute!
Wie jubeln die Geigen, wie strömt der Wein.
Das ist ein lustiges Leben heute.
Gut so, bald bricht die Nacht herein.

Herbei ihr Burschen, da habt ihr zu essen,
Und mir, Frau Wirtin, gebt noch ein Glas.
Auf Eure Schönheit unvergessen
O schöne Wirtin, leer ich das.

Es knallen die Schüsse, die Preise winken,
Im Kreise dreht sich das Ringelspiel,
Frau Wirtin, noch eines gebt mir zu trinken,
An solchem Tage gibt's kein Zuviel.

Heissa, dort klettert ein Bursch auf die Stange,
Brav, brav, nur weiter, klimm hinauf,
Da ist er schon oben und schreit, der Range,
Frau Wirtin, da trink ich noch eins darauf.

Und also schlürf ich mit Behagen
Den herrlichen Champagnerwein,
Frau Wirtin, ich hab Euch was zu sagen,
Ihr müsst ja bleiben, so fügt Euch drein.

Da seh ich die Wirtin leise nicken,
Es glühte süß und wohlbekannt
Aus ihren wunderdunkeln Blicken,
Sie reicht mir das Glas und ich küss ihr die Hand.

Dann sprach sie: ich habe Dich nicht vergessen,
Und liebe Dich heut wie in jener Zeit.
Denn meine Lieb' ist unermessen,
Und Dir gehör ich in Ewigkeit.

Und Aug' in Auge blickten wir selig,
Und weiter rollte und tollte das Fest.
Der Abend kam gelind und mählig,
Und der Tanz war aus und gewonnen das Best'.

Verhallt die Schüsse, verstummt die Geigen,
Vertrunken der Wein, wir schritten zu Tal.
Da musst ich zum Abschied mich vor Dir neigen,
Stand ganz allein da mit einemmal.

Und über mir in nächtiger Bläue
Erstarrte ein glitzerndes Firmament,
Was klingt mir im Ohr doch von ewiger Treue,
Wer flüsterte nur von Lieb ohne End?

Ward Ihr's, Frau Wirtin? Und all in den Jahren,
Dir Ihr mich nicht gekannt und gesehn,
Da ich kein Wörtlein von Euch erfahren,
Was habt Ihr erlebt, was ist Euch geschehn?

Frau Wirtin, mir stieg der Wein zu Kopfe,
Und trunken hab ich Euch gelauscht.
Ging's Euch nicht wie mir, dem armen Tropfe,
Hat Euch nicht der Trubel des Festes berauscht?

Denn ach, so rasch verklingen die Lieder.
Und der Wein verrauscht und das Fest verhallt,
Und steigt die graue Frühe erst nieder,
So sind wir beide vergrämt und alt.

Frau Wirtin, noch ehe der Tag ergrauet
Von dannen eil ich, kein Abschiedswort,
Und wenn Euch der Morgen ins Fenster schauet,
Zieh längst ich meine Straßen fort.

Unter einem Vorwand reist Schnitzler am 20. August in der Früh ab. Seine Sehnsucht nach Mizi ist zu groß. Ohne Abschiedsworte geht er nicht, dennoch bleibt vieles unausgesprochen, darunter offenbar auch beider Verstimmung nach dem Treffen beim Derby im Mai. Bei ihrem kurzen Gespräch bemerkt Olga in Hinblick darauf, dass sie nicht seine Geliebte geworden ist: »Wie schlau ich war!«

Südbahnhof in Wien, um 1875

Buffet des Südbahnhofs mit Blick ins Restaurant 1. Klasse

3 Villa von Ludwig Schneider in Vöslau, Ludwigstraße 2, heute unter dem Namen Haugwitz-Schlössel oder Villa Weinfried bekannt

4 Olga Waissnix im Sommer 1885, in dem sie Arthur Schnitzler am Thalhof kennenlernte

5 Olgas jüngste Schwester Franziska Schneider, genannt »Fanni«

Olgas Schwester
briele mit ihrem
emann Georg Erd-
nn Karl Ferdinand
af von Haugwitz

8 Die Kinder von Olga und Karl Waissnix:
Karl, Rudolf und Ludwig

7 Olga und Karl »Charles« Waissnix im
Faschingskostüm, 1882

Hôtel Thalhof mit Wald- und Hubertus-Villa.   Reichenau bei Payerbach, N.-Oe., 500 m Seehöhe.

2862 A K. Ledermann, Wien I, Fleischmarkt 12

9 Ansicht des Thalhofs um 1900, links die Villa Hubertus, die Karl Waissnix für Olga bauen ließ

10 Ansicht des Thalhofs und der Villa Hubertus heute

Thalhof, Sommer 2014

Hotel Tiroler Hof in Meran, wo Olga Waissnix und Arthur Schnitzler sich im April 1886 inander verliebten

13 Arthur Schnitzler, 1885, als er Olga
Waissnix am Thalhof kennenlernte

14 Olga Waissnix in niederösterreichisch
Tracht, um 1885

15 Olga Waissnix mit erlegtem Wild

16 Olga Waissnix, Porträt von Carl Spielt
September 1889

Mausoleum der Familie
Schneider am Friedhof von
Bad Vöslau

Gewidmet
meiner unvergesslichen
hier ruhenden
Frau
Francisfa Schneider.

Gestorben am 30. Mai 1878,
im 46. Lebensjahre.

Olga Waissnix
geb. Schneider.

Gestorben am 4. November 1897.

18 Gedenktafel im Inneren des
Schneider-Mausoleums

19 Die Enkelinnen v
Olga Waissnix, Töcht
ihres Sohnes Ludwig:
Elisabeth und Olga
Waissnix, die 1945
standrechtlich ersch
sen wurden

20 Die Urenkelinnen von Olga Waissnix: Elisabeth, verh. Wild, Tochter von Erika Waissr
und Christiane, verh. Fitzka, Tochter von Olga Waissnix

Schlau war Olga tatsächlich. Ein Verhältnis mit Arthur Schnitzler hätte nicht nur ihre Ehe und ihre gesellschaftliche Stellung gefährdet, sondern auch jegliche freundschaftliche Beziehung mit ihm unmöglich gemacht. Der Freundschaft, des Zuspruchs, der Gespräche und der Korrespondenz mit dieser außergewöhnlichen Frau bedurfte Schnitzler jedoch dringend zu seinem persönlichen und dichterischen Reifen.

Ende des Monats lädt Olga ihn erneut nach Reichenau ein und erkundigt sich, ob er wieder neue literarische Ideen habe. Arthur ist beglückt, ein paar Zeilen von ihr erhalten zu haben. Ihre Worte lassen ihn »ein anderer, neuer, bessrer sein«. Welch andere Existenz wäre es für ihn, wenn er täglich eine Stunde lang mit ihr plaudern könnte. Neue Ideen hat er wohl, aber sie versickern schnell wie Wellen im Sand. Oft fehlt ihm selbst zum Lesen die Lust. Er fühlt sich jämmerlich, besonders wenn er frühmorgens Kranke im Spital untersuchen muss – für den Nachtmenschen Schnitzler unerträglich, seine Lebensgeister erwachen erst am Vormittag, am besten in einem Kaffeehaus. Es ist die alte Geschichte: Schnitzler verbummelt seine Tage und hadert damit, nicht tun zu können, was er will.

Olga, die sich in einsamen Stunden ähnlich fühlt wie Arthur, erkennt, dass er ihrer Aufmunterung bedarf. Am Weg von Vöslau nach Reichenau überlegt sie bereits, was sie ihm antworten wird:

Ihre Dichtermisèren begreife ich. Hervorragende Geister müssen ringen, damit die Dutzendmenschen, die sie zuerst anfeindeten, es dann recht bequem haben. Sie gehören zu den Kämpfern des 20. Jahrhunderts, leicht wirds Ihnen nicht werden, aber warum schreiben Sie auch nicht nah der Schablone! – Sehen Sie, das wäre mir greulich! Der Gedanke, daß Sie der blöden Menge Concessionen machen könnten, um »Erfolge« bei ihr zu haben, ist mir geradezu unerträglich. Ich habe so ein Vertrauen, daß Sie was Großes, was Nachhaltiges schaffen werden. Sie brauchten blos »wollen« können. Ihr Köpfchen birgt ja einen Reichthum von Ideen, oh, bitte, geben Sie ihnen auch Körper und Leben. Wenn Sie nachdenken, daß Ihr Name einst von hervorragenden Menschen mit Ehrfurcht genannt werden wird, sagen Sie, mein Freund, drückt Ihnen das nicht unwiderstehlich die Feder in die Hand? Erinnern Sie sich nur an Goethe's Correspondenz mit Schiller, was haben die zwei gelitten! Dabei dient die Medizin als Hemmschuh, damit Sie sich nicht zu ausschließlich Ihrer geliebten Poesie ergeben, die Ihnen sonst ja doch mit der Zeit langweilig würde; Sie sollten Dame Medizin segnen! – Wenn alle Menschen nur dieselbe Freud' an Ihren Werken hätten, wie ich an Ihren Briefen.

Visionär, tröstend und motivierend zugleich wirken diese Zeilen auf Arthur, keine kennt ihn so gut wie Olga und weiß, wie man ihn zu behandeln hat, wenn er in ein Gemütstief fällt.

Trotz seines Liebesrausches mit Mizi Glümer sucht Arthur erneut Olgas Nähe, kommt am 7. September nach Reichenau und vermerkt in seinem Tagebuch: »Und wieder hier! In meinem Zimmer … Eben saß ich mit ihr ein paar Stunden auf der Fensterbrüstung in der Kanzlei, meist war Rettinger oder ›er‹ dabei, manchmal allein … Und draußen zog die Herbstnacht hin – Wir sprachen über alles mögliche, wenn irgend möglich, warf sie ein Liebeswort dazwischen – sie sagte, dass sie nie aufhöre mich zu lieben. Meist englisch – der Sicherheit wegen. … I love you more every day … but you don't love me; you love somebody else … – Und ihre ›wunderdunklen Augen‹ sprachen mit. – Wie ruhig … wie merkwürdig wie fast glücklich fühlt ich mich – Fern von allem, was mich daheim quält – und was mich selig machte. Lieb ich Olga? – Lieb ich Mizi? Beide? Keine? – Die eine anders und die andre wieder anders!«

Arthur liebt Olga nach wie vor, aber nicht mehr mit der Leidenschaft und dem Begehren der Anfangszeit. Trotzdem hätte er sie gerne zur Geliebten, weil sie die ideale Frau wäre, die Intellekt, Bildung und Einfühlsamkeit besitzt und ihn anzieht. Den Jagdtrieb in ihm stört es sehr, dass er sie bis jetzt nicht erobern konnte. In dieser Beziehung kann er Olgas Verhalten nicht verstehen: »Hier weht doch eine andre Luft … Sonderbar, dieses Weib! … ich glaube nicht, daß sie mich liebt … Sie hat eine große Meinung von mir, das spielt da sehr mit … Wie tief unter Ihnen stehen die andern, die ich kenne, sagte sie heute. – Kann denn wirklich das Bewußtsein rein zu bleiben so schön sein, daß man deshalb auf ein Glück verzichtet? – Sie kann es also nicht als ihr höchstes Glück ansehen – sie liebt mich also nicht – Man wird nicht fertig damit! Nein nein! – Und wie fühl ich mich bei dem allen?- Kommt nicht eine geckenhafte Selbstzufriedenheit mit? Nein … Ich spür gar nichts davon – Aber er hüllt so warm ein … der Hauch eines Frauenmundes, aus dem es einmal geklungen ›Ich liebe

Dich‹. Immer klingt dieses Wort mit, wenn sies einmal gesagt hat … Wenn Liebe Verwirrung, Eifersucht, Seligkeit, Angst vorm Ende ist, dann lieb ich Mizi – aber heute … offenbar ist es so – oder täusch ich mich – nicht so heftig und schmerzlich wie gestern – weil – ich unten bei Olga gesessen, und ihre weiße Hand berührt habe und sie zu mir gesagt hat, daß sie mich liebt –«

Eine Frau, die ihn liebt und sich ihm trotz aller Gefahr, die das für sie bedeuten mag, nicht hingibt, kann ihn nicht wirklich lieben, so lautet Schnitzlers Schlussfolgerung. Von Liebe zu reden bedeutet für ihn, sie auch zu vollziehen. Er spürt jedoch, das zeigen seine Worte genau, dass bereits Olgas Nähe ausreicht, um ihn ruhiger werden zu lassen. Je mehr der Mensch Olga in den Vordergrund tritt, umso mehr verblasst die einst leidenschaftlich begehrte Frau. Für Olga sind die Begegnungen mit Arthur ebenfalls schwierig, weil ihre Sehnsucht nach einer Beziehung mit ihm jedes Mal aus dem Dornröschenschlaf gerissen wird und sie wider besseres Wissen mit dem Feuer spielt. Auch sie kann die Freundschaft mit ihm nur auf Distanz leben. Wenn Arthur, den sie mehr liebt als alle bisherigen Verehrer, in ihrer Nähe ist, beginnt sie unvorsichtig zu werden.

Am Vormittag des nächsten Tages sind die beiden kurz in der Kanzlei allein und sie küsst ihn. Mittags ist Arthur im Salon dabei, als Olga dem international gefragten deutschen Porträtmaler Carl Johann Spielter Modell sitzt, den Charles engagiert hat. Olga kann weder das tägliche sechsstündige ruhige Sitzen noch den Maler ausstehen, mit dem sie ihrer Meinung nach keine gehobene Konversation führen kann. Spielter leidet unter der unruhigen Thalhofwirtin, die die Sitzungen oftmals unterbricht. Einmal kratzt er in einer solchen Situation in einem Anfall von Wut ihr Gesicht von der Leinwand.

Olgas Gatte Charles wirkt kontinuierlich verdrossen und bittet Schnitzler schließlich um eine Unterredung, im Zuge derer er ihm aufgebracht klar macht, dass »diese ›Hinundherschlieferei‹ mit seiner Frau aufhören müsse«. Sie mache es mit ihm wie mit allen anderen Verehrern. Wenn das nochmals vorkomme, habe er seiner Frau Ohrfeigen angedroht, werde er sie aus dem Haus werfen und ihr die Kinder wegnehmen. Schnitzler lügt ihm kalt ins Gesicht, dass er seine Frau lediglich außerordentlich verehre. Charles macht sogleich einen Rückzieher und bemerkt, dass er nicht eifersüchtig sei, nur das Gerede der Leute störe ihn. Er liebe seine Frau und gönne ihr die geistige Unterhaltung. Auch fühle er sich durch Schnitzlers Besuche geehrt, aber wie schon vor drei Jahren entstehe ein falscher Eindruck und man frage ihn, warum er den Liebhaber seiner Frau im Hause dulde. Charles Nerven sind äußerst angespannt, er steht vor einer wichtigen Lebensentscheidung und fühlt sich dabei von seiner Frau nicht unterstützt, denn kaum taucht Schnitzler auf, hat sie nur noch Augen für diesen.

Bei seiner Verehelichung hatte Charles Waissnix den Thalhof von seinem Vater übernommen und begonnen, einen zusätzlichen Hoteltrakt zu bauen. Die Aufstockung der Zimmer hielt aber nicht mit dem Ausbau der Gesellschaftsräume und Terrassen des Hotels Schritt, der auf Anregung Olgas in Angriff genommen wurde. Zuletzt sollten ein Ballsaal und eine zusätzliche Küche errichtet werden, wofür Geld flüssig gemacht werden musste. Gerade an dem Wochenende, als Charles die grundsätzliche Notwendigkeit eines solchen Baus mit seiner Frau besprechen will, trifft der Störenfried Schnitzler am Thalhof ein.

Nach der Unterredung mit Charles erzählt Arthur Olga bei einem Spaziergang von der Szene mit ihrem Mann. Sie ist wütend, besonders darüber, dass ihr Mann ihm gesagt hat, dass sie es mit anderen Verehrern ebenso mache. Als wolle sie sich an Charles für diese Lüge rächen, ist sie plötzlich einverstanden, Arthur ehestbaldig in Wien zu treffen.

Am nächsten Morgen reist Schnitzler ab und erinnert sich an den Abschied von Charles Waissnix in seinem Tagebuch am 9. September 1889: »Wir schieden natürlich als die besten Freunde; haben jetzt eben eine halbe Stunde unten von London und Reisen geplaudert, als wenn wir uns zum Fressen gern hätten. Olga kam dazu; es war ganz rührend. Ein Narrenhaus, diese Welt!«

Die Tage nach Schnitzlers Abreise sind für Olga wenig erfreulich, denn Charles macht ihr erhebliche Vorwürfe. Ob er die angedrohten Ohrfeigen in die Tat umsetzt, bleibt ungewiss. Wie oft nach Auseinandersetzungen mit ihrem Ehemann wird sie krank, liegt im Bett und zermartert sich den Kopf über ihre und Arthurs Situation.

Am folgenden Sonntagnachmittag kommt es zu einer überraschenden Begegnung der beiden in Wien. Schnitzler wartet in seiner Wohnung auf seine geliebte Mizi Glümer und deren Schwester, als ihm sein Diener eine Dame meldet, die unten auf ihn warte. In seinem Tagebuch hält Schnitzler am 18. September fest: »Ich eile hinunter – Im Hausflur steht – Olga! – Es gießt. Wir setzen uns in einen Wagen. Wir küssen uns wahnsinnig! – der Kutscher ist betrunken, bleibt jeden Moment stehen, kann schließlich nicht weiterfahren. – Wir sind in Ottakring, nehmen da einen andern Wagen – Sie sagt – ich liebe Sie nicht mehr! – ich finde innerlich, dass sie recht hat. – Ich eile nach Hause, wo mir sofort zwei Damen gemeldet werden.«

War es Abschied, Koketterie oder beides? Olga wusste um die Unmöglichkeit einer Beziehung mit Arthur, doch die Freundschaft, den Gedankenaustausch mit ihm wollte sie um jeden Preis erhalten, ebenso wie seine Anbetung gleichsam lebensnotwendig für sie war, um die Gefangenschaft in ihrer lieblosen Ehe ertragen zu können. Gleichzeitig spürte sie, dass Arthurs erotisches Interesse an ihr nachließ, und sprach aus, was beide ohnedies empfanden. Sie wollte einen Schlussstrich unter die schwebende erotische Beziehung ziehen, sie aber vorher ein letztes Mal auskosten.

In den folgenden Wochen ist es hauptsächlich Olga, die schreibt. Zum einen ist Arthur beleidigt, weil sie gesagt hat, dass sie ihn nicht mehr liebe, zum anderen ist er zu sehr mit Mizi Glümer beschäftigt.

Weiterhin bereichert die Rolle der Vertrauten, der Schnitzler seine Werke zu lesen und zu begutachten gibt, Olgas Leben. Bei seinem letzten Besuch hat er ihr die einzigen Manuskripte von *Reichtum* und *Frage an das Schicksal* mitgebracht, die er ein paar Tage nach dem unvermuteten Treffen in Wien dringend zurückerbittet, weil er eine Chance auf Veröffentlichung sieht. Im Herbst 1889 hastet Olga wie gewohnt von einer Jagd zur anderen, sodass sie auf diese Bitte nicht sofort reagieren kann. Ihr Brief vom 5. Oktober 1889 beginnt besorgt mit den folgenden Zeilen: »Ich komme soeben vom Gebirge zurück und finde zu meinem Erstaunen keine Nachricht von Ihnen vor. Sind Sie mir also doch böse? Wenn dem so ist, so bitte, kein Stillschweigen, sondern sagen Sie es mir. Der größte Triumph der Freundschaft ist Aufrichtigkeit. Verbergen ist für mich gleichbedeutend mit Schauspielerei, überlassen wir das lieber der Wolter und dem Sonnenthal und seien wir 2 ehrliche Freunde, die einander ehrlich gut sind. Übrigens können Sie auf mich gar nicht bös sein ich hab' Sie dazu viel zu lieb.«

Nach einigen Irrwegen scheinen sich Olga und Arthur nun auf dem richtigen Pfad von der leidenschaftlichen zur freundschaftlichen Liebe zu befinden.

Kaffeelöffelglück

Reminiszenzen

»Ach Gott, könnt' ich jene Zeit wieder heraufwünschen, wie schön war es damals, die Gegend strahlte wol so, weil wir Licht von unserm eigenen Licht über sie breiteten.«

10. Oktober 1889
Verehrteste gnädige Frau!
Was ist das gleich für ein andrer Tag, der damit anfängt, daß ein Brief von Ihnen kommt! Wirklich ganz anders als die andern, die so »grau und dumm« sind! Also vielen Dank! – Böse – ich Ihnen? Was fällt Ihnen denn ein. Daß Sie keinen Brief von mir vorfanden, war einfach Schlamperei von mir. Abgesehen im übrigen von allem, kann ich Ihnen nichts erfreuliches melden, aber gar nichts. Sie kennen sie ja, die alten Klagen. Immer dasselbe. Zersplitterte Zeit, zerfahrene Stimmung. Sie, gnädige Frau, die mich kennen, wissen, daß das nicht die Ausreden eines Nichtstuers sind, dem es »zu gut« geht. – Die beiden Sachen, die Sie mir gütigst zurückgeschickt, liegen natürlich noch beide im Pulte; den Reichthum (fällt Ihnen kein beßrer Titel ein?) schicke ich nach Deutschland, warte nur auf eine Empfehlung; Frage an das Schicksal bring ich hier an. – Jetzt, oh, alle acht Tage drei Verse, schreib ich ein gereimtes Lustspiel, dessen Inhalt ich Ihnen in Reichenau bereits erzählt habe. Komme wie gesagt fabelhaft langsam vorwärts, kann eben ohne Stimmung absolut nichts machen. (…) Gnädige Frau, ich habe nur den Wunsch, mich »manchmal« so mit Ihnen recht von Herzen ausplaudern zu können. Wissen Sie denn nur, wie gut, wie – (denken Sie sich was da hinein) Sie sind! – Lassen Sie mich Ihnen aufs herzlichste zu Ihrem Hirschen gratuliren. – Im übrigen kommen Sie bald nach Wien, und wäre es auch nur um sich die Affaire Clemenceau anzusehen, in welcher die Sandrock einfach hinreißend spielt. (…) – Haben Sie den Niels Lyhne schon gelesen? – Gnädigen Frau! wie reich und schön könnte das Leben sein! – Aber manches gehörte dazu. Schreiben Sie mir bald: jede Kunde von Ihnen ist ein Kaffeelöffel Glück. – Anders darf ja dieses Getränk nicht

eingenommen werden, finden Sie. – Der Ihrige, unverbesserlich, aber dafür unveränderlich

A.

Gerne würde Olga Arthur sein »Lieblingsgetränk« in größeren Dosen verabreichen, dazu reicht ihre Zeit aber nicht aus. Sie wird es nicht schaffen, Adele Sandrock in ihrer Antrittsrolle als Isabella in Alexandre Dumas' Stück *Der Fall Clemenceau* am im selben Jahr eröffneten Wiener Volkstheater zu sehen, die den Zeitungsmeldungen zufolge umwerfend war.

Womit ist Olga so beschäftigt? Obwohl sie die Herbststimmung am Thalhof liebt, packt sie gemeinsam mit ihrer allzeit getreuen Zofe Johanna die Koffer, um für die nächsten drei Wochen nach Vöslau zu gehen. Ihre Schwester Gabriele und ihr Gatte sind zu Besuch und es gilt, Hof zu halten. Große Sorgen bereitet Olga ihr Vater, der leidend ist. Den mittlerweile 54-Jährigen krank zu wissen, beunruhigt sie sehr. Ludwig Schneider war zeit seines Lebens ein vor Gesundheit strotzendes Energiebündel mit ständig neuen Geschäftsideen, die er geschickt umzusetzen wusste. Die Zügel seines selbst geschaffenen Imperiums ließ er niemals locker. Bei allem Respekt, mitunter auch Furcht, die Olga vor ihm hatte, liebte sie ihn doch innig. Letztendlich konnte sie sich immer auf ihn verlassen, solange sie seinen Vorstellungen gemäß lebte. Den Vater zu enttäuschen oder zu verlieren war unvorstellbar für sie.

All das erzählt sie Arthur in ihrem Schreiben vom 15. Oktober 1889 und entschuldigt sich für so viel Persönliches:

Man soll nicht immer von sich sprechen, steht, glaube ich, im Knigge. Aber ich hab' ja niemand, dem ich aufrichtig sagen kann wie mirs ums Herz ist und morgen in Vöslau da heißt es wieder lustig sein, die Leute amüsiren und Unsinn schwätzen.
Es thut mir innig leid, daß ich Ihnen nur kaffeelöffelweise Ihr Lieblingsgetränk geben kann, wie gerne würd' ich es stromweise credenzen!
(…) Denken Sie noch an den schönen Festtag bei den Eichen? Solche göttliche Momente darf man nur schütter genießen, sonst verlieren selbst die an ihrer bezaubernden Süßigkeit. – Den Niels Lyhne habe ich längst schon gelesen und lese ihn jetzt noch täglich. Er ist so lebenswahr, vieles was in dem Buch steht, hat man selbst erlebt und empfun-

den, so was kann man nie oft genug lesen. Und dann, bitte lachen Sie aber nicht, das Büchel riecht so gut von Cigarren, Cologne russe, Corialopsys & Lupine, – Sie kriegen den Band nie zurück, ich rieche viel zu gerne dazu.

Nicht wahr, das neue Lustspiel bekomme ich gleich, wie es fertig ist? Dieser Tage muß ja auch wieder die Blaue Donau erscheinen. Sie können sich gar nicht denken, wie ich dieses Journal gern hab', ich freue mich kindisch auf jede Nummer, wenn nur wieder von Anatol was drin wäre! –

Sehen Sie, wenn ich jetzt thun könnte, was ich wollte, so würde ich Sie bitten, mir so gleich zu schreiben u. Ihnen zugleich verrathen, daß mich Ihr letzter, lieber Brief unendlich gefreut hat. Da ich aber verständig bin u. Verstand nicht nur ein Stoiker, sondern auch ein Märtyrer ist, muß ich Sie bitten, mir vorläufig nicht zu schreiben, da ich absolut keine Idee habe, ob ich in Vöslau, Wien oder Japan bleibe. Von mir erhalten Sie aber, sobald ich eine freie Minute finden werde, Nachricht. Nicht wahr, Sie zerreißen aber alle meine Wische immer sofort. Nestroy soll einmal gesagt haben »Aus der Urne des Schicksals werden die Lose des Menschen gezogen; wenn ich den Buben beuteln könnt, der mir das meinige gezogen hat, ich thät's« – ich auch. –

Good bye, behalten Sie den Kameraden liebenswürdig.

Wie so oft vermittelt Olga Arthur, wie glücklich sie sei, seine Briefe und Werke zu lesen oder an einem von ihm geliehenen Buch zu riechen. Der Band, den er ihr kürzlich in Reichenau gegeben hat, ist der impressionistische Kultroman *Niels Lyhne* des dänischen Schriftsteller Jens Peter Jacobsen (1847–1885). Bei der Beschreibung des Geruchs, der sie an Schnitzler erinnert, vermischt sie die botanischen Bezeichnungen zweier Blumen zu Corialopsys, gemeint sind Calliopsis (Schöngesicht) und Coreopsis (Wangenblume).

»Das neue gereimte Lustspiel«, von dem Arthur ihr erzählt hat, ist *Alkandis Lied,* das sich in der Struktur an Grillparzers *Der Traum ein Leben* anlehnt. Der Traum hat hier eine kathartische Wirkung: Ein eifersüchtiger König, der seine Frau zu Unrecht des Ehebruchs verdächtigt, tobt seine Rachegelüste in einem wüsten Alptraum aus. Nach dem Erwachen ist er zu einem Neuanfang bereit und die Eheleute versöhnen sich. Es wirkt, als hätte Schnitzler seine Reichenauer Erfahrungen mit einem Wunschtraum verbunden, der Olga zu mehr Glück in ihrem Eheleben verhelfen würde.

Erneut bittet Olga um sofortige Vernichtung ihrer »Wische« aus Angst davor, dass sie in falsche Hände geraten könnten. Sie selbst hebt alle Briefe Arthurs auf und schwelgt eines Nachts in Reminiszenzen ihrer Beziehung zu Schnitzler, die sie anhand seiner Briefe und der darin ausgedrückten Stimmungen Revue passieren lässt:

Tagebuchblätter
20. November 1889. Nachts.

Es giebt Zeiten, wo mir alte Briefe ein Greuel sind, ich könnte sie dann unmöglich lesen. Aber heute hat mich eine sonderbare Anwandlung überkommen, eine Sehnsucht nach der Vergangenheit und jenes unbeschreiblich wehmütige Gefühl, das in dem Worte dahin, – dahin liegt. Ich habe Ihre Briefe das erste Mal seit ich sie erhielt wieder gelesen und sie sortiert. Es sind: 39 unliebenswürdige, 15 liebenswürdige u. 3 allgemeine. Summa 57 Briefe, das facit einer fast vierjährigen Freundschaft! Eines steht fest, die unliebenswürdigsten sind die besten. Welch' ein Feuerwerk von Witz, esprit u. Sarcasmus! Manche haben mich geradezu frappirt u. Sie haben mich doch verwöhnt. – Der Sommer scheint überhaupt die Saison Ihres Mißvergnügens zu sein, da »arrangire ich Volksfeste«, »ersinne Costüme« u. s. w. und »scheine gute Freunde zu vergessen«. Da sind Sie übrigens nicht der Einzige, der im Sommer mit mir unzufrieden ist. Auch Gabriele ärgert sich dann immer wütend, wenn ich ihr alle heiligen Zeiten mit SO großen Lettern vollgeschmiert eine Seite kleinsten Formats sende. In einem Brief kommt das Wort wütend vielleicht 10 Mal vor und zum Schluß fragen Sie dann ganz naiv: »Ja wissen Sie auch, daß ich schlecht gelaunt bin?« Dann x^2 mal das alte Thema: »Aus Ihrem Brief weht eine Luft wie aus einem Eiskeller« oder »Grüßen Sie mir alle Eisfelder Reichenau's, erhabne Gletscherfürstin«, oder u. s. w. Und dann die liebenswürdigen Briefe! Ach, lassen Sie mich über diese still sein. So viel Duft, so viel Zartheit auf einem Bogen Papier, man glaubt es kaum! – Die Stimmung im großen Ganzen variirt auch ein wenig. Im Jahre 886 erzählen Sie mir hauptsächlich von Vergnügungen, Bällen, Theatern u. Concerten. Einmal scheinen Sie sich jedoch gerade nicht zu amüsiren und in schlechter Laune schrieben Sie einen geradezu blendenden Brief, eine Parodie auf einen »lustigen Brief«. Im Jahre 887 wissen Sie nicht recht ob Dr. X sich »göttlich amüsirt oder langweilt«. Aus diesem Jahr datirt einer der reizendsten Briefe, den Sie aus Rüdesheim schrieben. Im Jahre 888 haben Sie sich schon immer mehr in die Studierstube zurückgezogen, das Verhältnis zur Dame Poesie wird immer inniger. Einmal sind Sie so lieb, mir von 3 Lustspielen unter dem gemeinsamen Titel »Treue« zu berichten, 2 davon, nemlich »Erinnerungen« und »Anatols Hochzeitsmorgen« kenne ich nicht, ebensowenig wie »Gabrielen's Reue«. Darf ich diese Sachen nicht lesen? Sie würden mich durch Zusendung all' dieser Werke so erfreuen, o bitte, bitte, ich will sie diesmal gleich wieder zurückschicken. Durch all' diese Jahre zieht sich aber eine Stimmung unverändert fort: »Vom Himmel fordert er die schönsten Sterne und von der Erde jede höchste Lust« u. s. w. – Hie und da wollen Sie mir auch durchaus eine schlechte Meinung über Ihre Werke und über Ihre werte Persönlichkeit aufoctroiren. Lächerlich. Nicht durch meine Urteilskraft allein bin ich zur Überzeugung Ihrer Vollkommenheit gelangt, sondern einfach durch den Glauben. – Recht lieb ist auch Ihr immer waches Mißtrauen, wie viele unangenehme Stunden muß es Ihnen doch schon bereitet haben! Sie thun mir eigentlich leid. Aber das ist wenigstens ehrlich und offen, es liegt in jedem Menschen, wie sehr man sich auch trainiren mag. Hat man's aber so weit gebracht, dieses Gefühl u. noch andere, tollere, zu verbergen, so nennt man das »Gletscherfürstin, kalte Natur« u. s. w. Übrigens, Sie haben ganz recht, ich war oft wahr, als ich einen kühlen, eisigen Brief schrieb. O, es giebt Momente, wo ich Sie hasse. Da hasse ich dann aber auch alles, mein dummes Geschick, die trügerische nicht totzuschlagende Hoffnung, mich und am meisten die Geduld, mit der man dieses Leben erträgt. Wenn ich nur oft herauskönnte aus mir. Es ist alles so verworren, so verschüchtert in meinem Innern, teils durch die Angst ein Unrecht zu thun, teils durch die noch größere Angst, zu Ihnen zur unrechten Zeit mit meinen Redereien zu kommen. Glauben Sie mir, diejenigen, die man kalte Naturen nennt, haben auch ein Herz, es freut sie ein liebes Wort gerade sowie andere, vielleicht noch mehr, weil sie's seltener zu hören bekommen, aber gleich kommen Verstand, Stolz u. s. w., wie eine kalte Douche. O Gott, wie ich das alles hasse! Jedes intensive Gefühl besteht übrigens aus Liebe u. Haß zu ganz gleichen Teilen, dafür kann man nichts und wer an die Freiheit des Willens in diesem Falle glaubt, der hat eben nie gehaßt u. nie geliebt.

Olga kann zu dem Zeitpunkt getrost auf den nächtlichen Schlaf verzichten und ihn bei Bedarf tagsüber nachholen. Reichenau ist eine »Schneehölle«, vier Tage lang herrscht ein Schneesturm, der Thalhof ist von der Umwelt abgeschnitten und auch die Bahn verkehrt nicht mehr. Den Tagebuchblättern legt sie ein kurzes Schreiben mit einem aufgedruckten vierblättrigen Kleeblatt bei, in dem sie schmeichelnd fragt: »Mit diesem Papier ist die Erinnerung an jene vergangene Zeit so lebhaft in mir wach geworden, daß ich's Ihnen sagen muß. Damals verlor ich auch als Wette ein Anhängsel mit einem vierblättrigen Kleeblatt. Haben Sie's noch? Und dann das Pufferl vom Sealskinpelz, lebt das noch? (…) Sind Sie noch immer recht verstimmt, mein Freund? Bitte sagen Sie's. Ich denke so oft an Sie, und bilde mir immer ein, niemand könne Sie so verstehen, weil niemand Sie so ehrlich gern hat, wie ich. Sehr geehrter Herr!« Die beiden Schreiben ergeben eine interessante Mischung aus backfischartiger Neugier, ob Arthur die Pelzquaste, die er sich 1886 in Meran von ihr erbeten hat, noch hat, einerseits und humorigem Abhandeln seiner Briefe andererseits.

Kurz davor, am 12. November 1889, trafen sich die beiden auf Betreiben Olgas bei einer Ausstellung im Kunstverein. Beim gemeinsamen Spaziergang zum Südbahnhof gestand sie ihm entgegen ihrer Festellung vor zwei Monaten in der Kutsche, dass sie ihn nicht mehr liebe, erneut in Englisch: »I love you so much, my darling!« Arthur zeigte sich wenig beeindruckt, denn sein Rendezvous mit Olga lag zwischen zwei leidenschaftlichen Treffen mit Mizi Glümer.

Ein Brief vom 5. Dezember erreicht Arthur Schnitzler bereits in seiner neuen eigenen Wohnung in der Giselastraße 3 (heute Bösendorferstraße), wohin er am 3. Dezember 1889 gezogen ist. Er antwortet mit einem nicht erhaltenen vierseitigen Schreiben, das – wie aus Olgas Antwort vom 14. Dezember ersichtlich – nicht sehr freundlich gehalten war:

»Ihr lieber letzter Brief hat mich in die allermelancholischste Stimmung versetzt. Ich war den ganzen Tag einfach ratlos. Es geht mir immer schrecklich nahe, wenn ich jemand Lieben krank weiß, da male ich mir gleich unglaubliche Dinge aus. Am Abend jenes denkwürdigen Tages kam Rettinger aus Wien zurück, der mich einigermaßen beruhigte. Er hatte sich erlaubt Sie zu besuchen, Sie aber leider nicht getroffen. Wenn man jemand nicht zu Hause trifft, ist er nicht mehr so sehr krank, dachte ich beruhigt. Der liebe, gute Rettinger war, um mir eine Freude zu machen und um mir Nachrichten von Ihnen zu bringen, bereits 4 Mal bei Ihnen, leider traf er Sie nie. – Warum plötzlich diese böse, böse Laune? Ein Brief mit 4 Seiten ohne einem einzigen freundlichen Wort, das haben Sie noch nie gethan. Es soll kein Vorwurf sein, ich verstehe ganz gut Ihre Stimmung, besonders wenn man auch noch krank ist, daß Sie aber an Ihrem Lustspiel gar nicht arbeiten, kränkt mich mehr als ich mich zu sagen getraue. Wir wollen uns dieser Tage wieder einmal ordentlich ausplaudern (wenn ich nicht gleich am ersten Tag in Wien die Influenza bekomme) und ganz ausnahmsweise tüchtig miteinander streiten.«

Was war passiert? Krank war Schnitzler nicht, davon ist in seinem so penibel geführten Tagebuch nichts zu finden. Seine offensichtliche, unwirsch formulierte Lüge lässt sich durch eine seelische Belastung erklären. In diesen Tagen scheint Schnitzler alles über den Kopf zu wachsen: Nicht nur der ihn unbefriedigende Spitalsdienst und die Spannungen mit seinem Vater, auch die immer noch nicht beendete Beziehung mit Jeannette, die mittlerweile auch mit Selbstmord zu drohen beginnt und die ihn zwischen höchstem Glück und tiefster Verzweiflung hin- und herschwanken lassende Liebe zu Mizi Glümer reiben ihn auf. Hinzu kommt die ihm von seiner Familie zur Verlobung anempfohlene Helene Herz, die er oftmals trifft, mit der er sich gut unterhalten, sich aber zu keiner festen Bindung durchringen kann. Zusätzlich fehlt es ihm an Zeit und Inspiration zum Schreiben.

In dieser angespannten Situation erreicht ihn Olgas Brief samt Tagebuchblättern, die ihn teilweise zerpflücken, ihm sichtlich zu nahe treten und am Schluss Forderungen nach weiteren Briefen und Werken enthalten. So kommt Arthur am 18. Dezember 1889 Olgas Bitte um ein Treffen in der Oper nicht nach, auch weil er, wie er ihr in einem Neujahrsschreiben erklären wird, beim Geburtstagsfest seiner Schwester ist. In Wirklichkeit besucht er Jeanette im Spital, die nach einem Streit und aufgrund seiner möglichen Verlobung mit Helene Herz tatsächlich einen Selbstmordversuch unternommen hat, nachdem sie immer gesagt hatte: »Dein Hochzeitstag ist mein Todestag.« Allzu beeindruckt ist Schnitzler von dem versuchten Suizid nicht, er schreibt lapidar in sein Tagebuch: »Selbstmordversuch Nachts im Prater, Quetschung an der Brust. – Revolver mitgenommen.« Nach drei Tagen wird Jeannette aus dem Spital entlassen und er schläft bereits wieder abwechselnd mit ihr und Mizi Glümer. Zwei Tage später notiert er neben dem Vermerk, dass er Verkehr mit ihr hatte: »Der Mensch ist eine Bestie!«

Ab dem 23. Dezember ist Schnitzler als Arzt verstärkt gefordert. Er übernimmt die Ordination und Krankenbesuche seines Vaters Johann Schnitzler, der an einer schweren Lungenentzündung erkrankt ist. Zum Jahresende erhält Arthur ein paar einfühlende Zeilen von Olga, die aus Erfahrung weiß, wie es sich anfühlt, wenn es dem eigenen Vater schlecht geht.

Am 6. Jänner versucht Olga noch einmal, ihn zu einem Treffen in der Oper oder im Theater zu bewegen, wieder erscheint er nicht. Arthur ist viel zu sehr mit sich selbst beschäftigt. Er schreibt in seinem Tagebuch, dass er innerlich »manchmal von einem wüsten Schmerz« gequält sei. Ende Jänner schafft er es endlich, seine Beziehung zu Jeanette Heeger zu beenden. Mit Mizi Glümer verlebt er beglückende und leidenschaftliche Stunden, die von nervenaufreibenden beiderseitigen Eifersuchtsszenen unterbrochen sind. Die Medizin ist ihm »unleidlich«. Er hat viele literarische Pläne, aber die Ausführung ist durch seine »grenzenlose Nervosität und Unruhe unmöglich«.

Bedingt durch ihre schwachen Lungen hat Olga im Winter Grippe und Husten, die sie diesmal zwei Monate großteils ans Bett gefesselt halten. Nach ihrer Genesung meldet sie sich aus Abbazia, wohin sie mit ihrer Schwester Fanni gereist ist, und schreibt, wie sehr sie glaubt, sich verändert zu haben. An Arthur und die Zeit in Meran denke sie aber noch wie früher. Sie fragt ihn nach seinem Befinden und Tun und bittet ihn, zur Abwechslung einmal wieder freundliche Worte an sie zu schreiben.

Arthur antwortet sogleich und erwähnt »sehr schwere Aufregungen«. Der tief verschuldete älteste Bruder seiner Mutter, der Rechtsanwalt Edmund Markbreiter, hatte sich Mitte März nach Amerika abgesetzt. Der

Tenor des Briefes ist allerdings, dass Olga ihm schon lange nicht mehr geschrieben habe und er nichts von ihr wisse, er sich nicht verändert habe, aber denke, dass dies bei ihr der Fall sei: »Sie aber, gnädige Frau, sind nicht so aufrichtig, als Sie sollten – gegen den ›lieben Freund‹. Manches aus Ihrem Leben, das wichtigste fehlt. Ich habe nun einmal so den Eindruck – vielleicht irre ich mich – ich glaubs aber nicht. Bitte Sie, legen Sie mir doch einmal alles klar – ich habe ja im Grunde doch keine Ahnung, was mit Ihnen vorgeht (…) Ich möchte mit Ihnen plaudern – dort am Strand des Meeres! – so viel hätt ich mir von der Seele wegzureden! Sie wieder zu hören, ist mir manchmal eine starre Notwendigkeit. Und da stehen wir, und die Ketten rasseln. Angenehm!«

Kurze Zeit später erfährt Arthur aus Abbazia, was er schon weiß, dass Olga sich in ihrer unglücklichen Ehe gefangen fühlt und keinerlei Hoffnung hat. Sein Beruf und ihre Ehe sind die immer wiederkehrenden Lamenti, denen beide auf Dauer nicht zu entkommen wissen. Dennoch klingt Olga insgesamt nicht resignativ. Die südliche Sonne und das Meer wirken bestens auf ihr Gemüt.

14. März 1890

Das »wichtigste« aus dem Leben einer Frau ist doch die Geschichte ihrer Liebe und der Gegenstand derselben, nicht wahr? »Da Sie im Grunde keine Ahnung haben was mit mir vorgeht«, will ich Ihnen z. B. den Herrn beschreiben, den ich schon seit 4 Jahren gern habe. Stellen Sie sich einen sehr launenhaften, nervösen, unausstehlichen jungen Mann vor – voilà son portrait! Aber was wünschen Sie sonst aus meinem Leben zu wissen? Schreiben Sie mir doch alles, alles. »Hast Du einen Freund so halt' ihn mit eisernen Klammern fest«, sagt Polonius dem Laertes, nun, die eiserne Klammer, die uns fest zusammenhalte, sei die Ehrlichkeit. Fürchten Sie nicht, mich zu verletzen, ich werde Ihren Brief mit dem Herzen lesen und das trügt nie. Nein, ich habe mich nicht verändert, seit ich vor 4 Jahren hier war. Daheim (welche Ironie) où je traine une chaine comme un forcat au bagne [*wo ich an der Kette liege wie ein Zwangsarbeiter im Gefängnis; Anm.*], da war ich so verdöst, schon in einem Stadium vollkommener Verblödung. Aber hier hat mich der Frühling wieder aufgerüttelt. Ach Gott, ich weiß ja, daß es kein Glück giebt, aber wol ist mir wieder in dem Momente wie mir blos im Herbst in Vöslau war.

Daß ich doch nie eine frohe Minute »daheim« erlebt habe! Und diesem »Daheim« habe ich das Glück meines Lebens geopfert! Blos darum, weil mir alle Lüge, alle Verstellung eine absolute Unmöglichkeit sind! Aber hier ist es herrlich. Alles atmet jene Eleganz, die ich so sehr liebe. Ach ja, ich liebe den Luxus, alles Vornehme u. schöne Kleider u. Parfums. Wenn ich so in den Saal hinein stolziere u. die Seide rauscht, wenn mich die Herrn u. Damen je nachdem neidisch oder bewundernd anblicken, wenn ich dann am Strand liege, die Sonne mich bescheint u. ich absolut nichts zu thun, nichts zu denken habe, o dann ist mir so wol, so wol! Aber ich bleibe dennoch nicht hier, wenn nichts dazwischen kommt reisen wir Dienstag nach meinem geliebten Meran. (Bitte klopfen Sie dreimal am Tisch, daß mir ja nichts drein kommt.) (…)
Schreiben Sie mir gleich, ja. Wenn Sie wüßten, wie süß es ist, jemand in der Welt zu wissen, der sich um einem kümmert, ach Gott, das bin ich gar nicht gewohnt. Schreiben Sie mir gleich, gleich, gleich, sonst bin ich schon in Meran. (…) Ti amo!

Nicht nur antwortet Arthur sofort nach Erhalt dieser Zeilen, auch die Post zwischen Abbazia und Wien funktioniert unglaublich schnell, denn zwei Tage später, am Sonntag, dem 16. März 1890, liest sie:

Verehrte gnädige Frau! – Ich möchte gerne wissen, wie lange Sie in Meran bleiben, und ob Sie noch vom 7. – 9. April dort sind. Ich möchte Ihnen dann für jeden einzelnen Tag die Orte angeben, an welche Sie hinwandern sollen. Ja, war es denn wirklich? – Und was war, das ist! Das ist der tiefe Sinn des geschehenen! Eben sehe ich Sie vor mir, wie Sie mir entgegenkommen, bergauf, jene Promenade entlang, an einer Biegung, mit dem Strohhut, und in der Hand ein Buch. Sie grüßen und schreiten ernst weiter! So ernst! – Dann die Leute an der Table d' hôtes zwischen uns, die immer weniger werden, bis wir plötzlich nebeneinander sitzen, Sie und ich. – Und jener Weg am Rebengelände, und die Mantille, die Sie immerfort küssen, was mich (wie ich Ihnen verspätet mittheile) außerordentlich nervös macht. Und die Terrasse, wo alles so weit unten lag, nicht einen Stock, eine ganze Welt tiefer unter uns. Und das Thal der Naif! Und die lustige Risa! Und die Philister hinter uns her. Und dann – (…)
Und ich bitte Sie, denken Sie dort ein bissel an mich und nennen Sie mir

einen Abend, eine Stunde, wo Sie an irgend einer Stelle sein werden. Zur selben Stunde werd ich mir einen einsames Fleckerl suchen, Prater oder so wo, irgendwo, wo es keinen Laut gibt, wo es still ist und weihetrunken und wir werden miteinander reden, durch die Luft und wir werden uns ganz genau hören! Ja? – Wie alles vor mir verschwindet, sich auflöst, wenn Sie mir so schreiben, wie in jenem letzten Brief. Sie sind doch die einzige Person auf der Welt, die eine wirkliche Macht über mich hat, – trotz aller Usurpation die sich manchmal großmachen möchte. Das sonderbare ist, daß ich mich immer, wenn ich irgendwas von Ihnen höre, sozusagen wiederfinde. Mein Morgengrauen! Ich habe nemlich – in der letzten Zeit immer häufiger – und es andern zu sagen, schäme ich mich eigentlich – geradezu verzweifelte Stunden, Stunden, wo alles aus ist, wo ich dasitze mit einem leeren zerquälten Schädel – Wahrhaftig, mit Thränen möcht ich Ihnen da manchmal danken, wenn so ein paar Zeilen von Ihnen kommen, zwischen denen ich lesen kann: Auf, mein lieber, ein vollkommen verlorner sind Sie noch immer nicht. – Das ist so, so schön von Ihnen. So fremd steh ich im Grunde hier »daheim«. – Aber der Ihnen bekannte Zwiespalt läßt mich schließlich doch nicht aufkommen. Es wird immer ärger, und mir graut vor meiner Zukunft. Mein Beruf vernichtet mich langsam, aber sicher. Und die Hetzereien, das Vorwärtsschieben auf einer Bahn, wo man aus sich selber heraus nicht weiter kann. Und in der Ferne den grünen Hain verglänzen sehn, wo man – vielleicht – glücklich sein könnte. – Es ist nicht schön, das Leben, gar nicht schön! –

Leben Sie wohl, schreiben Sie mir, sobald Sie Lust dazu haben, aber haben Sie bald Lust dazu!

Ihr treu ergebener
Arthur

Dieser Brief Schnitzlers lässt einmal mehr die große Bedeutung von Olga Waissnix in seinem Leben deutlich werden. Sie ist die Einzige, der gegenüber er sich furchtlos in all seiner Schwäche zeigen kann. Die Seelenmedizin Olgas in Form von Kaffeelöffelglück hat ihre Wirkung getan.

In der Bahn von Abbazia nach Meran, am 18. März 1890, schreibt Olga ihm bereits den nächsten Brief, obwohl sie unter Migräne leidet. Sie entspricht seinem Wunsch und berichtet davon, wie gut ihr die zehn Tage in

Abbazia und ihre einsamen Ruderfahrten weit hinaus aufs Meer getan haben. Bei der letzten Fahrt geriet sie in ein Gewitter und es kam ihr der Gedanke, wie schön es wäre, wenn dieses »öde und verpfuschte Leben« ein Ende hätte. Es gibt Tage, an denen sie »diese Gewissheit der Hoffnungslosigkeit auf ein besseres Leben geradezu erdrückt«. Kürzlich hat sie beim Anblick eines verliebten älteren Ehepaares »geheult wie ein Jagdhund«. Auch sie hätte, denkt sie, »das Zeug, einen geliebten Menschen glücklich zu machen«.

Es stellt sich zwangsläufig die Frage, warum es Olga nicht möglich war, sich wie so viele andere Frauen mit ihrer Vernunftehe zu arrangieren. Sie ließ Charles beständig spüren, dass er ihr widerlich war, brachte ihm keinerlei Wertschätzung und Respekt entgegen, was ihn verletzen musste. Dabei hätte nicht viel dazu gehört, ihren verliebten Ehemann mit etwas Charme und Klugheit zu einem guten Partner zu machen. Wie ein trotziges, unbelehrbares Mädchen beharrte sie darauf, dass sie diesen unter ihrem Niveau stehenden Mann gegen ihren Willen geheiratet hatte, und war bemüht, möglichst wenig mit ihm zu tun zu haben. Sie erkannte nicht, wie sehr sie sich durch diesen Starrsinn selbst unglücklich machte.

Zwei Tage später schreibt Olga Arthur auf einem Briefpapier mit einer Ansicht von Meran und dem Aufdruck »Gruß aus Meran«. Darunter vermerkt sie: »Bitte geben Sie diesem Bild einen Kuß dort wo der Fleck ist.«

Der Zauber von Meran hat Olga erneut in ihren Bann gezogen. Der Anblick der Feste Sigmundskron lässt sie nachdenklich werden: »Ich habe dort so recht intensiv an Sie gedacht, haben Sie's nicht gefühlt? Dann hielt ich mit mir selber ein hochnotpeinliches Gericht u. strenge Gewissenserforschung. Ich bin nicht mehr jenes Wunder an Naivetät von damals, aber im Grunde doch noch dieselbe. (…) Mit einem beinahe erhabenen Gefühl hab' ich zu der Feste hinaufgeblickt. Ach Gott, könnt' ich jene Zeit wieder heraufwünschen, wie schön war es damals, die Gegend strahlte wol so, weil wir Licht von unserm eigenen Lichte über sie breiteten. Zum Schluße meiner Gewissenserforschung sagt' ich zu mir selber: ›Mein Kind, Du bist eine uranständige Person, ich bin zufrieden mit Dir.‹«

Olga schwelgt in Erinnerungen, die sie jedoch bald zu belasten beginnen. An einem Ort, an dem man einst glücklich war, fühlt man sich »dann nur doppelt einsam und unglücklich«.

Arthur antwortet in elender Stimmung und voller Selbstzweifel nach Meran. Er leidet wie Olga oft unter Kopfschmerzen und einem beginnenden Tinnitus, der ihn zeitlebens begleiten wird. Seine innere Zerrissenheit ist groß. Nachdem er seinen Vater während seiner Erkrankung zu dessen Zufriedenheit vertreten hat, fühlt er sich von seinem Ziel, ausschließlich Schriftsteller zu sein, weiter entfernt denn je, da er seit vier Monaten schreibunfähig ist. Knapp vor ihrer Abreise am 24. März 1890 schreibt ihm Olga noch einmal:

> Ach, ich weiß ja wie viel Unangenehmes Sie haben, aber diese Qualen der Traurigkeit, diese Niedergeschlagenheit, die Sie oft befallen, thun mir so weh! Und doch sollen sie ja der Preis sein um welchen die erhabensten Geistesgaben erkauft werden. Dann begreife ich auch Ihre Schüchternheit nicht. Ich würde Ihnen gar nichts wünschen, als daß Sie als Fremder einmal Ihre Sachen zu lesen bekämen, die würden Ihnen gewiß sehr gut gefallen.
> Wir verlassen Donnerstag Früh Meran. Wenn Sie mündlich einiges über dieses liebe Örtchen hören wollen, so kommen Sie Freitag um ½ 5 Uhr (um 5 wird es nemlich geschlossen) ins Künstlerhaus in die Giselastraße.
> Sagen Sie, sind Sie mir böse? Ich hab – so eine dunkle Ahnung, weiß aber ehrlich nicht warum. Bitte sagen Sie es mir immer, wenn Sie böse auf mich sind. Ich hab – auch alle Sicherheit Ihnen vis-à-vis verloren. Nein, wie ich dumm bin!!!
>
> (Ich wette, daß ich Sie am Freitag nicht treffe. Entweder es stürzt das Künstlerhaus ein od. sonst irgend eine unglaubliche Verhinderung, ich bin wirklich neugierig.)

Kaffeelöffelweise Medizin vermischt mit Melancholie und der Bitte um ein Treffen in Wien. Böse ist Arthur nicht auf Olga, nur weiß er auf ihre Liebeserklärungen nichts zu erwidern. Als Frau hat sie ihre Anziehungskraft verloren, als Freundin braucht er sie. Nun aber hat sich in ihr durch den Aufenthalt in Meran eine große Sehnsucht nach Versäumtem aufgestaut und auch das »Reichenauer Joch« lässt sie nicht mehr in die alte Vernunft zurückkehren.

Ausbruch aus dem Joch

Ein Versuch

*»Die Ehe ist uns als einzige Laufbahn vorgeschrieben,
unser Glück zu finden; finden wir's nicht, tant pis, ruhig
entsagen und ertragen heißt's dann.«*

Am 28. März 1890 kommt es entgegen Olgas Erwartungen doch zu einem
Treffen im Künstlerhaus, das vis à vis von Arthurs Wohnung lag. Glück-
licherweise bekam Olga seinen Tagebucheintrag vom 2. April nicht zu
Gesicht, der sie in ihrer Euphorie schwer getroffen hätte:»Olga neulich.
Sie schrieb mir oft, warm, fast leidenschaftlich aus Meran. – Vor ein paar
Tagen Rendezvous im Künstlerhaus. Sie war ganz glühend. Wir gingen
im Belvederegarten spazieren. Wenn nicht die Furcht vor einer Entdeckung wäre und was dann aus ihr würde ›werd ich morgen, was Sie wollen‹ sagte sie – ›Man kann einen Menschen nicht mehr lieben, als ich Sie‹
– ›wenn ich von Ihnen weggehe, bin ich in einem seligen Rausch‹ – ›Sagen
Sie mir, daß Sie mich lieben‹ – Und ich sagte ihr: Ich bete Sie an! Warum
eigentlich? – Sie ist mir doch eigentlich jetzt beinahe gleichgiltig. –
Mizi! – Von ihr eilte ich nach Hause, wo das süße Mädl schon auf mich
wartete. Dabei konnt ich mich nicht recht schuldig fühlen. Sonderbar
eigentlich.«

Triebgesteuert wie Schnitzler ist, kann er bei dieser Momentaufnahme
eines Tagebucheintrages nicht anders denken. Mizi hat ihn so in ihren
Bann gezogen, dass er zum ersten Mal keiner anderen Liebschaften bedarf
und treu ist. Menschlich aber ist Olga Waissnix für ihn unverzichtbar
geworden, das zeigen all seine Briefe. Arthur Schnitzler hat die Freundschaft mit Olga nach vier Jahren endlich vollzogen. Dagegen ist Olga
Waissnix durch den Aufenthalt in Meran in ihre anfänglichen leidenschaftlichen Gefühle zu Arthur zurückgefallen.

Das verwirrt ihn verständlicherweise und er weiß nicht, wie er sich aus
der Affäre ziehen soll, ohne sie als guten Kameraden und Seelenfreundin
zu verlieren. So tut er nichts, zieht sich zurück und reagiert vorerst nicht
auf ihre Briefe und Nachrichten.

Anfang April erhält er ein Schreiben von Olga aus Breslau, wo sie auf den Anschlusszug nach Lissa (heute Lezno), eine kleine Stadt südwestlich von Posen, wartet. Dort ist Graf Haugwitz, der Mann ihrer Schwester Gabriele, stationiert. Gabriele hatte ein totes Mädchen zur Welt gebracht, war sehr krank und bedurfte ihrer Schwester. Olga pflegt sie drei Wochen lang und fühlt sich unendlich einsam in dem »Nest, das nur vier Stunden von Russland entfernt ist, aber man merkt's auch«. Von Heimweh geplagt, bittet sie Arthur, ihr nach Lissa zu schreiben, was er nicht tut. Ende April reist sie zurück nach Reichenau und schickt ihm am 7. Mai 1890 eine flüchtig mit Bleistift auf einen Zettel geschriebene Mitteilung, in der sie ihn bittet, am 10. Mai mit ihr von Meidling nach Baden zu fahren. Am 29. Mai 1890 kommt es zu einer weiteren gemeinsamen Fahrt von Wien nach Neunkirchen. In seinem Tagebuch kann man dazu lesen: »O. plötzlich. Mit ihr zweimal hinaus. Das erste Mal allein. Sehr heiß – Plötzlich eine andere – ›Wirst du mir dann aber treu sein etc. –‹ Das nächste Mal immer Leute im Coupé – ›wir treffen uns, wo du willst – kann ich dir mehr sagen?‹ –Wie hätte mich das gepackt! Ich gehe kaum darauf ein – doch eigentlich nur, weil ich so wahnsinnig in Mz. verliebt bin.«

Wie sehr und wie lange hatte sich Arthur nach einer körperlichen Beziehung mit dem Abenteuer seines Lebens gesehnt, nun aber hat er kein Verlangen mehr nach ihr. Olga hingegen, in Meran noch so stolz auf sich, dass sie anständig geblieben ist, ist plötzlich zu allem bereit. Sie ist eine andere geworden. Der Frühlingswind in Südtirol hat die Schutzdecke, die sie über ihre Wünsche und Hoffnungen gebreitet hatte, weggeweht und ihr Mut eingehaucht.

Sieben Tage nach dem ersten der beiden Treffen in der Bahn schreibt sie Arthur auf einem gefalteten Konzeptpapierbogen aus ihrer Jagdhütte:

Lackerboden 17. Mai 1890

(…) Ich bin nemlich ganz einfach durchgegangen (mit Köchin u. Jungfer, bitte!) denn unten wars mir schon zu toll. Madrid zur Zeit der Inquisitionsblüte hätte was profitieren können! Welches schwarze Laster wieder ans Tageslicht kam, davon hab' ich natürlich keinen Schimmer, genug ich werde allüberall mit u. ohne Fernrohr so viel beobachtet, daß ich ganz toll schließlich wurde. Ever presente Menschen sind mir

schrecklich u. so bin ich hier. Sie würden aber staunen ob dieser Ände-
rung. Sonst hauste ich hier schlecht und recht mit meinem Jäger, diesmal hab' ich nicht einmal eine Büchse mit. Mögen die Hähne da draußen melden, wie sie wollen, ich störe sie nicht, sollen auch wissen wie
süß es ist zu lieben. Da unten ist meine serre-chaude Stimmung [*warme
Gewächshaus-Stimmung; Anm.*] schon wieder allmälig in Gletscherkälte
verwandelt worden, aber hier lebe ich wieder auf. »Wildenstein«
[*Gedicht v. Schnitzler; Anm.*] dient mir als Unterlage, ach brauch' ich
Ihnen da erst zu sagen wie mir zu Mute ist! Wenn ich nur so aus mir
heraus könnte! Denken Sie sich doch alles liebe u. traute, was Menschen
für einander fühlen können. (…) Sagen Sie, ist es übrigens ein Wunder,
wenn wir gar so schwer aus uns heraus können! Als Kinder werden
schon alle natürlichen Regungen in uns erstickt, Convenienz, Etiquette,
guter Ruf, das sind die Popanze mit denen man uns immer schreckt.
Alles ist an uns Toilette und am liebsten möchte man unsern armseligen
Herzen, die die liebe Natur ja ganz so erschaffen hat, wie die Männer,
noch Handschuhe anziehen. Drum werden auch so viele unter uns
Muckerinnen [*Duckmäuserinnen; Anm.*] u. jeder Mann ist doch minde-
stens einmal in seinem Leben »von einem Weib verraten worden«. Die
Herrn der Schöpfung, die haben alle Annehmlichkeiten im Verkehr mit
Damen u. je mehr liebenswürdige Laster man von ihnen erfährt, desto
mehr wecken sie das Gefühl des Neides und der Sympathie. Dieses Mißtrauen, mit dem man uns umgiebt! Wir dafür, dürfen höchstens nachsichtig lächeln, wenn man uns die neueste love affaire von irgend
jemand, der uns lieb ist, erzählt. Der Kuckuck hole übrigens dieses
nachsichtige Lächeln, mich verfolgt es seit einiger Zeit, oh es ist schrecklich! – Die Ehe ist uns als einzige Laufbahn vorgeschrieben, unser Glück
zu finden; finden wirs nicht, tant pis, ruhig entsagen und ertragen heißt's
dann! –
Wissen Sie aber, daß das ein Heldenthum erfordert, dessen unter 1000
Männer kein einziger fähig wäre!
Unterliegen wir einem stärkeren u. unermüdlichen Gegner, so bricht
die Mitwelt den Stab über uns. Wir sind wol gar so schuldig, weil wir
stets die passiven sind! Es ist übrigens auch gar so eine Schand, wenn
man heutzutage jemand innig gern hat, da ist man weder blasirt, noch
chic, noch elegant. Wenn nur die eleganten Menschen da einmal in mei-

nen Wald hinausgehen möchten, wenn sie seinen einfachen, natürlichen Haushalt ein wenig beobachten möchten, wie vieles könnten sie da
lernen! – Und was giebt uns denn die keusche Welt, wenn wir unter tausend Kämpfen mit unsern natürlichen u. gesunden Neigungen unsere
Liebsten hinopfern? Ruft uns nicht mit jedem Jahr eine innere Stimme
um so lauter zu: »Ja wofür hab' ich denn eigentlich gelebt und wem hat
denn mein grandioser Sieg gar so genützt.« – (…)
Ich glaube eine Versicherung ist überflüssig, aber ich bin wie immer,
immer immer

yours truly
Kamerad

Und der Wald da draußen rauscht sein ehrliches Amen dazu. Wer ihn
liebt, der kann auch Verstellung nicht leiden u. dem sollte man nicht
mißtrauen.
Schreiben Sie mir bald, bitte …

Es ist der leidenschaftliche Aufschrei einer Frauenseele des 19. Jahrhunderts, der die fehlende Gleichbehandlung von Frauen in jeder Hinsicht
anprangert. Arthur Schnitzler ist zwar nicht der optimale Ansprechpart-
ner dafür, da er selbst stark von diesem Frauenbild geprägt ist, der schriftliche Ausbruch gibt Olga allerdings die Gelegenheit, Arthur mitzuteilen,
dass auch sie von diesem »nachsichtigen Lächeln« gequält ist, das Frauen
aufsetzen, deren Liebster eine andere hat. Olga weiß, dass Arthur nun in
einer festen Beziehung ist, und beginnt trotzdem, um ihn als Geliebten zu
kämpfen. Sie hätte sich keinen schlechteren Zeitpunkt aussuchen können.

Dass sie diesen Schritt wagt, hat auch mit dem mitleidigen Lächeln zu
tun, das sie von den Reichenauern und der Belegschaft am Thalhof
bekommt. Ihr ungeliebter Ehemann, dem sie sich so gut es geht entzieht,
hat im Ort seine Geliebten, die ihn für all das entschädigen müssen, was
ihm seine Frau versagt. Es ist ein Reigen auf dem Lande.

Schnitzlers Gedicht *Wildenstein*, das Olga mit auf den Lackerboden
genommen hat, trägt wohl auch zu ihrem neuen Mut bei. Es erschien
knapp vor ihrer Flucht in die Jagdhütte in der *Schönen blauen Donau*
unter dem Pseudonym »Anatol«. Die Parallelen zur Begegnung der beiden in Meran sind groß, was Olga jedoch nicht weiß, ist, dass Schnitzler

dieses Gedicht über die bei Bad Ischl liegende Ruine ursprünglich bereits 1875 seiner Cousine Mathilde gewidmet hatte. 1886 hat der Dichter sein Werk überarbeitet und Erinnerungen an den Ausflug zur Feste Sigmundskron während der glücklichen Meraner Tage eingebaut.

Wildenstein

Zwei Tage sind es, dass ich Dich verlassen,
Und wieder führt vorbei an Dir mein Weg,
Der Nebel fällt in trüben, grauen Massen,
Die Wolken hängen nieder auf dem Steg.

Hier war es! Hier bin ich vor zweien Tagen
Gewandelt mit der wunderschönsten Frau –
Ein Frühlingswetter glänzte voll Behagen
Sorglos und goldig über Wald und Au.

Kalt ist die Veste; kalt und grau die Wände,
Die Steine unter uns entgleiten schier,
Ein stummer Führer, biet' ich ihr die Hände,
Es schirmt kein Dach; auf Trümmern schreiten wir.

Umrankt von Epheu ragen steil die Mauern,
Die morschen Stützen des zerriss'nen Bau's,
Aus Thurmesfenstern weht mit kühlen Schauern
Ein Duft nach Moder in den Lenz hinaus.

Und Hand in Hand, so Ein's das And're leitend,
Durchschreiten wir zusammen das Geröll,
Und dann durch's Thor – und weit dahin sich breitend,
Liegt nun das Thal vor uns und leuchtet hell.

So hell – so schön – und vor den trunk'nen Blicken
Zeigt ihre Wunder alle die Natur,
Wir stehen schweigend: uns umfängt Entzücken,
Ein Jedes fühlt des Andern Wonnen nur …

O, welch' ein Augenblick ist mir entschwunden,
Und wie durchklagt mich der Erinn'rung Leid,
Da ich mich auf dem gleichen Weg gefunden,
Wie vor zwei Tagen – nein! – vor langer Zeit.

Vor den Pfingstfeiertagen, zu denen reges Treiben am Thalhof herrscht, ist Olga aus der Bergeinsamkeit zurück und erhält einen Brief Arthurs, in dem er sich wünscht, endlich wieder einmal mit ihr sprechen zu können: wenn schon nicht persönlich, doch wenigstens per Telefon.

1890 konnte man bereits seit drei Jahren mit dem Thalhof telefonieren, denn in Reichenau an der Rax war 1887 das erste staatliche Lokalnetz der Monarchie eröffnet worden, da sich der Kaiser und seine Familie dort gerne und oft aufhielten. Sehr begeistert vom Telefonieren dürfte Seine Majestät jedoch nicht gewesen sein, da er erst elf Jahre später das Telefon in die Hofburg einleiten ließ. Der »Telephon-Apparat« von Franz Joseph soll nicht mehr als eine Dekoration für den kaiserlichen Schreibtisch gewesen sein, der Legende nach wurde er vom Kaiser niemals benutzt.

Ob Arthur Schnitzler mit Olga Waissnix am Thalhof tatsächlich telefoniert hat, bleibt ungewiss. Der Telefonapparat am Thalhof war an der Wand neben dem Eingang ins Büro montiert, ein Läuten desselben war in weiten Teilen des Hotels zu hören und erregte damals noch Aufsehen. Ein Telefonat wäre demnach nicht ungefährlich gewesen, hätte zum Beispiel Charles Waissnix den Anruf entgegengenommen. Allerdings wird Olga mutiger und beginnt an einen Ausbruch aus ihrem Eheleben zu denken. Ihren Brief vom 3. Juni 1890 beendet sie mit:

Ich hab' Ihnen neulich etwas ungeheuer wichtiges nicht gesagt, das kommt, weil ich immer so ein Tr…l bin wenn ich mit Ihnen spreche. Wann ich Sie wiedersehen werde, das weiß Gott! Jetzt bricht auch unter unsern Leuten der strike aus, aber das ist mir gerade recht, ein bißchen Kampf, ein bißchen Mut zeigen, das ist mir gerade recht! Sehen Sie, da kann ich Mut haben, und wo es mein Glück gilt, da bin ich so feig, o so feig.
Leben Sie wol, selten hab' ich Ihnen einen meschuggeneren Brief geschrieben, zerreißen Sie ihn schleunigst, Vernichten!

Schreiben Sie mir erst in 10 Tagen. Wenn Sie mich fragen sollten: ja, ja, ja, ja, ja, ja.

Zweimal hat Olga mit Arthur bei Bahnfahrten gesprochen, aber was hat sie ihm dabei Wichtiges zu sagen vergessen? Das, was in den letzten zwei Zeilen dieses Briefes mit sechsmal Ja angedeutet ist: »Wenn du mich willst, jetzt kannst du mich haben, ich bin bereit. Ich werde endlich den Mut aufbringen und deine Geliebte werden. Du musst mich nur endlich fragen!« Dieses Angebot an Schnitzler stellt einen gewagten Schritt für sie dar, und so verwundert es, dass er es nicht annimmt. Er ist selbst überrascht, wie sehr ihn die leidenschaftliche Liebe zu Marie Glümer verändert hat. Olga Waissnix bettelt richtiggehend darum, seine Geliebte zu werden. Gleichzeitig beklagt sie ihren fehlenden Mut, sich für ihr eigenes Glück einzusetzen, während sie mit den Aufbruchsbestrebungen anderer sympathisiert, so auch mit den streikenden Thalhof-Angestellten.

Warum wurde gestreikt? Bei der Versammlung der sozialistischen Parteien im Juli 1889 in Paris, der sogenannten 2. Internationalen, war beschlossen worden, den 1. Mai zum internationalen Kampftag für den Achtstundentag zu erklären. Der Antrag wurde mit großer Mehrheit gebilligt, der Festtag des Proletariats war geboren.

Ab 1890 wurde der 1. Mai von den Sozialdemokraten in Wien und anderen Städten festlich begangen. Von staatlicher Seite wurde jedoch betont, dass eine Arbeitsniederlegung am 1. Mai gesetzwidrig sei. Trotzdem wurde überall in Wien und in den meisten Industriestädten Österreichs die Streikparole in Ruhe und Disziplin befolgt. Vormittags gab es in Wien etwa 60 Versammlungen, nachmittags zogen mehr als 100 000 Arbeiter in den Prater. Es war die größte Kundgebung, die Wien bis dahin erlebt hatte. Im Nachhinein begannen sich kleine Streikwellen über ganz Österreich auszubreiten und auch in Reichenau verlangten sowohl die Arbeiter in der Waissnix'schen Rollgerstenmühle als auch die Stubenmädchen, Kellner und Küchengehilfen des Thalhofs nach einem 8-Stunden-Arbeitstag. Viel Hoffnung auf Erfolg hatten sie nicht, da die gesetzlichen Grundlagen dafür fehlten. Doch ihr Mut, sich aufzulehnen, imponierte Olga Waissnix.

Im selben Brief beklagt sich Olga über die »Prügel«, die man ihr »unter die Füße wirft«. Seit 1882 finden ständig Umbauarbeiten am

Thalhof statt. Zuletzt entstehen der Ballsaal, die umliegenden Gesellschaftsräume und die vergrößerte Terrasse, auf denen Olga bestanden und ihres Gatten Einverständnis dafür nur widerwillig erhalten hatte. Charles hat als Bauherr die Möglichkeit – und er nützt sie als Rache an seiner Frau auch weidlich aus – ihre Anordnungen zu unterwandern. Es kommt zu Bauverzögerungen, Änderungen und ständigen Streitereien der Eheleute.

Auf diesen Brief Olgas reagiert Arthur Schnitzler nicht und auch nicht auf die folgenden, in denen sie ihn bittet, nach Reichenau zu kommen. Ohne vorherige Anmeldung erscheint Arthur schließlich am 18. Juni 1890 für einen Nachmittag am Thalhof. In seinem Tagbuch notiert er: »Olga: Ich bin doch anders wie andere Frauen – Sonst wäre ich längst Ihre Geliebte. – Ich werd es ja doch. – Wenn Sie hier wohnten (nebenan) wär das Zimmer nicht versperrt. Ich möchte die zerfleischen, die Ihnen auch mit der Hand so ins Gesicht fährt. – Sie weint. Will ihrem Mann davon.«

Charles Waissnix muss die liebevolle Geste, mit der seine Frau Arthur Schnitzler das Gesicht gestreichelt hat, gesehen haben und macht ihr nach dessen Abfahrt eine ungeheure Szene, im Laufe derer sie sogar den Mut aufbringt, ihm mit Scheidung zu drohen. Der Frühling in Meran, das sie ständig quälende Unglück in der Ehe, die Querelen beim Umbau und ihre Liebe zu Schnitzler lassen sie alle bisherigen Ängste vor den Folgen einer Trennung beiseiteschieben. Charles ist vor den Kopf gestoßen und verzweifelt. So kennt er seine Frau nicht. Da auch die Androhung, ihren Vater einzuschalten, nichts nützt, fürchtet er, sie zu verlieren, und schreibt ohne ihr Wissen am nächsten Tag einen Brief an Schnitzler:

Reichenau 19 / 6 1890

Euer Wolgeboren
Nachdem trotz meines Verbothes noch immer von seiten meiner Frau Einladungen zum Besuche so wie Briefwechsel und sozusagen zufällige Zusammenkünfte mit Ihnen nicht aufhören, unser Hausfriede durch Sie seit Jahren auf das äußerste gestört ist, ersuche ich Sie mein Haus nicht mehr zu betreten, den brieflichen so wie persönlichen Verkehr mit meiner Frau aufzugeben.

Ich appelliere an Ihre Mannesehre und hoffe, Sie einsichtsvoll genug
eine ganze Familie vor weiteren Skandal und Unglück zu bewahren

Hochachtungsvollst
Carl Waißnix

Hochwolgeboren
Herrn Dr. Lt. Schnitzler
Wien.

Mit der Betonung von Schnitzlers Offiziersrang eines Leutnants weist
Charles Waissnix auf den Ehrenkodex des österreichischen Offizierscorps
hin, der dem in seiner Ehre Gekränkten das Recht zur Duellforderung
einräumt. Schnitzler antwortet ihm erst am 25. Juni 1890, dieser Brief ist
jedoch nicht erhalten geblieben.

Nichts vom Brief ihres Mannes wissend, wagt Olga es am 26. Juni wieder, an ihren »lieben, guten, einzigen, herzigen Arthur« zu schreiben und
ihn um erneuten Besuch am Thalhof zu bitten. Indes antwortet ihr Mann
auf Schnitzlers verloren gegangenen Brief vom 25. Juni:

Reichenau 29 / 6 1890

Euer Wolgeboren
Bestätige den Empfang Ihres Briefes vom 25 d M. und finde es gar nicht
für nothwendig meine Frau erst zu verständigen wenn ich mir jemanden verbiete, der nicht von selbst kennen will daß er die Frau eines
Anderen zur Unzufriedenheit im Eheleben, unerlaubten Briefwechsel
etc. etc. hinter dem Rücken des Mannes eingeht, verleitet.
Wenn Sie wissen, daß durch Sie eine ganze Familie entzweit, Kinder um
ihre Mutter kommen, ein Vater sehen muß wie durch jemand unüber-
dachte Handlung der Ruf und Existenz seiner Kinder verdorben, so
glaube ich daß wenn man ein wenig Mannesehr besitzt, ohne weiteren
Scandal und ohne weiteren Auseinandersetzungen sich aus einen
gefährlichen Spiele zurückzieht.
Es ist mir unbenommen anders und rascher meine Frau und Sie zur Ein-
sicht zu bringen mir Ruhe in meinen Hause zu schaffen jedoch habe ich
meine Frau vorläufig noch zu lieb und zu große Achtung vor Ihren hoch-
verehrten Eltern um mir anders zu helfen.
Ich will nur verhüthen daß die Angelegenheit vor die Öffentlichkeit tritt

und ersuche Sie höflichst meinen ersten Brief vollinhaltlich nachzukommen.

Hochachtungsvoll

Carl Waißnix

Wolgeboren
Herr Dr Arthur Schnitzler
Wien.

Schnitzler hat ihm in seinem verschollenen Brief demnach Vorhaltungen
darüber gemacht, dass er seiner Frau nicht verbieten könne, harmlose
Briefe zu schreiben und Konversation zu führen, vor allem aber darüber,
nicht ohne ihr Wissen einen solchen Brief an ihn zu richten. Charles hat
gewaltige Angst um seinen guten Ruf, lässt aber immerhin in seinem
zweiten Schreiben den provozierenden Leutnantstitel weg. Schnitzler
dürfte ihm klargemacht haben, dass er auf eine Duellforderung nicht eingehen würde. Arthur Schnitzlers wohlgesetzte Antwort auf Charles neuerliche Zuschrift lautet:

2. Juli 1890

Sehr geehrter Herr,
gegen Ihren rechtlichen Standpunkt läßt sich freilich nichts einwen-
den – juridisch dürfen Sie selbstverständlich in Ihrem Hause erlauben
und verbieten, was Ihnen beliebt. Dagegen finden sich aber einige
Bemerkungen in Ihrem letzten Schreiben, zu denen Sie durchaus nicht
berechtigt sind, und ich finde es nothwendig, Sie darauf aufmerksam zu
machen. Vor allem der »unerlaubte Briefwechsel hinter dem Rücken des
Mannes«. Wenn Sie sich gefl. erinnern, daß Sie im Herbste v. J. mit mir
über diesen Briefwechsel sprachen, der Ihnen seit jeher bekannt war,
dazu noch ausdrücklich bemerkten, daß Sie gar nichts dagegen hätten,
wenn Sie sich weiter gefl. erinnern, daß Sie mir auf meine ganz bestimmt
gestellte Frage, ob Ihnen meine Besuche unangenehm seien, ebenso
bestimmt erwiderten »durchaus nicht« – dann werden Sie wol einsehen,
daß die Darstellung in Ihrem w. Schreiben einer Correctur dringend
bedürftig ist. Auch alle andern Bemerkungen, die sich in Ihrem Briefe
finden, haben wir s. Z. persönlich durchgesprochen, und wenn Sie sich
die Sache überlegen, so werden Sie möglicherweise begreifen, daß der

Eindruck Ihrer zwei Briefe auf mich der einer lebhaften Überraschung sein mußte. Hätten Sie doch einfach gesagt: »Ich ersuche Sie, unterlassen Sie dies und jenes; ich will es, obwohl ich keinen Grund dazu habe; ich will es, denn ich habe ein Recht es zu wolllen« – ich hätte Ihnen sicherlich etwas erwidern können, alles andre aber, was Sie sagen, weise ich entschieden zurück. Und noch eines: Sie finden es nicht nothwendig, Ihre Frau zu verständigen.

I c h finde es nothwendig, da ich durchaus keine Lust habe, vor Ihrer Frau Gemahlin als unhöflich zu gelten, und ich ersuche Sie daher, ihr mitzutheilen, daß und was Sie mir geschrieben haben.

Ich bin mit ausgezeichneter Hochachtung

DrArthur Schnitzler

Als Olga, ob von ihrem Mann oder von Schnitzler, ist nicht nachzuvollziehen, von diesem Briefwechsel zwischen den beiden Männern erfährt, ist sie entsetzt und wütend. Da sie in Folge wieder krank wird, scheint der Streit zwischen dem Ehepaar äußerst heftig gewesen zu sein. Ihre Schwester Fanni eilt zu ihr, um sie zu pflegen. Vom Krankenlager schreibt Olga am 4. Juli 1890 an Schnitzler:

Ich bekomme einen »Weisheitszahn« der so mächtig ist, daß eine Beinhautentzündung daraus entstanden ist. Ich liege im Bett u. stöhne vor lauter Schmerz. Ich bitte Sie, seien Sie gut u. schreiben Sie mir bald, mir zu Liebe lassen Sie den jüngsten affront, (mir wird noch fieberischer wenn ich dran denke) vergessen sein, ich bitte Sie inständig darum. Schreiben Sie mir bald was es mit meinem Manuscript ist, bitte, u. wenn Sie gar lieb sind, so schicken Sie mir was von Ihren Sachen. Oder sollte der arme Kamerad vergessen sein?? Nicht wahr nein, nein, nein, da schiene ja die Sonne nicht mehr so hell, ach sagen Sie es mir gleich, gleich, daß alles so ist wie früher. Schreiben Sie mir bald, Sie können mir alles schreiben aber bald. – Ach Gott, ich habe gräßliche Schmerzen.

Ever yours

Sie thun ein gutes Werk wenn Sie mir was von Ihren Sachen schicken, wer weiß wie lang ich im Bett liegen kann. Fanni, meine Schwester, ist eine Perle.

Bei ihrem letzten Treffen am Thalhof hat Olga Arthur die von ihr verfasste Erzählung *Sylvia* mitgegeben und ihn um seine Kritik gebeten. Am 22. Juli schreibt sie ihm erneut und bittet um dringende Retoursendung ihres Manuskriptes. Sie hat große Angst, dass der Kontakt mit dem geliebten Mann durch die Briefe ihres Gatten auf Dauer beendet sein könnte.

Arthur lässt sich mit seiner knappen Antwort bis zum 2. August Zeit und schlägt einen Ton an, mit dem er versucht, sich mit ihr wieder auf der Ebene von Seelenfreunden einpendeln zu können. Wohl deshalb erwähnt er die briefliche Auseinandersetzung mit Charles mit keinem Wort und fragt auch nicht, wie es Olga gesundheitlich geht. Zu ihrem Manuskript äußert er sich, wirkt mit seinem Versuch, einen möglichst neutralen Ton anzuschlagen, jedoch arrogant.

> Verehrteste gnädige Frau!
> (…) Ihr Manuscript? – Sehr geistreiche Einzelheiten, frappant individuell. Als ganzes nicht gelungen. Auf Details verweilt; psychologisch wichtiges sprunghaft behandelt. Stilistisch zuweilen glänzend, manchmal salopp. Zuviel Handlung für die skizzenhafte Durchführung. Wissen Sie, was Sie vollendet schreiben könnten? – Novelle in Tagebuchblättern. Darauf weist Ihre bei Frauen sonst kaum vorkommende Begabung für Stimmung. Doch, fürcht ich, fehlt Ihnen sozusagen der Muth Ihrer Stoffe. Die Angst der aus Subjektivem schöpfenden Literaten, zuviel von sich selber auszuplaudern. Zeigen Sie mir doch noch andres; Sie haben sicher mehr geschrieben, als Sie eingestehen. (…)

Im Grunde denkt er nur an seine eigenen Befindlichkeiten, ein Eindruck, der durch seinen Tagebucheintrag vom 4. August 1890 bestätigt wird: »Bei O. vor einigen Wochen. – Ihr Mann schrieb mir ein paar blöde Briefe; trotzdem weitere Correspondenz. In Wirklichkeit ist sie mir gleichgiltig …« Wenn er sie auch als Geliebte ablehnt, so will Schnitzler doch weiterhin ihre Unterstützung annehmen.

Trotz dieser distanzierten Zeilen gibt Olga nicht auf, sie will sich – wie viele andere Damen der Gesellschaft auch – eine Liebschaft mit Arthur gönnen, wohl auch, um sich an ihrem Mann zu rächen. Am 6. August 1890 fährt sie nach Wien und sucht Arthur in seiner Ordination auf, was er später kommentiert: »Vor ein paar Tagen erschien sie mit einem Mal in meiner Ordination, die ich jetzt für Papa abhalte – prête a l'amour (bereit zur Liebe; Anm.) – War verliebt, eifersüchtig – hatte unter dem Mantel nackte Arme, und war decolletirt. Schön und elegant wie immer. Ja, ich küsste und herzte sie – oder eigentlich sie mich – sie war mir aber völlig gleichgiltig – Ich glaube völlig. – Und nun: meine große Gemeinheit: – Ich denke, wenn Mz. fort ist – muß ich ja doch einen Ersatz haben, und weise sie nicht ab. Man kann die Sache drehen, wie man will, es ist opportunistisch und ordinär. Allerdings kommt eins hinzu, daß es eine geistig unendlich hochstehende Frau ist – und dann die traurige Wahrheit, daß ich es ohne irgend eine von intellectuellen Elementen veredelte geschlechtliche Intrigue nicht aushalte. Häufig genug trägt man so etwas hinein. Hier wäre das jedenfalls da! – Meine impertinente Sinnlichkeit. Wenn ich eine Reihe von Tagen keusch war, 6–9 sind so das Maximum, so bin ich einfach ein Thier.« So gefühlskalt Schnitzlers Tagebucheintrag klingt, immerhin ist er ehrlich. Wie sehr hat er sie einst begehrt, und jetzt, wo sie ihm als Frau gleichgültig geworden ist, wirft sie sich in seine Arme.

Zu feige, ihr die Wahrheit zu sagen, ist es nun Schnitzler, der Olga hinhält.

An diesem Nachmittag in der Ordination hinterlässt Olga eine Notiz und ersucht ihn, sie und Fanni abends in der Bahn von Wien nach Baden zu begleiten, da sie ihn noch einmal an diesem Tag sehen müsse. Dieser Bitte kommt Arthur nach und fährt mit den beiden Damen bis Wiener Neustadt. Bedingt durch Fannis Anwesenheit kann es zu keinerlei Intimitäten kommen. Er erzählt ihr aber, dass er eine Liebschaft hat, was ihre Eifersucht weckt.

Am nächsten Tag, dem 7. August 1890, schickt sie ihm eine Karte. Alle Passagen, die ihre Liebe zu ihm betreffen, mildert sie durch die Verwendung des Englischen:

One was very angry yesterday because I came so late. All the same to me! O I was so happy yesterday! Yes, I was happy, and again not! O ich bin so schrecklich dumm. Ich bitte Sie, geben Sie meinen Briefen ein eignes Fach in Ihrem Schreibtisch, ich will nicht – ach bitte, bitte, seien Sie nicht bös! Ich will, wenn ich nächstens ein bißchen ruhiger bin eine größere Sache schreiben. In Tagebuchblättern. Den Plan hab' ich schon heute Nacht fertig gemacht. Die Heldin natürlich mehrschtendels

[*Wortkreation Olgas, gemeint ist mehrheitlich; Anm.*] wieder je, moi. Ich kann eben sonst nichts. Zuerst eine kühle Dame, die mit dem Wort Freundschaft nur so herum wirft u. wirklich dran glaubt, u. plötzlich wächst ihr die Leidenschaft über den Kopf, ohne daß sie's selbst weiß, zum Schluß muß sie sterben! –

À propos, wo ist denn die Klinik? Bitte vergessen Sie nicht auf Ihr Bild, ich bin bös, wenn ich's nicht krieg. Was haben Sie denn gedacht, als Sie von New-Town [*Wr. Neustadt; Anm.*] zurückhüpften – ja – oder nein?

Die Heldin des geplanten Werkes entspricht Olga nicht nur mehrheitlich, sondern ganz. Was sie zu diesem Zeitpunkt noch nicht weiß, in das Werk aber schon einbaut, ist ihr eigener früher Tod.

Auch wenn, wie der letzte Satz zeigt, die Hoffnung auf eine Liebschaft mit Arthur noch nicht gestorben ist, ist Olga sensibel genug zu spüren, dass sie als Geliebte verloren hat. Doch aufgeben kann und will sie nicht, dazu ist sie viel zu stolz auf sich und ihren Mut, den sie endlich aufbringt, um sich aus ihrem Joch zu befreien und ihr persönliches Lebensglück zu finden.

Verständlich ist, dass sie in dieser Zeit der Sehnsucht und Unruhe zu schreiben begonnen hat, sich sowohl die Qualen als auch die Wünsche von der Seele schreiben muss.

Die Frage nach der Adresse der Poliklinik, in der Schnitzler nach wie vor Assistent seines Vaters ist, der sie mit begründet hat, wird ihr von Schnitzler in keinem der vorhandenen Briefe beantwortet. Sie findet sie selbst heraus: Zum damaligen Zeitpunkt befand sie sich in der Schwarzspanierstraße 12.

Sieben Tage später, am 14. August 1890 erhält Arthur die nächste Nachricht von ihr. Sie will von ihm eine eindeutige Äußerung zu einem möglichen Verhältnis. Herr Rettinger, der mittlerweile zum Vertrauten Olgas geworden ist und nicht mehr als Spitzel ihres Mannes gegen sie agiert, bringt das Kuvert, auf dem steht: »Sr. Gnaden dem unausstehlichen Herrn Dr. Arthur S.«, persönlich in die Poliklinik. Olga empfiehlt ihm darin ein Buch über eine unerfüllte Liebe und erzählt von den Vorbereitungen zum alljährlichen Volksfest, das sie als Hauptarrangeurin gestalten wird. Sie lädt ihn dazu ein und beendet den Brief mit:

Adieu, Sie kriegen heute kein liebes Wort, weil Sie auch nicht lieb sind!
Good bye.
O please be good!
Glauben Sie mir nicht! You know how I love you. O why could you not
be here yesterday! I did not look ugly. Why could you not see me! You
must love me a little, else I get wicked.

Es ist verständlich, dass Arthur Schnitzler nach den beiden rüden Briefen
des eifersüchtigen Ehemannes den Thalhof nicht mehr betreten will und
Olga für das Volksfest absagt. Wie beleidigend diese Briefe waren und
dass der erste einer Duellforderung gleichkam, wusste Olga offenbar
nicht. Weder ihr Mann noch Schnitzler hatten sie über den wahren Inhalt
aufgeklärt.

Olgas Zorn auf Charles flammt erneut auf und macht ihr gleichzeitig
Mut, in ihrem Werben um Arthur nicht nachzugeben. Einige Tage nach
dem Fest, dem 28. August 1890, lässt sie ihm eine Nachricht zukommen,
dass sie ihn nachmittags bei Demel erwarte und er sie bitte im Anschluss
mit der Bahn hinausbegleiten möge. Doch auch dieser Bitte kommt Arthur nicht nach, da er es vorzieht, bei seiner Mizi zu bleiben.

So folgt von Seiten Olgas am 6. September ein Schreiben, in dem sie als
Rache für sein Nichterscheinen bei Demel kaum auf sein Werk eingeht.
Dafür erzählt sie von ihren wieder eingestellten literarischen Versuchen,
nachdem Peter Altenberg nach dem Lesen derselben befand: »Sie haben
absolut kein Talent. Nicht die Handlung ist's, die einem interessirt, sondern die seelischen Motive, warum der das u. die das machte u. davon,
sagte er ganz aufrichtig, haben Sie absolut keine Ahnung.«

In Bezug auf Dora Kohnberger gibt sie Arthur Verhaltensregeln vor:
»Wenn Sie Dora nach mir ausfragen wird, u. das thut sie bestimmt (sie
wird Ihnen auch gewiß alle Episoden aus meinem lieben Leben erzählen,
genau so wie ich alle aus dem ihren kenne), so sagen Sie, bitte, folgendes:
1. Daß wir uns hie u. da schreiben, 2. daß wir uns alle Äonen einmal sehen,
was ja nebbich wahr ist u. 3. daß ich Ihnen in einem Brief sehr von Dora
vorgeschwärmt hätte. Wenn Sie rasend lieb sein wollen, so tragen Sie mir
in Ihren nächsten Brief einen Gruß an sie auf.«

Die gute Beziehung zu Dora Kohnberger, die in der ersten Zeit der
Liebe zwischen Olga und Arthur eine wichtige Vertraute gewesen war,

hatte seit Längerem durch deren Tratschereien über Olga und Arthur gelitten. Olga war nun wieder zu einer vorsichtigen Annäherung bereit, wohl auch, weil sie Arthur dadurch im Kohnberger'schen Salon in Wien des Öfteren zu sehen hoffte. Zuvor galt es, Arthur Schnitzler und seine angeheiratete Tante Dora wieder zu versöhnen. Dora Kohnberger, geborene Braun, war die Schwester der Ehefrau von Schnitzlers Onkel Edmund, dem schwer verschuldeten Rechtsanwalt, der sich im Frühjahr 1890 in die USA abgesetzt hatte, wohin ihm seine Frau 1894 folgte. Im Zuge dieser Affäre waren böse Worte gefallen und einiges an schmutziger Wäsche gewaschen worden, weswegen Arthur Schnitzler und seine Familie nicht mehr im Hause Kohnberger verkehrten.

Um den 8. September schreibt Arthur endlich an Olga. Er versucht einzulenken und die Beziehung auf der Freundschaftsebene zu festigen:

> Verehrte gnädige Frau! Ich will Ihnen für Ihren Brief danken, der mir unendlich wohl gethan hat; unendlich wohl! Wird es endlich zu Ende gehn mit den ewigen Misverständnissen, den falschen Empfindlichkeiten und all diesem – Kleinkram des Gemüthes? Wie gut könnten wir uns verstehn! – Freilich müßte man sich einmal vierzehn Tage lang aussprechen können. Es muß etwas ewiges, tiefes in der Kameradschaft stecken, denn sonst hätten wir uns schon fremd werden müssen. Ich sehe wieder einmal Ihren colossalen Einfluß; denn Ihre Stimmung reißt mich mit. Hm, sollte das Leben doch schön sein? –
> (…) Richard Engländer ist zu streng, wie Sie wohl wissen: schreiben Sie die Novelle in Tagebuchblättern und Sie werden Ihr Talent entdecken. – Ihr Urtheil über Alkandi möcht ich trotz alledem kennen. – Sonnenthal hat es allerdings fast angenommen – will aber einige fabelhafte Änderungen, die das ganze Stück auf den Kopf stellen und die ich nicht machen will. Ich bin nicht ehrgeizig – d. h. ich will nicht à tout prix aufgeführt werden. Es würde mich selbstverständlich außerordentlich freuen, wenn ich ins Burgtheater käme – u bald, schon wegen der daraus jedenfalls resultirenden bedeutenden Anspornung – und dann, weil ich nach außen hin etwas Ruhe bekäme (Familie etc) – aber, das Lob muß ich mir selbst spenden, wenn ich sonst vielleicht wenig kann, ich bin ein ehrlicher Literat, der nie etwas andres sagen wird, als er sagen will und nie aus einem andern Grund schreiben wird, als weil es ihn von innen

heraus dazu drängt. Sollte das Faulheit sein? Ich glaube nicht! – Meiner eigenen Ansicht nach ist der Alkandi nichts weniger als bedeutend, sicher aber aufführbar und bei gutem Spiele (Hartmann u Hohenfeld) wirksam. – Mit meinen nächsten Sachen wird sich eh nichts anfangen lassen, da wimmelt es zu sehr von illegitimen und wahrem.

Zu Frau Dora kann ich unmöglich nach meinem brüsken Abbrechen plötzlich – ohne daß sie mich selbst auffordert – hinaufgehen; im übrigen, grüßen Sie sie aufs beste von mir. – (…)

Ich fahre in 5   10 Tagen weg, werd ich vorher noch einen Brief von Ihnen haben? Es wäre schön, recht schön von Ihnen.

(…)

Nun ist die Geisterstunde um; ich schließe. Sie schlafen jetzt sicher – oder tanzen Sie vielleicht? Das wäre mir weniger sympathisch. Leben Sie wohl, seien Sie viele Male, herzlich gegrüßt.

Ihr unveränderlicher
A.

Olga schreibt ihm am 10. September 1980 gehorsam vom Lackerboden, auf den sie sich für zwei Tage zurückgezogen hat, und versucht ihn davon zu überzeugen, sich mit Dora Kohnberger auszusöhnen, damit man deren Salon in Zukunft wieder als Begegnungsort nutzen kann.

Schnitzlers erwähnte Reise geht nach Salzburg, wo er vom 19. September bis zum 4. Oktober 1890 weilt, weil er in Marie Glümers Nähe sein will, die ab 21. September ein Engagement am dortigen Stadttheater hat. Schnitzler quartiert sich im Österreichischen Hof ein und hilft Mizi und ihrer Mutter bei der Suche nach einer günstigen Unterkunft, die man in Hallein findet. Er pendelt ständig zwischen Salzburg und Hallein hin und her, denn übernachten kann er bei Mizi nicht, das ließe die sittenstrenge Mutter nicht zu. Um sich körperlich begegnen zu können, müssen die beiden die freie Natur oder Mizis Garderobe im Theater nutzen. Die Wohnung kann nur dann als Liebesnest dienen, wenn die Mutter Mizi für kurze Zeit alleine lässt, was sie äußerst selten tut. In sein Hotelzimmer kann Schnitzler sie, um ihrem guten Ruf nicht zu schaden, keinesfalls mitnehmen. Schnitzler leidet unsäglich, denn sobald die Vorstellungen beginnen, kann er Mizi abends nur auf der Bühne beobachten, wo die ihn quälenden begierigen Blicke anderer Männer auf ihr weilen. Jetzt ist er noch vor Ort, was aber, wenn er wieder in Wien ist und sie in Salzburg? Auch über Mizis Vorleben, das Verhältnis mit seinem Freund Theodor, kommt er nicht hinweg und fragt sich, ob ihn eine Frau, die vor ihm einem anderen gehört hat, je glücklich machen kann. Seine Stimmung verschlechtert sich von Tag zu Tag. Die Situation ist für Schnitzler zunehmend enervierend und wie oft in solchen Momenten denkt er an seinen Rettungsanker Olga und schreibt ihr um den 25. September. Er ist sehr ehrlich, was seinen nach wie vor anhaltenden beruflichen Zwiespalt, nicht aber was den Grund seines Aufenthalts an der Salzach betrifft.

Ein Bild des Jammers präsentiert sich Olga in diesem Schreiben und sie beginnt sofort nach Erhalt desselben am 27. September 1890 mit ihrer Antwort. Sie geht endlich auf sein Stück *Alkandis Lied* ein, das vom damaligen künstlerischen Leiter des Burgtheaters, dem Schauspieler Adolf von Sonnenthal, nur unter der Bedingung angenommen wurde, dass Schnitzler Änderungen vornimmt. Sonnenthal und seine Familie sind langjährige Gäste des Thalhofs, daher ist es Olga möglich, ihn direkt auf Schnitzlers Werk anzusprechen:

Samstag Nachmittag.
Während Dora sich oben schön macht, benütze ich rasch die paar freien Minuten um Ihnen zu schreiben, denn gleich werden Graf Salm und vorgenannte Dame bei mir zur Jause erscheinen. Wer ist natürlich wie immer der Outsider, ich. – Meine Neugier hat mir keine Ruh gelassen und ich habe neulich eine Unterredung über Sie mit Herrn v. Sonnenthal gehabt. Er war natürlich voll des Lobes. Talent, große Zukunft u. s. w. Aber, er möchte das Stück ganz umgeändert wissen. Wir haben in diesem genre schon einiges Gutes erster Classe wie »Traum ein Leben« u. s. w., also, die Traumidee weg. Dann soll der König ganz anders sein. Ein Held, ein Krieger, der nur an Schlachten denkt u. auf ein Bild nicht eifersüchtig ist«. – Armer Alkandi! was bliebe dann von Dir übrig! Alle Individualität, alle Originalität des Dichters ginge da in der Alltagsdummheit unter. Schreiben Sie doch einmal so was wie die »Wilddiebe«, mit Telephon und Engländern, die nichts reden, vielleicht könnten Sie dann sinnig auch noch den zerstreuten Professor und die arme Aschenbrödelgouvernante hineinflechten, siehe da, die Pforten der ersten Bühne Europa's würden sich Ihnen eröffnen, und das Publicum,

das gar nie was versteht und gar kein Urtheil hat, wird Ihnen zujubeln. Man könnte aus der Haut fahren, wenn es einem auch nichts angeht! Voilà le comte!

Olgas gelungener Seitenhieb auf die Oberflächlichkeiten der damals populären Stücke und des Publikums wird durch das Eintreten Graf Salms unterbrochen. Nachts schreibt sie weiter. Es kommt ihr die erste Ahnung, dass Arthur nicht allein in Salzburg sein könnte. Sie vesteht seine Stimmung, ist sie doch gerade selbst in der »Herbst-Todesstimmung«, kann sie nur »nicht so geistvoll zu Papier bringen« wie er. Wieder bittet sie Arthur, sich mit Dora auszusöhnen, wenn ihm etwas daran gelegen ist, sie wiederzusehen. Zu kitten ist die Freundschaft mit Dora Kohnberger für Olga nicht mehr, den Kontakt ganz abbrechen will und kann sie aus zwei Gründen nicht: Die Kohnbergers sind Stammgäste des Thalhofs und Doras Salon eine bestens geeignete, unverfängliche Möglichkeit, Arthur in Wien zu treffen. Dora und ihr Mann Innocenz wollen ihrerseits den Zwist beilegen, denn es nützt ihrem Status im Gesellschaftsleben erheblich, Teil der berühmten Familie Schnitzler zu sein. Alle sind auf ihre Vorteile bedacht.

Das Ehepaar Benedict hat Olga schon länger nicht mehr gesehen, begegnet ihm aber nun im Salon Kohnberger. Die Wohnung der Benedicts in der Löwelstraße bietet sich nach diesem Treffen als weiterer Ort für Zusammenkünfte mit Arthur an. Es tut Olga gut, sich nicht länger selbst zu verleugnen und Vorkehrungen für Rendezvous mit dem geliebten Mann zu treffen.

Anfang Oktober 1890 schreibt Schnitzler noch einmal verzweifelt aus Salzburg und bedauert es unendlich, nie ausführlich mit Olga sprechen zu können. Die Zeit des Alleinseins in Salzburg hat ihm so manches bewusst gemacht. Er ist sich seines grenzenlosen Egoismus und seiner inneren Einsamkeit klar geworden. Wird er diese Erkenntnisse über seine Abgründe für Veränderungen nutzen oder nur in die Charaktere seines Werks einfließen lassen? Mit der von Olga so strikt gewünschten Aussöhnung mit Dora Kohnberger hat Arthur seine Probleme, befindet auch, dass ihr Brief insgesamt »einige unbewußt herbe Stellen enthielt«. Einerseits benötigt er dringend Gespräche mit der Freundin Olga, andererseits befürchtet er, dass sie Gefühle und Taten von ihm erwartet, die er ihr nicht mehr bieten kann.

Olgas Antwortbrief vom 6. Oktober ist in seinem Aufbau bemerkenswert klug und geschickt, wie ein »inneres Drama«:

Ich war hart in meinem letzten Brief? Bitte seien Sie ja nicht böse. Ich bin aber auch gar nicht gut, wirkliche Herzensgüte ist mir fremd. Gefällig ja, das bin ich, aber auch mit allerlei Nebengedanken. Wenn ich z. B. jemand was gutes thu', so mach' ichs blos weil ich denke: »Wer weiß, die könnte mich ausrichten«, oder »Der ihre Liebenswürdigkeit kann ich gewiß einmal auch brauchen« u. s. w. Dann sag' ich immer, ich bin stolz, das ist aber nicht wahr, ich bin nur feig und indolent. Ich werde bei Nacht allein am Lackerboden gehen und wenn ein Pferd durchgeht, werd' ich mich im Wagen nicht fürchten, aber vor Auseinandersetzungen fürcht' ich mich riesig. Selbst Menschen, die ich lieb hatte, opferte ich schon meiner Bequemlichkeit. Ich gefalle mir in der gewissen Märtyrerrolle und wer weiß, vielleicht wäre ich nicht gar so unglücklich, wenn ich mehr Energie besäße. Dann bin ich sehr oberflächlich und schließlich, ich bin eine große Streberin. Wie schändlich ich mich schon oft aus Streberei benommen habe, mag ich Ihnen gar nicht zu sagen. Ich habe, z. B. mit einer Familie verkehrt, nicht weil ich sie liebte, sondern weil ich nicht wollte, daß sie über mich schimpfen. Im Herbst geb' ich eine kleine Soirée und wegen ein paar Grafen und Baroninnen hab' ich sie erbarmungslos geopfert. Meine flirtations, was waren sie anderes als Strebereien. No. 1 ein großer Künstler, No. 2 wieder ein großer Künstler und mit No. 3 hab' ich geflirtet weil ein paar Leute sagten: »Nein sogar der spricht auch mit Ihnen, das ist einer der gescheutesten und witzigsten Herren Wiens«. Übrigens waren das immer Affairen von ein paar Tagen, die nicht einmal die sanfte Umgebung gemerkt hat.

Dieser Teil ist quasi das Vorspiel, um Arthur auf den Hauptakt vorzubereiten:

Und nun das Herz! Über das bin ich mir am wenigsten klar. In dem Falle ist mein Partner übrigens ebenso schuldig wie ich. Ob dieses jahrelang und wirklich einzige Gefühl die Grande Passion meines Lebens war, weiß ich nicht, aber als ich den Herrn kennen lernte, den ich noch immer gern habe, trotz alle dem und alle dem, da war ich keine Streberin, sondern ein einfacher guter Patsch, aus dem man hätt' vieles machen können. Gefühl war doch das beste an mir und wenn ich heute den Gegenstand werd verlieren müssen, vielleicht schon verloren hab, so wird das ein großer, großer Schmerz sein. Trotz mancher flirtation, trotz aller Strebereien – es hätte anders kommen können und ich gab selbst oft Gelegenheit dazu. Erinnern Sie mich einmal, so will ichs Ihnen erzählen. Das ist selbstredend kein Vorwurf, eher eine Klage. Wenn ich nur einmal ohne Minauderien, ohne alle Faxen mit Ihnen reden und Ihnen alles beichten könnte! Wenn ich einmal in einem Moment, wo ich weine und mich steinunglücklich fühle, wie gerade jetzt, mit Ihnen friedlich reden könnte! Ich wäre gewiß anders! Ich bin ja hart, egoistisch, mißtrauisch und verbittert, aber wie könnte es anders sein bei der Umgebung! Auch Herzensgüte muß verbessert und erzogen werden. Aber wo findet sich der Mensch, wo es tausend schönere, liebenswürdigere und bessere giebt, der es der Mühe wert fände, sich ein verbittertes Ding wie ich zu erziehen. Nous sommes des instruments d'amour und wehe derjenigen, die nicht eo ipso von diesem Lebenszweck durchdrungen ist.

Olga spricht damit aus, was Arthur sich von jeder seiner Geliebten unaufgefordert zu hören wünschte: »Jeder vor dir war unwichtig und ich empfand nichts Großes für ihn, habe mich nur mit ihm geschmückt, nur dich liebe ich wirklich und werde ich immer lieben.« Im Nachspiel dieses Briefdramas ist zu lesen:

So und nun good bye, wie gern ich Sie habe, sehen Sie, weil ich den Mut hatte, trotz aller Eitelkeit Ihnen meine Fehler einzugestehen, bessern werd' ich mich nicht, das weiß ich, ich werde aber auch nie aufhören, Sie lieb zu haben. Und nun will ich Ihnen noch schließlich ein Geständnis machen. Ich habe den Mut gefunden, so schwer es mir wurde, Ihnen ehrlich die Fehler meines Characters zu sagen, ich würde aber nie den Mut haben, Sie aufmerksam zu machen: »das ist häßlich an meinem Äußeren«. – Den Mut hätte ich nie und trotzdem ärgere ich mich wahnsinnig, daß ich nicht hübscher bin, u. bilde mir auf mein Äußeres aber gar nichts ein.
Leben Sie wol, bei Gott, ich posire nicht, finden Sie mich nicht lächerlich, mir ist so weh ums Herz.
Schreiben Sie bald, Sie wissen wie es mich freut!

Es scheint ungewöhnlich, dass Olga ihr Inneres so preisgibt, vor Selbstkritik ihres Aussehens jedoch zurückschreckt, als wollte sie sagen: »An meiner mühsam aufrecht gehaltenen Fassade darf nicht gekratzt werden, sonst könnte das Gebäude in sich zusammenstürzen.« Olga trifft weiter Vorkehrungen für eine intime Beziehung mit Arthur und übersendet ihm aus Sicherheitsgründen von anderer Hand voradressierte Kuverts, in die Arthur ab nun seine Briefe stecken soll.

Ihre Bemühungen um Versöhnung zwischen Arthur und Dora haben schlussendlich Erfolg. Man trifft sich am 16. Oktober 1890 zu dritt bei Demel, entschuldigt sich gegenseitig und Schnitzler verkehrt wieder regelmäßig im Hause Kohnberger. Als er am 21. Oktober dort auftaucht, ist Olga erzürnt, weil er am 19. Oktober trotz ihres Briefes nicht in Doras Salon war. Er sagt ihr natürlich nicht, dass er bei Mizi in Salzburg war. Sie küsst ihn heiß, aber er empfindet nichts dabei und begleitet sie bis zur Schneider'schen Wohnung am Südbahnhof.

Nach wie vor hat er sich zu ihrem Angebot, seine Geliebte zu werden, nicht definitiv geäußert. Seine einzige Aussage zu ihrem »Briefdrama« ist, dass sie sich nicht schlechter machen dürfe, als sie sei. Er fühlt sich von ihrer Umwerbung gleichzeitig geschmeichelt und abgestoßen, weiß nicht, wie er damit umgehen soll. Sieht er sie aber wie Anfang November in Begleitung eines anderen Mannes, überfällt ihn sofort die Eifersucht. Er beobachtet sie von ferne auf der Straße in Begleitung einiger Personen, darunter der Burgtheater-Schauspieler Georg Reimers, denen sie, wie er in Folge brieflich behauptet, am Arm des Pianisten Alfred Grünfeld vorausgeht, später steigt sie in einen Fiaker, sieht Schnitzler im Vorbeifahren, lässt den Wagen aber nicht anhalten. Arthur läuft ihr sogar nach. Olga widerspricht ihm brieflich und rechtfertigt sich, obwohl sie es nicht müsste. Sie gibt zu, gerne zu flirten, und bemerkt: »Coquettrie ist uns allen nun einmal angeboren u. ich glaube, daß eine Frau ohne alle Coquettrie keinem Mann der Welt gefallen würde.«

Sie bereut es inzwischen, Arthur ihr Innerstes preisgegeben zu haben, und zum ersten Mal fällt es ihr schwer, die richtigen Worte zu finden, aus Furcht, missverstanden zu werden. Sie schließt mit: »Übrigens glauben Sie mir od. glauben Sie mir nicht, auch Sie müssen da mit sich selber einig werden. Es heißt, daß alle Frauen lügen. Aber bin ich denn wirklich so schablonenhaft, daß das, was die andern thun, à tout prix auch auf mich passen muß?«

Auch Schnitzler reagiert am 14. November mit Rechtfertigungen seines Verhaltens und betont, wie leid ihm dieses Missverständnis täte. In Folge bittet er Olga dringend, sich nicht geschmeichelt zu fühlen, wenn sie mit wichtigen Persönlichkeiten, deren Intellekt weit unter dem ihren steht, verkehrt, denn das passe nicht in sein Bild einer »hochstehenden Frau« wie sie es sei. Dann folgt seine gelungene Abhandlung über das Flirten:

> Und das Flirten! – Was ist es denn? – Entweder, nicht wahr, Sie flirten mit unbedeutenden oder mit bedeutenden (entschuldigen Sie das Systematische, es verhilft zur Klarheit und Kürze.) Flirten Sie mit mittelmäßigen, so heißt das: Sie spielen mit Leuten, über die zu triumphiren für Sie doch nichts sehr schmeichelhaftes haben kann. – Flirten Sie mit bedeutenden, so thun Sie etwas entschieden unwürdiges; denn wie dürfen Sie Menschen den Kopf verdrehen, die denselben zu etwas besserm brauchen, wie nur um Ihre Streberei und Eitelkeit zu befriedigen? – Flirten ohne daß man dabei, wie der schöne Ausdruck lautet, »an etwas schlechtes denkt«, ist schließlich nur eine zugleich perverse und perfide Äußerung der Sinnlichkeit. Meiner unmaßgeblichen Meinung nach hat diese Letztere schöne und, so paradox das klingt, reinere Aufgaben zu erfüllen anders und neu und frei sein! (…)
> Im übrigen, um wieder zu uns zweien zurückzukehren – zanken wir uns doch nicht immer, es ist ja zu dumm. Die alte Geschichte: Zwei Menschenkinder, die so recht das Talent hätten, sich gegen einander auszusprechen, ruiniren sich dieses zweifellos große Vergnügen stets in leichtsinniger Weise – sc. wenn es Mann und Weib sind.

Olgas versöhnlicher Brief vom 18. November lässt nicht lange auf sich warten und sie tut ihm ebenfalls ihre Auffassung der Coquetterie kund:

> »Red' ich z. B. mit einem, der das gewisse Henri Baltazzi Genre [*Onkel der Mary Vetsera, Lebemann; Anm.*] hat, so werden wir uns nach 3 Minuten so anöden, daß wir beide froh sind, das Weite zu finden. – Interessirt er mich aber, und was für mich noch viel wichtiger ist, interessire ich ihn, so habe ich gewonnenes Spiel. – (Sie fragen nun, wie

machen Sie's vom Uranfang, daß er sich eben für Sie interessirt? Das, dear Sir, weiß ich nicht, das macht wol mein Äußeres, meine Toilette, denn Blicke, Seufzer, Posen sind Sachen, die mir toll zuwider sind, die braucht man eben blos für die Henri Baltazzis. –) Ist er dann ein hervorragender Mensch, so wird er mich, ohne daß er's selber merkt, in alle Geheimfächer seines Geistes einführen und wenn er sich Mühe giebt, so werd' ich ihn mit meinem Gefühl verstehen. Nur in solchen Momenten kann uns ein Mann ebenbürtig sich selber machen. Es ist ein eigenes Gefühl, das uns hinaufzieht – nicht Liebe – was besonderes, so eine gewisse Intuition, die nur so lange dauert, als er mit mir spricht u. sein Gefühl auf das meine wirken läßt. Da habe ich mit Bildhauern über Statuen, mit Malern über Bilder, ja sogar mit Componisten über ihre Werke gesprochen und sie richtig beurtheilt. – Das vergeht aber mit dem Schall der gesprochenen Worte und jeden Tag bin ich anders, je nachdem die Sonne scheint, je nach dem Gefühl der Sicherheit, das mir mein Äußeres gerade giebt und je nach der Umgebung, in der ich mich befinde. – Und Sie glauben, daß ich manchem damit den Kopf verdrehe? Gott bewahre! – Es giebt nichts vorsichtigeres als die Männer, sie benehmen sich mit uns genau so, wie wir es ihnen erlauben, und genauso viel, als wir gerade wollen, fühlen sie auch für uns (bitte ich spreche von flirtations, nicht von Liebe. Wenn das bei der Liebe auch so wäre, das wäre göttlich!) In dem Moment, wo ich bemerke, der interessirt sich mehr für mich als mir paßt, und um dies zu bemerken, braucht man nicht Worte, ein Blick, ein halber genügt, deut ich ihm wieder mit einem ½ Blick an, daß der Liebe Müh' umsonst ist, und weg ist er, wurzweg! (…)

Ich weiß das Flirten ist trotz aller Beschönigung eine Niedertracht, werd' ich's mir abgewöhnen? Ja. Mit der Zeit. Ihnen zu Liebe. So lange ich fühle, daß Sie mich gern haben, werde ich die Kraft besitzen mir etwas allmälig abzuringen, was mir angeboren ist, wie daß ich z. B. essen u. trinken muß. Denn glauben Sie mir es giebt kein Weib ohne Coquetrie (wenn ich nur wüßte ob man das Wort mit einem od. 2 t schreibt) gerade so wenig wie einen Mann ohne Eitelkeit, u. diejenigen die sagen: »Ich bin nicht coquet«, die sind die Ärgsten, ich kenne so eine, die ist noch schlechter als ihr Ruf.

Eine fast schon philosophisch kluge Abhandlung über die hohe Schule des Flirtens verfasst Olga an dieser Stelle, bevor sie kämpferisch und mit großer Menschenkenntnis weiterschreibt:

> Ihr Gedicht »An gar Manche« habe ich sogleich ins Männliche übersetzt, zu Rettingers Freud' und Auferbauung. Zuerst wollte er mir mit Argumenten kommen wie: »Es war von jeher so«. Da hab' ich ihn aber mit seinen schwachen Truppen heimgeschickt, wir haben dann sehr gelacht und Rettinger hat Orgien der Selbsterkenntnis gefeiert. Seit diesem Gedicht red' ich aber nie mehr mit Ihnen über Treue, das kostet Sie natürlich nur einen Lacher, weil ich mich ärgere. »Es giebt keine Treue«, sagen Sie à peu près. Das Gegenteil zu behaupten steht aber auch frei. Man übe Treue und sie wird in der Welt sein! (Großartig, und noch dazu von mir.) Nein, ich muß doch drüber reden, 1. weil ich mich schon lange nicht mit Ihnen gezankt habe und 2. weil mich das Gedicht giftet, besonders die zwei letzten Zeilen in denen Sie sich gar so grandios erhaben fühlen.

Schnitzlers Gedicht, auf dem Olga ihren Exkurs über die Treue aufhängt und in dem sie sich selbst widerspiegelt, erschien Mitte November 1890 unter dem Pseudonym »Anatol« in der von Olga abonnierten *Schönen blauen Donau*. Er hatte es bereits 1883 verfasst, heute ist es in seinen *Frühen Gedichten* zu finden:

An so Manche
Du bist ein Weib wie andre Weiber mehr
Und warum sollt ich Dir zumeist vertrauen?
Da mich noch jede fast betrog bisher
Soll ich auf Deine Treue fester bauen?

Ich weiß, wie leicht verliebt die Frauen sind
Um ihre Treue ist mir nimmer bange.
Versprich drum nicht zu viel, mein Kind
Und schwöre mir nicht mehr als ich verlange.

Dass Olga die Gedichtstrophen »sogleich ins Männliche übersetzt, zu Rettingers Freud und Erbauung«, zeugt von ihrem Humor. Sie vertraut Herrn Rettinger, dem Geschäftsführer des Thalhofes, nicht nur immer mehr, sie bemüht sich sogar um seine Bildung und verordnet ihm Henrik Ibsens *Gespenster* im Deutschen Volkstheater und Hermann Sudermanns *Die Ehre* im Theater an der Wien. Wann immer Rettinger zum »Abfangen« der Post nicht am Thalhof ist, muss Schnitzler die vorgefertigten Kuverts für seine Briefe an Olga verwenden, um bei Charles Waissnix keinen neuen Verdacht zu erregen. Ihre Gedanken zur Treue in Liebesverhältnissen führt Olga wie folgt weiter aus:

Also: Eine Frau, die einen Mann heute kennen lernt und nach 6 Wochen, sagen wir einen Monat, mit ihm alle Phasen des Vergnügens und Genießens durcheilt, wird ihren amant [*Geliebter; Anm.*] in einem Jahr, sagen wir in 10 Monaten, schrecklich langweilig finden, et quand c'est fini, c'est bien fini – pur lui [*und wenn es zu Ende ist, dann ist es für ihn gut beendet; Anm.*] – Am grausamsten und rücksichtslosesten sind die Frauen mit Männern, die ihnen gleichgültig geworden sind und doch haben sie dafür gar keinen andern Entschuldigungsgrund, als daß jetzt eben ein anderer da ist, den sie lieber haben.

Das sind harte Worte, die ebenso auf Olgas Ehemann Charles zutreffen, mit dem Unterschied, dass sie ihm nie etwas anderes als – im besten Fall – Gleichgültigkeit entgegengebracht hat. Ebenso schonungslos geht Olga mit sich selbst ins Gericht, denn das anschließende Charakterporträt einer Frau ist ihr eigenes:

Dann die zweite Species:
Die denkt sich: »Ja, ja ich liebe den X, aber ich kenne ihn ja eigentlich noch gar nicht. – Sie sieht ihn selten, aber jedes Mal hat sie das Gefühl, er gefalle ihr besser und allmälig, ohne daß sie sich dessen gewahr wird, hat der Mann einen solchen Einfluß auf sie, daß sie ihn absolut nicht mehr aus ihrem Leben hinauswerfen kann, denn er hat den mächtigsten Verbündeten, die Gewohnheit. Heute bemüht sich ein viel schönerer, morgen ein Höhergestellter, übermorgen ein vielleicht noch bedeutenderer um sie, für alle umsonst, vom kaiserlichen Prinzen bis zum einfa-

chen Privatmann – »Der X. ist mir halt lieber«. – Dann kommen Tage, wo sie denkt: »Nein, aber jetzt ist's aus mit dem X« – weit gefehlt, eine Kleinigkeit, eine Bank, auf der sie zusammen saßen, ein Sonnenuntergang wie der den sie miteinander bewunderten – und eine unendliche Zärtlichkeit dämmert wieder in ihr herauf. – Und dann erst, wenn es ein hervorragender, guter Mensch ist, welches Hochgefühl nach jeder neuen, noch so flüchtigen Begegnung, wo sie wieder einen neuen schönen Zug an ihm entdeckt hat. Fragen Sie diese Frau was sie heute für den Geliebten empfindet gegen damals, als sie ihm das erste Mal sagte, daß sie ihn gern habe. Dazwischen liegt eine ganze Welt, und eines Tages, nach einem Jahr, vielleicht nach 6 Jahren, ist sie sein, daß muß so sicher kommen, wie daß 2 x 2 = 4 ist.

Ich glaube nicht, daß sie so viel leidenschaftliches Glück spenden wird als die erste Categorie, aber sie wird auch nicht untreu werden. – Kurz, die einen entzücken in den ersten 10 Wochen, die andern können vielleicht noch nach 10 Jahren das Herz erfreuen und alles das ist Folge ihrer natürlichen Anlage. Die einen leidenschaftlich und eher abgekühlt, die andern ruhiger u. treuer. Ich finde die Treue absolut keine Tugend sondern eine natürliche Folge der Charaktereigenthümlichkeit. Das Beste übrigens wäre, wenn alle beide gleichzeitig mit ihrer Liebe fertig würden, und das geht auch scheinbar ganz leicht, wenn die Frau verständig und stolz ist. Leicht? O Gott, die Arme. Jedenfalls aber ist der Kampf mit sich selber anständiger als von jemand andern ein Almosen erbetteln.

Seit einigen Wochen sind Olgas Schwester und Schwager, Gabriele und Georg von Haugwitz, aus Deutschland zu Besuch, die sie diesmal nicht wie sonst üblich zu allen Ausfahrten, Einladungen und Opernbesuchen begleitet, was ihr den »großen Haugwitzschen Familienfluch« einträgt. Sie hat am Thalhof, der im Herbst gerne von Adeligen zur Jagd besucht wird, alle Hände voll zu tun. Ende November kommt Olga endlich wieder nach Wien und trifft Arthur am 21. und 23. November bei Dora Kohnberger, die Olga von der Existenz Marie Glümers erzählt hat. Obwohl Olga es geahnt hat, ist sie verletzt, macht spitze Bemerkungen und ist Arthur gegenüber distanziert, flirtet mit anderen und versucht ihn erfolglos eifersüchtig zu machen. In sein Tagebuch schreibt Schnitzler Ende November

1890: »Wieder bei Dora manchmal. Alles läßt mich kalt. Olga riesig elegant, spricht zu viel davon, nicht naives in der Elegance; weiss, daß ich eine Geliebte habe.«

Am 26. November nicken sich die beiden bei einem Singspiel im Theater an der Wien zu. Schnitzler ist in schlechter Verfassung und geht auf Olgas Avancen nach wie vor nicht ein. Seine geliebte Mizi ist noch immer im Engagement in Salzburg. Er vermisst sie entsetzlich, das Alleinsein macht ihn verrückt, es plagen ihn die Eifersucht auf ihre Vergangenheit und seine Angst, sie könnte ihn nicht ebenso lieben wie er sie.

Anfang Dezember trifft man sich erneut bei Dora Kohnberger. Schnitzler war wieder ein Wochenende in Salzburg bei Mizi und wird immer unleidlicher, auch Olga gegenüber, die ihm am 7. Dezember 1890 die Leviten liest. Auf das Briefpapier sind links oben Musiknoten gedruckt und darunter steht als Gesangstext »Die Eifersucht ist eine Plage«. »Einer wird bei grünen Jalousien aufgezogen, ein anderer bei Stiefeltern, wir zwei müssen aber entschieden bei Mißverständnissen und Zwietracht aufgezogen worden sein. Bei unsern 2 netten, kleinen Wiegen stand höchstwahrscheinlich Eris, betend, daß Gott uns erhalte, so unverträglich, so arrogant, – (mir fehlt hier ein drittes Wort der Milde, vielleicht fällt Ihnen eines ein). Nun, mir ist die Trotzerei fad und ich gebe, eingedenk des alten Sprichwortes, nach! Ich komme mir drum auch ganz großartig vor.« Arthur antwortet sofort am nächsten Tag:

Verehrteste gnädige Frau, ich habe nicht getrotzt, wirklich nicht; daß ich verstimmt war, gebe ich ohneweiters zu – es ist eigentlich sonderbar, sich immerfort miszuverstehen, während man sich ganz gut versteht. Soll ich Ihnen den Grund meiner Verstimmung mittheilen! Es hätte bestenfalls einen rhetorischen Werth, weil Sie alles ganz gut wissen. Schreiben läßt sich das schon gar nicht – denn geschriebenes Wort ist eigentlich schon ein halbes Misverständnis – sowie ein gesprochenes eine halbe Versöhnung bedeutet. Eins ist mir klar: wir beide sind bodenlos kindisch in der Art und Weise, wie wir uns gegen einander benehmen – vielleicht nehmen Sie kindisch als das gewünschte dritte Wort? (…) Ja, sich einmal ordentlich aussprechen! – Nur ist das unendlich schwer – weil man sich doch nie ordentlich ausspricht – Man kann das nicht aufs Programm setzen – es muß nach und nach kommen. Von selbst. – Hier alles wie sonst; schauderhaft. – Nicht zwei Stunden müßten wir miteinander reden, sondern zwei Monate. – Seien Sie gut, schreiben Sie mir noch vor der Jagd, ja? Daß Sie mir nicht bös sind und daß wir die alten sind. Ja? – Und daß wir uns verstehen! – Tausend Grüße. –

Seinem Tagebuch vertraut er parallel dazu am 8. Dezember an: »Olga. – Sie war hier, war bei Kohnbergers einige Male mit ihr zusammen; sie war zuweilen zärtlich, ich empfand nichts, absolut nichts. – Warum ich sie nicht nehme? – Aus Treue? – Ja, nur ist diese Treue ein sehr complicirtes Ding. – Es ist evident, daß in dem Augenblick, wo O. meine Geliebte würde, – ich mein Vertrauen zu Mz. verlöre – da ich ja daraus ersehen müßte, daß man auch betrügen kann, wenn man heiß liebt. –

Dann widerstrebt es mir, diese Frau zu besitzen, ohne dass ich sie liebe. –

Dann find ich auch kein warmes Wort der Empfindung für sie, – weil ich eben immer und immer an Mz. denke; fixe Idee, Tag und Nacht, es ist unfaßbar. –

– Was ich Mz. nur zusammenschreibe! Versteht sie mich ganz, wirklich? –

O. würde mich besser verstehen, ich müßte ihr aber einige Dummheiten austreiben – Das schreib ich so her – sie ist mir so absolut, absolut gleichgiltig!«

Der Kontrast zwischen den Worten, die er Olga schreibt, und denen, die er in sein Tagebuch einträgt, ist erstaunlich. Ist ein gemeinsamer Nenner zu finden? Seinem Tagebuch vertraut Schnitzler sich instinktiv als Mann an, der völlig in seine ihm oft selbst unerklärlichen Gefühle der Treue für Marie Glümer verstrickt ist. Er will von seinem »Vorleben« mit Olga nicht in Versuchung geführt werden. Im Grund weiß er, wie ungerecht und falsch seine Aussage »gleichgiltig« in Bezug auf Olga ist, und reagiert sich im Tagebuch trotzig ab, um Olga in seinen Briefen umso respektvoller und dankbar zu begegnen, wie sie es verdient.

Am 12. Dezember 1890 lenkt Olga nochmals ein und es klärt sich ein Teil des Missverständnisses auf. Olga hat wie erwähnt in Dora Kohnbergers Salon in Schnitzlers Gegenwart mit einem der Herren harmlos geflirtet, um ihn auf sich aufmerksam zu machen:

So, nun ist alles wieder gut, nicht wahr? Sie sehen, ich habe schon wieder die kleine Schrift. Nur wenn die Buchstaben groß sind wie die Spieße knirsche ich vor Wut und Zuneigung. Sie sind auch ganz gut, nicht wahr? Und es ist auch bei Ihnen alles beim alten, nicht wahr? Und Sie sind überzeugt, daß Ihre Verstimmung neulich ein bißchen unbegründet war? Das gewisse Outsidergefühl, das mich immer melancholisch macht, das konnten Sie haben, aber sonst, – nein, das wäre absolut unmöglich. Selten war mir jemand gleichgültiger. (…) Auch bin ich von einer Conservativität die gerade zu lächerlich und rührend ist.

My darling, ich bin so glücklich, daß wir wieder gut sind, bös sein und trotzen, Unsinn. Kindisch ist's, das ist das richtige Wort, schrecklich kindisch! Aber das ist mir noch viel lieber als gleichgültig. Gleichgültig, so ganz toute meme chose, so nicht kalt und nicht warm, nicht Fisch u. nicht Fleisch, das ist schauderhaft. Ich darf nicht innerlich allein sein, sonst geh' ich zu Grunde oder werde wahnsinnig; ich muß das Gefühl haben, in der Welt ist jemand der dich versteht, der dich liebt, über deine Schnurren nicht zu sehr lacht, mit einem Wort das Gefühl hat, das Goethe empfand, als er der Stein schrieb: »Ach Du warst vom Anfang aller Zeiten meine Schwester oder meine Frau.«

Ich kann nicht weiter schreiben, ich bin so schauderhaft nervös, daß ich nicht still sitzen kann, und der Kopf, ach Gott, der ist, als wenn ich lauter dumpfe Schläge drauf bekäme. – (…)

Der Brief bleibt unfertig liegen und enthält dieses Goethe-Zitat, das zeigt, dass Olga Waissnix langsam beginnt, sich in ihr Schicksal als Vertraute von Arthur Schnitzler zu finden, und den Kampf um ihn als Geliebten beinahe aufgibt. Die Berichte der geschwätzigen Dora Kohnberger, die von mehreren Seiten Informationen über Schnitzlers Liebe zu Marie Glümer eingeholt hat, sowie Schnitzlers trotzige, unwirsche Reaktionen, sobald sie ihm mit ihrem Begehren zu nahe tritt, haben Olga dazu bewogen, die Freundschaft zu Schnitzler durch ihr forderndes Verhalten nicht weiter in Gefahr zu bringen.

1890 haben sich Olga und Arthur zwar bereits elfmal, viel öfter als die Jahre davor, gesehen, aber dabei nie genügend Zeit gehabt, miteinander zu reden. Die dabei von beiden sehr unterschiedlich empfundene körperliche Nähe hat zu schwerwiegenden Missverständnissen, beinahe einer Duellforderung und Eifersucht geführt. Die Briefform hat sich immer noch als die beste Kommunikationsform dieser beiden im Geiste so ähnlichen Menschen erwiesen.

Auf Olgas Bitte hin treffen sie sich am 19. Dezember noch einmal bei Demel, von wo sie gemeinsam bis zum Südbahnhof spazieren und versuchen, sich über die Ereignisse der vergangenen Wochen auszusprechen. Arthur macht kein Hehl mehr daraus, welche Bedeutung Marie Glümer für sein Leben hat, und gesteht Olga, dass sie »nur die Hälfte seines Wesens ausfüllt«. Dieses Geständnis trifft die liebende Frau Olga schwer, macht ihr aber auch deutlich, welches Geschenk das Vertrauen dieses Mannes und wie wertvoll die Freundschaft mit ihm ist. Am nächsten Tag schickt sie ihm ein kleines Weihnachtsgeschenk mit den Worten: »Ein Schmarrn! [*welcher ist unbekannt; Anm.*] Mais: Pensez à moi [*Aber: Denken Sie an mich; Anm.*].«

Denken wird Arthur an sie, an die Freundin, vor allem, wenn es ihm in seinem andauernden Zwiespalt miserabel geht. Und als Frau will er sie sich zur Sicherheit in Reserve halten, sollte das Verhältnis mit Marie Glümer enden.

Olga kehrt nach diesem Jahr eines versuchten Ausbruchs wieder auf die »Insel«, in ihre geliebte Natur, an den Thalhof zurück und taucht resignierend in den verhassten Weihnachtstrubel des Hotels ein.

Vorübergehende Kameradschaft
Fast eine Agonie

»Glauben Sie mir, auch ohne Worte werden Sie stets
einen treuen Kameraden haben, der Ihnen alles, alles
Glück von Herzen wünscht.«

Nach den wie immer turbulenten Weihnachtstagen, an denen auch ihre
Schwester Fanni am voll besetzten Thalhof war, schreibt Olga Waissnix
am 7. Jänner 1891 an Arthur Schnitzler:

Endlich, endlich komme ich dazu Ihnen zu schreiben. Das war ein
schreckliches Getriebe in den letzten Tagen, genau so wie in der haute-
saison. Am Land sind aber Besuche drum so ermüdend, weil man sich
vom frühen Morgen bis in die späte Nacht um die Leute kümmern muß.
(…) Gott sei Dank, daß es wieder still geworden ist. –
Mein erster Gedanke gilt jetzt natürlich Ihnen. Ich glaube nicht, daß ich
Sie neulich mißverstanden habe. Sie kommen mir seither viel menschli-
cher, viel größer vor. Zwei Menschen, die ganz aufrichtig miteinander
sind, ist das nicht das Paradies? Was ich Ihnen neulich erzählte, war nur
die höchste Potenz meiner Aufrichtigkeit. Neue Eindrücke haben das
flüchtige Empfinden einer Minute verweht u. die Novelle »Sylviens
grande bêtise« [*Sylvias große Dummheit, Novelle von Olga Waissnix;*
Anm.] hat jetzt auch gar keinen Sinn mehr. Das Merkwürdigste bei meinen Schreibereien ist, daß ich nur das hinschmiere, was ich wenigstens
annähernd empfinde, drum ist's mir auch factisch unmöglich den Schluß
zu erfinden. Da liegt »Sylvia« im Brouillon [*Entwurf; Anm.*], ohne
Anfang, ohne Ende, jeden Tag nehme ich mir vor, sie abzuschreiben und
auszufeilen, aber bis jetzt hab' ich den moralischen Mut nicht gehabt. (…)
Unsere gemeinschaftliche Freundin Dora scheint es darauf abgesehen
zu haben mich zur Raserei zu bringen. 1. Will sie uns aus irgend einem
mir unbekannten Grund à tout prix auseinanderbringen.
2. wird sie nicht eher ruhen noch rasten bis ein Riesentratsch herauskommt.

Leute, die unaufhörlich in den intimsten Empfindungen anderer herumwühlen, werden Menschen mit ein bißchen vornehmer Gesinnung mit der Zeit schauderhaft. Auch langweilt einem mit der Zeit die ewige Conjugation: Ich habe ein Verhältnis, Du hast u. s. w., als ob das so eine Kleinigkeit wäre, wie das Wechseln einer Toilette!

Es war nur Arthur, der sich Olga zuliebe nach dem Privatkonkurs und der Flucht seines Onkels Edmund Markbreiter mit Dora ausgesöhnt hatte, der Rest der Familie Schnitzler mied das Haus Kohnberger nach wie vor. Dies traf Dora, die auf ihre Stellung in der Gesellschaft bedacht war, tief und so nahm sie indirekt stille Rache, indem sie Freunden und Bekannten im Vertrauen die heimlichen Treffen von Olga und Arthur in ihrem Salon kolportierte. Auch machte sie, sobald sie Olga oder Arthur irgendwo alleine antraf, bösartige Bemerkungen oder berichtete ihnen von Aussagen, die der andere in Wahrheit nie gemacht hatte. Sie berichtete Arthur von Olgas Flirts mit anderen, ihrer Kaltherzigkeit und Unfähigkeit zu lieben. Olga erzählte sie brühwarm von Damen, mit denen sie Arthur gesehen hatte, oder wie völlig uninteressiert er an ihr sei.
In ihrem Brief berichtet Olga weiter:

Ich bin in der letzten Zeit nervöser und erregter denn je (ein bißchen broken down war ich ja doch über Ihre Erzählung, wenn ich mir dieses Gefühl auch nicht erlauben will). Kopfschmerzen hab' ich unaufhörlich, der Tratsch von Dora ist mir auch unerträglich, drum wird Wien längere Zeit nicht die hohe Ehre haben mich zu sehen. Sobald mir der Rappel kommt, geh ich nach dem Süden irgendwohin, wo man nicht erfriert u. ein paar Lieblingskunstwerke von mir sind. Wundern Sie sich daher nicht, wenn Sie eventuell einen Brief aus Italien von mir kriegen. Eines steht fest, nach Wien komme ich nicht so bald. Nur schreiben Sie mir bald, wie man bei Dora mein verändertes Benehmen deutet und was für ein unglaublicher Monstre-Grund hiezu hervorgeklaubt worden ist. Lassen Sie mich auch recht bald hören wie es mit Ihrem Schauspiel steht u. was Sie denken, empfinden, u. s. w. Um mich zerbrechen Sie sich nicht den Kopf, ich bin nun ein bissel waidwund, aber das muß sich geben. Schreiben Sie mit meinen Couverts.

Es zeigt von Größe, dass Olga zugibt, von Schnitzlers Geständnis über sein Verhältnis mit Marie Glümer verletzt zu sein. Sie hatte die Veränderung zwar von Anfang an gespürt, aber nun aus seinem Mund den Namen dieser Frau zu hören, hat etwas Endgültiges. Gleichzeitig ist Olga ihm dankbar für seine Ehrlichkeit, die sie zwar momentan »waidwund« sein lässt, aber den Weg in die alte Kameradschaft erleichtern kann.

Alle Kuvertvorsichtsmaßnahmen peinlich genau beachtend, antwortet Arthur erst neun Tage später, am 16. Jänner 1891:

> (…) ich habe viel nachgedacht und über alles. Schaun Sie, ich spreche aufrichtig, genau wie es mir aus dem Herzen kommt, ich schwör's Ihnen. – Ich habe die Empfindung, daß ein großer Theil der Schuld an Ihnen liegt. – Ich komme Ihnen menschlicher, größer vor. – Das reden Sie sich ein. Ich komme Ihnen in der That niedrer vor. – Man mag sich im übrigen noch so überlegen dünken; bei den sensitiven reißen die Sinne immer auch ein Stück Herz mit. – Ich meine das Gemütsleben, das Innenleben. Das ists, was die edelsten Frauen vergessen, wenn sie um ihrer selbst willen geliebt werden wollen und die Sinne frei geben. – Mir ist das alles so klar. – Eines möcht ich wissen: haben Sie je das Gefühl, wenn Sie so nachdenken und Ihnen manches durch den Sinn fährt, es sei Ihnen etwas genommen worden? – Ich kann mirs nicht vorstellen.

Diese Sätze lassen Schnitzler mit einem Mal in einem besseren Licht erscheinen. Vorsichtig versucht er Olga klarzumachen, dass er trotz seiner ausgeprägten Sinnlichkeit und körperlichen Bedürfnisse nie aufgehört hat, ihr verbunden zu sein wie keiner anderen. Jahre, so lange wie noch bei keiner Frau zuvor, hat er um sie geworben, doch sie hat sich ihm nicht hingegeben. Das ist ihr Teil der Schuld. Er hat daraufhin das getan, worum sie ihn von Beginn gebeten hat, nämlich die Freundschaft gelebt. Aus seiner Sicht meint er zu Recht, dass ihr durch seine Liebe zu Marie auf der seelisch-freundschaftlichen Ebene nichts genommen wurde.

Er bittet sie, ihm alles, was sie bisher von »Sylviens grande bêtise« geschrieben hat, zu schicken und endet den Brief mit: »Schreiben Sie mir bald, und gütig. Erlauben Sie es mir, Ihnen zu sagen, daß mein always yours nie eine Phrase war. Aber Sie wissen's ja, und auch jetzt mehr als je.

Mich werfen Sie nicht aus Ihrem Leben hinaus. Ich glaube, daß ich, selbst wenn die schönsten Thüren mir verschlossen wären – plötzlich! – eine Hinterthür hätte, durch die ich immer wieder hineinkäme – das gegenseitige Verstehn.«

Nun da für Arthur alles geklärt scheint und er meint, durch sein Geständnis von Olga keine Liebesavancen mehr zu befürchten zu haben, hat er den vertrauten, kameradschaftlichen Ton wiedergefunden. Es geht ihm zwar »rundum nicht gut«, aber er schreibt an seinem Theaterstück *Das Märchen*, in das er »viel Psychologisches aus seinem Verhältnis mit Mizi Glümer« eingebracht hat.

Dass Arthur mit diesem Brief das Gedicht *Morgenandacht* mitschickt, zeigt die neue Dimension seines Vertrauens zu Olga. Er hat vor Weihnachten nicht nur über Mizi mit ihr gesprochen, sondern auch über seine krankhafte Eifersucht auf deren früheres Verhältnis, das ihn so quält. Die Verse drücken all sein Leiden darüber aus, dass dieses süße Mädel, trotz aller für sie empfundenen Liebe, zur Dirne für ihn wird, weil es vor ihm die Geliebte eines anderen gewesen ist:

Morgenandacht
Verschwunden ist der Mondenschein
Von Zimmerwand und Decke;
Nun gleist der dumme Tag herein
In unsre Dämmerecke.

Und blaß in dem verschwommnen Licht
Inmitten heller Linnen,
Schau ich, wie um Dein Angesicht
Die Locken ringeln und rinnen.

Was hab ich all in dieser Nacht
In Dich hineingeträumet,
Den Leib – von wilder Lust umfacht –
Mit heiliger Glut umsäumet.

Wie hab ich Dich gebenedeit,
Wie hoch emporgehoben,

Von einer neuen Jungfräulichkeit
Den Glanz um Dich gewoben.

Das war von einem holden Wahn
Der trügerische Schimmer.
Ach, was Du je gefühlt, getan
Schleppst Du mit Dir für immer.

Und öffnest Du die Augen schwer
Die großen, dunklen, matten,
So fließen bläulich um sie her
Vergessner Freuden Schatten.

Und darum hast Du diese Nacht,
Selbst unbewußt im Innern,
In unsre Kammer mitgebracht
Vergangener Lust Erinnern.

Wie hat die schale Träumerei
Den wachen Sinn verdrossen,
O dummer Tag, nun ist's vorbei,
Die Zauber all verflossen.

Und alles, was uns aufgeblüht
So trunken, wird zunichte,
Ja, was so heilig Dich umglüht
War Licht von meinem Lichte.

Mein süßes Mädel lagst Du hier
Und bist nun eine Dirne
Es blinkt der fahle Morgen Dir
Im Goldhaar auf der Stirne.

Dieses Schreiben samt Gedicht kreuzt sich mit einer Karte Olgas vom 17. Jänner 1891, weil sie nach neuntägiger Wartezeit ungeduldig geworden ist. Darin macht sie ihm einen gewagten Vorschlag: Sie bedarf eines äußeren Zeichens und will die platonische Liebe zwischen ihnen mit einem Treffen in Meran im März besiegeln.

Am 18. Jänner hält sie den ersehnten Brief Arthurs in Händen und schreibt sogleich aus Reichenau zurück. Seine Bemerkung, dass ein großer Teil der Schuld bei ihr läge, macht ihr zu schaffen:

Da sitz' ich, les Ihren Brief und weine, und weine, daß mir fast das Herz bricht. Sie haben ja so Recht, ich hab' mehr schuld, als ich mir's eingestehen mag. Fünf Jahre meines Lebens, die schönsten, die besten hab' ich hingeworfen und ich weiß nicht für was. Denken Sie nicht klein von mir, ich bitte Sie. Was die Genien des Frühlings einst auf Sigmundskron zusammenfügten, war die edelste Empfindung, der ich meine Tage fähig war.

Nochmals, ich bitte Sie, halten Sie mich nicht für kleinlich, verlogen oder schlecht.

Ich will, ich muß ehrlich sein und alles was mich in den letzten Tagen quälte muß ich Ihnen sagen, schreiben kann ich's nicht. Ich habe das Gefühl, daß wenn ich mit Ihnen friedlich ein paar Tage nacheinander reden könnte, wir bessere, innigere Freunde würden, denn je. Lassen Sie auch das Mißtrauen, es ist überflüssig zwischen uns. Machen Sie nur das Project mit Meran möglich, das ich Ihnen gestern schrieb. Ich hab' Ihnen so unendlich viel zu sagen, ich weiß gar nicht wo ich anfangen soll. In Meran wär alles so leicht, da wär ich so Gott will auch meine eigene Herrin. – Hier quält man mich mehr als ich ertragen kann, nie ist ein Mensch dümmer, lächerlicher u. inconsequenter behandelt worden wie ich. Ich rede jetzt bei den Mahlzeiten, wo ich mit den andern zusammen sein muß auch nie mehr ein Wort, da kann man mich für meine andern Ansichten wenigstens nicht sekkieren. Ich bin so tot, so ohne Lebensfreude und ohne alle Energie.

Die Menschen, mit denen Olga neben ihrer Familie und Gästen des Hotels zusammen sein muss, sind die täglichen Besucher, meist Adelige und Großbürger, die ihre Villen in Reichenau haben und mit der charmanten Thalhofwirtin plaudern wollen. Olga verabscheut nichts mehr als die Oberflächlichkeit dieser von Konventionen und Engstirnigkeit geprägten sogenannten besseren Gesellschaft, doch als Hotelière und Gastgeberin muss sie gute Miene zum bösen Spiel machen. Mit ihrem Mann Charles zu sprechen vermeidet sie tunlichst auch, denn die Streitereien und Sticheleien im Zuge des Umbaus dauern an, und er lässt nichts unversucht, sie den Handwerkern gegenüber für dumm zu verkaufen. Eine Stütze in dieser schwierigen Zeit ist ihr allein Arthur: »Liebster Freund, Sie werd ich nie, nie aus meinem Leben hinauswerfen. Das ist mein einziger Trost, was immer auch kommen mag, wir verstehen uns zu gut, ich wenigstens könnt ohne Ihnen nicht existiren.«

Ein paar Tage später retourniert sie Schnitzler die *Morgenandacht* mit den Worten:

Mit tausend Dank sende ich Ihnen anbei das Manuscript. Ich habe es oft u. langsam gelesen und auch copirt, das erlauben Sie, nicht wahr? Ich mag darüber nicht schreiben, das wäre zu lang, hoffe ich doch mit Ihnen drüber plaudern zu können. Nur eine Bemerkung gestatten Sie. Als Sie mir damals bei Dora Ihr Drama schilderten, beschrieben Sie mir die Geschichte Ihrer Liebe, Sie sagten mir damals, daß die Heldin den Helden unendlich geliebt hätte. Wenn dies der Fall ist, wird diese Dame Ihre Sachen lesen u. da kann ich mir keine schrecklichere, ausgesuchtere Grausamkeit denken, als die Heraugabe dieses sonst so schönen Gedichtes. Bitte thun Sie's lieber nicht. –
Ich gehe heute wieder nach langer Zeit das erste Mal aus, bin sonst noch immer ganz low spirited. Denken Sie, ich hab das Gasselfuhren [*Schlittenfahren; Anm.*] heuer noch kein einziges Mal probirt.
Good bye, schreiben Sie recht, recht bald u. wegen Meran ja kein Refus.

Es bedarf einer außergewöhnlichen und selbstlosen Freundschaft, dem Mann, den man liebt, zu raten, er möge ein Gedicht nicht veröffentlichen, weil es seine Geliebte zu sehr verletzen würde. Und weibliche Solidarität. Es mag Olga bei der Lektüre auch der Gedanke gekommen sein, dass diese Verse ebenso auf sie geschrieben werden hätten können, hätte sie sich Arthur nicht verweigert. Sie ahnt, wie schwierig eine Beziehung mit diesem Mann wäre, dem Leiden das unerlässliche Salz der Liebe ist. Was sie nicht weiß: Das Gedicht ist bereits im Münchner Magazin *Die Gesellschaft* abgedruckt worden.

Schnitzler antwortet prompt im Jänner 1891 und gesteht, dass er noch viel Grausameres getan hat. Er hat Mizi das Gedicht vorgelesen und sie damit gequält. Ihr Leiden und seine Gefühle dabei benötigt er, um sie in sein neues Theaterstück *Das Märchen* einzubauen, auf das er Olga neugierig macht. Ihre *Sylvia* hat er gelesen und findet sie im Gegensatz zu Peter Altenberg streckenweise gut. Erhalten ist dieses Werk Olgas nicht.

Mit dem Treffen in Meran hat Arthur Probleme. Der »hier nicht anzuführende« Grund, wie er schreibt, bezieht sich natürlich auf Marie Glümer. Sowie es sein Dienstplan und die familiären Verpflichtungen zulassen, fährt er zu ihr nach Salzburg, da bleibt keine Zeit, Olga in Meran zu besuchen. In seinem Tagebuch notiert er am 5. Februar 1891: »Olga, die mir schrieb; mit ihr in M. zusammenzutreffen im Frühling. – Zögere, glaube nicht. – Treue! – Und doch irgendwie ein Hintergedanke.«

Olga schreibt in Folge einige Briefe an ihn, vernichtet sie jedoch, weil sie befürchtet, er könnte durch ein von ihr »falsch gewähltes Wort oder dummen Gedanken« meinen, sie verstünde ihn nicht. Den momentanen Gleichklang des Denkens will sie nicht verlieren. In der sonnenarmen Zeit ist sie wieder in ihre übliche Winterdepression gefallen. Am 17. Februar 1891 setzt sie ihn darüber und auch, dass sie in wenigen Tagen nach Wien kommen und ein Treffen möglich machen wird, in Kenntnis. Ihrem kurzen Brief lässt sie eine Karte folgen:

Liebster Kamerad ich habe Ihnen in den letzten Wochen nacheinander 4 lange Briefe geschrieben, einer schöner wie der andere, die ich alle zerriß, weil sie mir unnatürlich u. dumm vorkamen. Nun schreib' ich Ihnen nur ein paar Worte, hoffentlich finden sie die Gnade vor meinen Augen u. Sie kriegen sie.

1. Daß ich den ganzen Tag an Sie denke und

2. Daß ich riesig neugierig auf Ihr Stück bin.

3. Daß Sie mir doch größer vorkommen. Wir sind an Wahrheit nicht sehr gewöhnt u. dann entwaffnet sie uns immer.

4. Daß ich Ende nächster Woche nach Wien zu kommen hoffe. Natürlich werd' ich Sie sehen, nicht wahr? In's Grünfeldconcert komm ich auch.

5. Bitte um Sylvia, ich will den Schwank fertig machen. Streichen Sie an wo ich unnatürlich bin. Schicken Sie es am Südbahnhof sobald ich drin bin.

Arthur antwortet um den 20. Februar:

Lang haben Sie mich diesmal warten lassen! Warum zerreißen Sie Briefe? Schicken Sie mir auch immer die, welche Sie zerreißen wollen, es sind doch Documente von erlebten Augenblicken, und ich kann den Duft von Ewigkeit schon herausspüren, den jeder Augenblick in seinem Vorüberfliehn um uns sprüht. Auch das dumme, was einem einfällt muß man sich sagen; man verschweigt sich sonst zu viel. Aber wie dem immer sei – ich hab doch wenigstens Ihre Karte, die wohl ein Auszug der letzten 3 Wochen ist. Ihre Sylvia les' ich noch einmal, und werde also, wenn Sie wollen, Bemerkungen oder Zeichen dazu machen. – Warum können zwei Menschen wie Sie und ich nicht oft stundenlang miteinander plaudern, und just, wann sie wollen! Häufig, wenn ich von Ihnen höre, wenn ich auch nur ein paar Zeilen von Ihnen bekomme, da hab ich ein Gefühl, das ich Ihnen in eine Allegorie kleiden muß. – Ich sitze in meinem Zimmer, dumpfe Luft um mich. Und ich habe ganz vergessen, daß ich einen Schlüssel bei mir habe, der mir eine Thür öffnet, die auf den Balcon hinausführt. – Und ich trete hinaus, da fliegt mir ein Frühling entgegen, steigt um mich empor, hüllt mich ein. (…)
Wie freue ich mich, Sie bald hören, vielleicht noch balder Sie lesen zu können?
Nicht wahr, Sie empfinden immer alles mit, daher muß das Wohlgefühl stammen, das ich immer habe, wenn ich Ihnen schreibe. – Tausend herzliche Grüße von Ihrem unveränderlichen

ArthS

Der beiderseitige Wunsch, »stundenlang miteinander plaudern« zu können, wird immer größer. Wie Arthur sich in Ermangelung tatsächlicher Gespräche Olga allegorisch als ihn umwehenden Frühlingswind vorstellt, kommt einer Liebeserklärung gleich. Das Glück, das Schnitzler über die Vertrautheit mit dieser Frau empfindet, ist greifbar. Ihr kann er, ohne ihr auf die Nerven zu gehen, immer wieder aufs Neue von der Plage, die ihm der ungeliebte Arztberuf bereitet, erzählen, ein Beruf, für den er als Nachtmensch ungeeignet scheint. Hinzu kommt der regelmäßige Schlafentzug durch seine Besuche bei Mizi Glümer in Salzburg. Dass Schnitzler solche Strapazen körperlich ohne gröbere gesundheitliche Schäden übersteht, ist verwunderlich. Er beschreibt die Fahrten nach Salzburg sehr eindringlich in seinem Tagebuch am 26. Februar 1891: »Ich war jetzt 7mal in S. – Dieses Hinfahren Nachts mit dem Postzug. Dann dort die Kälte, nervös, übernächtig zu ihr. Und, immer eigentlich mit einer Empfindung der Bangigkeit. Dann dort wohl, sehr wohl, das einfache Dortsein. Süss besonders Nachts, wenn die Alte schläft, wir zusammen am Divan sitzen, und schon im Anschaun vor Seligkeit vergehen. Dann Nachts immer mit dem halbein Uhr Schnellzug zurück, am dunklen Morgen in Wien, und nach Umkleiden auf die Klinik. Das tägliche gleichmäßige frühe (1/2 8) Aufstehen enerviert mich schrecklich. Besonders der Ausblick. Immer, immer so! – Vormittag ab und zu Krankenvisiten. Aegriren mich, entschieden, ich tauge nicht dazu, ein für alle Mal …«

Statt wie geplant in den Süden fährt Olga am 22. Februar nach Wien, wo sie viele Pflicht-, aber auch erfreuliche Theaterbesuche erwarten. Sie ersucht Arthur, ihr schnellstens das Manuskript *Sylvia* in die Schneider'sche Wohnung am Südbahnhof zu schicken, und bittet ihn um ein Rendezvous am Freitag, 27. Februar, im Kunstverein in den Tuchlauben.

Das kommt Arthur sehr gelegen, da er an diesem Abend besonders der Ablenkung bedarf. Mizi Glümer tritt in Salzburg bei einer Benefizveranstaltung auf und wird tanzen, womit sie noch mehr männliche Blicke auf sich ziehen wird. Er leidet fürchterlich und ein Gespräch mit Olga ist genau das Richtige. Vom Kunstverein spazieren sie zusammen bis zum Südbahnhof. Schnitzlers stichwortartigem Tagebucheintrag in der Nacht danach ist zu entnehmen, dass das Gespräch erneut um die vertane Chance eines gemeinsamen Liebesverhältnisses kreist. Olga meint, dass sie mit ihm als Geliebtem sicherlich unglücklich geworden wäre und sich zur Beruhigung über seine Untreue gleich noch einen zweiten hätte zulegen müssen. Sie wird wohl nie einen Geliebten haben, stellt sie fest, auch hätte sie nicht mehr den Mut dazu, die Angst vor ihrem Ehemann und dem Skandal sei zu groß. Sie wird so weiterleben wie in den letzten fünf Jahren. Gleichzeitig macht sie jedoch Andeutungen, die das genaue Gegenteil ausdrücken, kokettiert also doch noch damit, ihn verführen zu können. »Wir lieben uns ja nicht mehr! – Das ist des Räthsels Lösung!«, beendet Schnitzler den Eintrag in seinem Tagebuch.

Schnitzlers Briefe zeigen, welche Hochachtung und vertrauensvolle freundschaftliche Zuneigung er für Olga empfindet. Die seltenen persönlichen Treffen bringen jedoch immer wieder Unruhe. Die körperliche Nähe lässt bei beiden alte Begierden und verletzte Eitelkeiten aufflammen. Das macht befangen und verhindert ein harmonisches Miteinander-Reden. In einem Brief Anfang März beschreibt Arthur diese »Misverstehn«, wie er sie nennt, sehr gut. In die linke obere Ecke der Karte hat Olga mit Bleistift notiert »Der schönste Brief«:

Hier schicke ich Ihnen die Sylvia mit einigen Bemerkungen dazu.

Bei uns liegt dieses ganze ewige Misverstehn nur an einem: das ist mir riesig klar geworden – an dem seltnen Sprechen. Wenn ich nach 2 Monaten mit Ihnen rede, hab' ich eine Empfindung, als staute sich etwas in mir. Immer von neuem sind wir befangen. Und dann haben wir uns ganz lächerlich gegenseitig ins Grübeln gebracht, ins Experimentalpsychologische. Und sehen Sie, das Naive in uns ist doch das schönste, und ist noch immer das alte, darüber kann man sich nicht täuschen. Bei Ihnen ist der Muth des Glücks dahin, bei mir der Muth der Freude. Außerdem haben wir beide die sympathische Gewohnheit, nicht nur zwischen den Zeilen zu lesen, sondern auch zwischen den Worten zu hören. Nun haben wir schon eine Überempfindlichkeit des Ohres, und manchmal klingt was in uns selbst, was wir in die Rede des andern legen und aus ihr zu hören glauben. Das sind sozusagen Fehler, die man immer nur gemeinsam hat, aber wissen wir denn noch, wie jeder für sich selbst ist? – Jetzt kommen noch alle diese schrecklichen Dinge von außen, aus deren Dunstkreis wir uns nicht befreien können. Jeder bringt etwas von der Atmosphäre seiner Umgebung mit, das legt sich in Haar und Schleier wie Rauch. Unser Gemütsleben hat sich verknäuelt statt sich zu entfalten. Wir werden zuweilen jubeln können, wir werden aber nie heiter sein. Und wir werden selbst unsern Schmerzen mistrauen und uns fragen, ob es nicht etwa nur Langeweile ist! – Wie gute Kameraden könnten wir sein, wenn Sie nicht eine Frau wären! Oder ist das wieder Täuschung?

Es sind sehr kluge Zeilen von Schnitzler, in denen er erstmals die gegenseitigen Verletzungen und deren Folgeerscheinungen gedanklich seziert. Solange bei denen, die eine zwischengeschlechtliche Kameradschaft leben wollen, das körperliche Begehren noch vorhanden ist, kann sie nicht funktionieren. Die Wunde ist offengelegt. Im Falle von Olga Waissnix und

Arthur Schnitzler bedarf es nur eines falschen Wortes oder eines zu langen Schweigens, um das zerbrechliche freundschaftliche Verhältnis, das sie sich mühsam erarbeitet haben, zu gefährden.

Olgas Antwort auf den obigen Brief ist verschollen. Fest steht, dass Arthur sich daraufhin in Schweigen hüllte und Olga am 5. April 1891 beleidigt folgenden Brief verfasst:

Ich sagte Ihnen neulich: Wenn je irgend jemand größere Bedeutung in meinem Leben erhielte, so würde ich einfach für Sie verschwinden. – Ist das nun bei Ihnen eingetreten, da Sie gar kein Lebenszeichen seit 6 Wochen von sich geben? Wenn ja, antworten Sie mir nicht, ich würde aus dem liebenswürdigsten Briefe das Geschraubte herauslesen, u. das würde mir alle Freude nehmen. Wir brauchen uns ja nicht zu schreiben, glauben Sie mir, auch ohne Worte werden Sie stets einen treuen Kameraden haben, der Ihnen alles, alles Glück von Herzen wünscht.

Ich bin sehr krank. Von den vielen Aufregungen habe ich einen nervösen Magencatarrh, liege schon seit 8 Tagen u. meine Nerven sind ganz caputt. Dann hat sich der hiesige Arzt noch geirrt und mir ganz munter Ergotin statt Antipyrin gegeben, u. ich habe das verkehrte Zeug über einen Monat genommen. (…)

Nochmals leben Sie wol, schreiben Sie mir nur, wenn Sie der Alte sind, Mitleid brauch' ich nicht.

Adieu, ich bin von von dem bisserl schreiben furchtbar müd.

Olga.

Er hat kein Mitleid mit ihr, und da sie ihm wichtig ist, lässt er sich herausfordern und antwortet ihr drei Tage später:

Niemals, verehrteste gnädige Frau, hat irgendwer auf der Welt sicherer gewußt, eine Antwort auf einen Brief zu bekommen, wie Sie nach Ihrem letzten. (…) Bitte, lassen Sie mich so geradaus sprechen wie immer, ich gebe im vorhinein zu, daß Eitelkeit, Stimmungwechsel u allerlei andre Dinge die Klarheit meines Urtheils beeinflußen mögen, ich bleibe aber dabei, Ihnen die Dinge so zu erzählen, wie sie sich in mir abspielen. Vor allem: ich hatte das Gefühl einer gewissen Entfremdung, das mich riesig störte. (…)

Ich hätte Ihnen inhaltslos geschrieben, fand den rechten Ton nicht, dies war der Grund meines Stillschweigens. Warten Sie nur, meine nächsten Briefe werden wieder ganz vernünftig sein. Lassen Sie mich gleich heut einiges thatsächliche hersetzen, was Sie vielleicht interessirt. Mein Stück ist so ziemlich fertig, d. h. ganz, ich muß nur noch feilen. (…)

Jeden Dienstag kommt eine Gesellschaft von Literaten zusammen, es entwickelt sich jetzt überhaupt ein reges Leben in dieser Hinsicht. Über dies und tausend andres in wenigen Tagen, wenn Sie mir wieder irgend was aus Ihrer Existenz mittheilen, gemütlich, nicht gespannt, nicht von einer sehr hohen Höhe herunter – schreiben Sie mir alles mögliche, womöglich alles. Sie wissen ganz gut, daß ich der alte bin. Leben Sie wohl, bitte, genau, wie Sie leben, woran Sie denken, was Sie lesen, schreiben, mit wem Sie verkehren, wie es Ihrer Gesundheit geht. –

Viele viele herzliche Grüße

Im letzten Absatz schildert Schnitzler die Geburtsstunde des literarischen »Jung Wien« im Café Griensteidl am Michaelerplatz. Angeführt von Hermann Bahr formierte sich eine Gruppe von Schriftstellern, die den Naturalismus ablehnten. Beeinflusst durch Impressionismus und Symbolismus begründeten sie eine neue österreichische Literatur. Die Kaffeehausliteraten waren geboren: Autoren wie Schnitzler, Kraus, Polgar, Altenberg, Salten oder Hofmannsthal benötigten zur Entstehung ihres Werkes die Luft und Atmosphäre des Kaffeehauses und die dortigen Diskussionen mit ihren Kollegen.

Olga lässt Arthur drei Wochen warten und repliziert am 25. April 1891 mit ein paar Belehrungen ihrerseits und einem Zitat aus dem Gedicht *Morgenandacht*, lenkt aber insofern ein, als sie zur alten Kameradschaft mit ihm zurückkehren will:

»Sie wissen sehr gut, daß ich der alte bin« – schreiben Sie. Mein Freund belügen Sie sich nicht selber. Sie sind mir nicht mehr so gut wie früher, denn ich habe Ihre Eitelkeit verletzt. Eine stille rancune [*Groll; Anm.*] nagt in Ihrem Innern, eine gewisse Entfremdung und diese Gefühle stören Sie mehr als Sie sich eingestehen wollen (…) Wir stehen an einem Wendepunkt unserer »Freundschaft«, respective Sie stehen dort, ich bin schon wieder mit mir längst im Reinen (…). Ich wollte nie revanche nehmen, weshalb? Ich habe einfach so gehandelt, parceque je suis une femme comme les autres« [*Weil ich eine Frau bin wie die anderen. Anm.*] – Eitel, o furchtbar eitel! Übrigens tempi passati! –

Olga hat, bevor sie diesen Brief schreibt, einige Tage in Wien verbracht, sich aber nicht bei Arthur gemeldet. Sie hat insgesamt nur wenige Besuche gemacht, weil sie von ihrem Magenkatarrh angeschlagen und sehr mager geworden ist: »Ich hätte jetzt ganz die für eine Probirmamsell passende elegante Dürre, nächstens nehme ich solch' eine Stelle an. Ach Arthur, ich brauchte Ruhe, da würde ich gleich gesund. Während der paar Tage in Wien war mir besser, aber hier bringen mich die ewigen Aufregungen um.« Zusätzlich zur anstrengenden Saisoneröffnung im Hotel muss sie im Rahmen einer Wohltätigkeitsvorstellung, die für die Erbauung eines zweiten Schutzhauses auf der Rax gegeben werden soll, einen Prolog als Alpenfee sprechen, lebende Bilder arrangieren und mit Kostümen ausstatten. Sie schließt ihren Brief mit den Worten: »Und nun leben Sie wol, die alte Zärtlichkeit ringt sich immer wieder durch, wozu? Können wir denn nicht auch ganz einfach ehrliche gute Kameraden sein? Werden Sie mir bald schreiben? Und viel?«

Bald schreibt er Olga nicht, etwa Ende Mai oder Anfang Juni, aber für seine Begriffe ausführlich. Er bittet sie herzlich, ihm die Freundschaft zu erhalten, und gibt zu, dass sich seine »Eitelkeit einen Monat lang verletzt fühlte«.

Er berichtet, dass *Das Märchen* fertiggestellt ist und darauf wartet, aufgeführt zu werden, was mit dem *Abenteuer seines Lebens* am 11. April 1891 durch eine Schauspielschule im Rudolfsheimer Theater in Wien bereits gelungen ist. Es war die erste öffentliche Aufführung eines Theaterstückes von Arthur Schnitzler, die am 13. Mai 1891 im Theater in der Josefstadt von derselben Truppe wiederholt wurde!

Olga hat Arthur seit ihrem langen Spaziergang Ende Februar in Wien nicht mehr gesehen und wünscht sich eine weitere persönliche Aussprache. Auf einem Zettel, den sie ihm am 4. Juni 1891 zukommen lässt, bittet sie ihn, mit ihr mittags vom Südbahnhof bis nach Baden zu fahren. Arthur fährt an diesem Tag jedoch zum ersten Mal nach Baden, um Mizi Glümer zu besuchen, die am dortigen Stadttheater engagiert ist. Am 23. Juni notiert er dazu in seinem Tagebuch: »O. hat mir am ersten Tag, wo ich zu Mz. nach B. fuhr, ein R. (Rendezvous; Anm.) gegeben – ich kam nicht und schrieb seither nicht. Warum ich eigentlich so ein Flegel bin weiß ich nicht …«

Nun tritt in der Korrespondenz von Arthur und Olga eine Pause von eineinviertel Jahren ein. Es ist beiden zu anstrengend geworden, ihre Freundschaft mit den ständig wiederkehrenden, aus verletzter Eitelkeit entstehenden Missverständnissen aufrechtzuerhalten. Das alltägliche Leben des verhinderten Paares ist voll von Verpflichtungen und Problemen, somit bedarf es zumindest einer friktionsfreien, unbelasteten und erholsamen Korrespondenz. Schnitzlers Gemütszustand hat sich sowohl durch die erste Aufführung eines seiner Stücke als auch durch den Umstand, dass er Marie Glümer näher zu Wien weiß, deutlich gebessert. Er benötigt Olgas Zuspruch momentan nicht so dringend. Bei Olga treten zu dieser Zeit außerdem die ersten Anzeichen einer schweren Krankheit auf.

Die außergewöhnliche Beziehung der beiden bedarf einer Erholungspause.

Zeit der Stille
Eine Erholungspause

»Und wenn Sie mir nicht schrieben und
aus meinem Leben wieder verschwänden?«

Zwischen Juni 1891 und September 1892 gibt es keine Korrespondenz zwischen Olga Waissnix und Arthur Schnitzler. Die Gründe dafür sind vielfältig. Olga hatte begriffen, dass ihr Kampf um Arthur als Geliebten hoffnungslos war. Mehr als Freundschaft war von seiner Seite nicht mehr zu erwarten. Die hoffnungsvolle Euphorie, die sie ein Jahr lang freudiger gestimmt hatte, verschwand und ließ sie gänzlich in die Resignation eines unerfüllten Daseins zurückfallen. Ihre exzessiven Jagden und Bergtouren, die eine kerngesunde und robuste Frau vermuten lassen, stehen im Widerspruch zu ihren häufigen Verkühlungen und Kopfschmerzen. Der Verdacht auf Tuberkulose, deretwegen sie wie auch Arthur 1886 in Meran gekurt hatte, schien einer allgemeinen Anfälligkeit für Erkrankungen in stressbedingten Situationen gewichen zu sein. Es war ein psychosomatisches Krankheitsbild, das sich im 19. Jahrhundert bei vielen Damen der Gesellschaft zeigte. Olga nutzte die Gelegenheit, die sich ihr durch die Erkrankungen bot, und entfloh ihrem Eheleben und Alltag, indem sie Kuren machte und auf Reisen ging.

Zusätzlich tauchten bei Olga Waissnix plötzlich unerträgliche Unterleibsschmerzen auf, über die sie bis zu ihrem frühen Tod klagt, Schmerzen, die in Folge zu Bauchfellentzündungen und zwei Operationen führen sollten. Der Verdacht liegt nahe, dass Charles Waissnix, der kein Kostverächter war und zahlreiche Liebschaften in Reichenau und Umgebung hatte, seine Frau mit Gonorrhoe angesteckt hat. Liest man die privaten Aufzeichnungen der Kronprinzessin Stephanie, die von ihrem Mann, Kronprinz Rudolf, angesteckt worden war, ergibt sich ein ähnliches Bild: »Zu Beginn des Jahres 1886 erkrankte der Kronprinz schwer. Die Ärzte, über die Natur der Krankheit aufs tiefste bestürzt, drängten zu gänzlichem Ausspannen und Isolierung. Sie empfahlen hierzu einen längeren Aufenthalt im Süden. Wir begaben uns denn auch unverzüglich nach Pola und von da zu Schiff nach der Perle der Adria, der Ragusa vorgelagerten Zauberinsel Lacroma. Noch war ich über die Art der Erkrankung des Kronprinzen im Unklaren. Nur wenige Tage könnte ich mich des herrlichen Aufenthalts erfreuen, dann erkrankte auch ich schwer. Wochenlang lag ich, noch immer ahnungslos, mit namenlosen Schmerzen zu Bett. Professoren aus Wien und Triest erklärten, ich litte an einer Bauchfellentzündung. Ich selbst ahnte den Grund meines Leidens nicht. Auf hohen Befehl wurde alles vertuscht, die Ärzte auf Schweigen beeidigt. Erst später entdeckte ich und erfuhr ich, daß der Kronprinz an meinem Leiden schuld war. Auch ihn hatte die furchtbare Seuche erfasst, die noch vor niemandem, sei er geringen Standes oder auf den Höhen des Throns geboren, Halt macht.« Stephanie wurde infolge dieser Ansteckung unfruchtbar. Obwohl man am Wiener Hof den Grund dafür kannte, wurde nach außen hin ausschließlich Stephanie die Schuld dafür angelastet, dass das Paar keine weiteren Kinder und vor allem keinen Thronerben bekommen konnte.

Bei Männern zeigen sich die Symptome einer Gonorrhoe, wie brennender Schmerz beim Wasserlassen, relativ schnell, bei Frauen lassen sie oft auf sich warten, was die Früherkennung erschwert. Infizierte Männer hielten eine Erkrankung vor ihren Frauen geheim, sodass diese glaubten, sie hätten sich verkühlt und eine Blasenentzündung, die nicht besser wurde. Eine solche »Verkühlung« konnte schließlich zu einer Entzündung des gesamten Bauchraums und letztendlich Sterilität führen. Der prüde Umgang mit Sexualität im 19. Jahrhundert ließ offene Gespräche über derartige Probleme nicht zu. Viele Damen der Gesellschaft gingen wie Olga Waissnix wegen mit entsetzlichen Schmerzen verbundenen Unterleibsproblemen wochenlang auf Erholungskuren ins Ausland. Die verantwortlichen Männer wurden nicht zur Rechenschaft gezogen, hielten sich bei den leichteren Formen der Krankheit zumeist zu früh für geheilt und verbreiteten das Übel weiter.

Im Herbst 1891 konnte Olga aufgrund ihrer Erkrankung nicht mehr ihrer geliebten Jagd frönen, den Winter von 1891 bis ins späte Frühjahr 1892 verbrachte sie auf Kuren und im Süden, in Genua, Nizza und Mailand. Aufgrund ihres geschwächten körperlichen und seelischen Zustands stellte sich eine Besserung nur sehr langsam ein, und so konnte sie während der Sommersaison am Thalhof ihren Verpflichtungen als Hotelière großteils nicht nachkommen.

Schnitzler quälte sich inzwischen weiterhin mit seinen zwei unerfüllten Leben als Arzt und Schriftsteller. Die Euphorie nach der ersten Aufführung von *Das Abenteuer seines Lebens* war bereits verklungen. Er strebte nach größerer Anerkennung, die ihm auf beiden Gebieten einstweilen versagt blieb. Sein Stück *Das Märchen* war fertig geschrieben und vielfach im Freundes- und Kollegenkreis vorgetragen worden. Er fand jedoch keine Bühne, die zur Aufführung bereit war. Sein Verhältnis mit Mizi Glümer ließ ihn wie einen Manisch-Depressiven zwischen Gefühlen von himmelhoch jauchzend und zu Tode betrübt schwanken. Das Ende dieser Beziehung war abzusehen, da sie für ein Engagement nach Wiesbaden ging, er bereits litt, bevor sie abfuhr, und sich das Leben ohne sie nicht vorstellen konnte. Schnitzler war ein Zerrissener wie eh und je. Seinen Wohnsitz hatte er mittlerweile in die Grillparzerstraße 7 im ersten Bezirk verlegt.

Da erhält er nach 15 Monaten der Stille die folgenden Zeilen:

Reichenau 19. September 1892.
Sehr geehrter Herr Doctor!
Hermine Sonnenthal hat mir soeben von Ihrem jüngsten Werk, »Das Märchen«, erzählt. Sie hat mich so neugierig gemacht, daß ich Sie bitten komme, es mir gütigst zusenden zu wollen. Daß ich Ihr Werk nicht kenne, ist nicht Mangel an Interesse. – Ich bin seit fünfviertel Jahren schwer krank und habe von der Außenwelt so gut wie nichts vernommen, auch war ich die meiste Zeit im Ausland. –
Sie werden mir durch Übersendung Ihres Werkes eine große Freude bereiten und danke ich Ihnen innig im Voraus.

Wie immer –

Olga Waissnix

Hermine war die Tochter des berühmten Burgtheaterschauspielers Adolf von Sonnenthal. Mit ihrem Bruder hat Schnitzler in seiner Kindheit am Thalhof gespielt. Hermine ist dort nach wie vor regelmäßiger Gast, wodurch eine enge Freundschaft zwischen ihr und Olga entstanden ist.

Von Spätsommerreisen nach Bad Ischl, Riva, Venedig und zum Semmering nach Wien zurückgekehrt, findet Arthur diese kurzen Zeilen Olgas vor und ist sichtlich hoch erfreut. Am 25. September schickt er ihr sein neues Stück und legt noch eine »Kleinigkeit« bei, die *Weihnachtsein-käufe* aus dem *Anatol*-Zyklus, bei deren Figur der verheirateten Gabriele er sich Olga Waissnix zum Vorbild genommen hatte. Gabriele ist eine ehemalige Liebe Anatols, die sich ihm letztendlich verweigert hat. Während eines Gespräches am Heiligen Abend erzählt Anatol von seinem »süßen Mädel«, für das er ein Weihnachtsgeschenk sucht. Obwohl Gabriele seinen Hang zu einem einfachen Vorstadtmädel nicht verstehen kann, hilft sie ihm und schenkt ihm für seine neue Liebe einen Blumenstrauß von einer Dame, »die vielleicht ebenso lieben kann wie sie, die aber den Mut dazu nicht hatte«. Dieser Einakter ist am 24. Dezember 1891 auf Betreiben Paul Goldmanns in der *Frankfurter Zeitung* abgedruckt worden.

3. October 92

Geehrter Herr Doctor!

Für Ihre liebenswürdige Sendung sage ich Ihnen vor Allem großen Dank. »Die Weihnachtseinkäufe« sind einfach reizend. Es freute mich ungemein, daß Sie mir dieselben schickten u. bitte ich Sie nur, dieselben behalten zu dürfen. »Das Märchen« las ich in einer Nacht durch, den 1. Act gleich zweimal. Es ist schon längere Zeit fertig, nicht wahr? Vor anderthalb Jahren, als ich Sie das letzte Mal sprach, war schon ein Act davon fertig, wie ich mich erinnere, die Idee spukte Ihnen damals viel im Kopf u. Herzen. – Um mich ganz in das Märchen hineinzulesen, habe ich »Episode«, »Abenteuer«, »Alkandi«, »Denksteine« u. s. w. auch gleich durchgelesen. Gott, wie sind Sie gewachsen! Der erste Act besonders, wie geistvoll! Dann die Sprache fließend, natürlich, die Handlung ungeheuer spannend. Glänzend ist »Fedor« gezeichnet, er ist auch ungeheuer sympathisch bis auf den Schluß. Könnte er da nicht ein wenig milder sein? Ausgezeichnet ist auch die »Fanni«, die bei aller Aufopferung, bei aller Vornehmheit der Gesinnung (verzeihen Sie das allerdings harte Wort) denn doch von allem Anfang die geborne Geliebte ist. Und das Allerschönste ist, daß Sie das alles miterlebten als Sie die tragischen Conflicte in diese Menschen hineinzauberten u. ihnen so viel »Licht von Ihrem Lichte« gaben. Es würde mich furchtbar interessiren über die Aufführung in Prag etwas zu hören, nicht die allgemeine Kritik sondern wie Ihnen Ihre Gestalten gefielen, als sie plötzlich lebend vor

Sie hintraten. Schade, daß ich's nicht sehen kann, hoffentlich bin ich bis zum Frühling so weit gesund um einer Aufführung in Berlin beiwohnen zu können. (...) Herzlichen Dank für Ihre freundliche Erkundigung nach meiner Gesundheit. Es wird eben Nachmittag und die alles überwindende Jugendkraft ist dahin. Ich hab's nicht möglich gehalten krank zu sein u. jetzt leide ich so viel, seit Monaten. Ich habe mich auch ganz von allen Menschen zurückgezogen.

Zur Erstaufführung Ihres Werkes nochmals innige Glückwünsche.

Mögen aller Erfolg, aller Jubel Sie umrauschen, die das Herz eines Autors befriedigen können, niemand wird sich darüber mehr freuen als

Ihre ergebene

Olga Waissnix

Die Zeit des Schweigens hat nichts an Olgas Interesse für den Schriftsteller Arthur Schnitzler geändert. Seine Werke, die sie in Magazinen findet oder von ihm erhält, dringen wie ein Lichtstrahl in ihr verdüstertes Gemüt. In seinem Stück *Das Märchen*, in dem es um ein sogenanntes gefallenes Mädchen mit Vorleben, die Schauspielerin Fanny Theren, geht, die sich gegen die Vorurteile der Gesellschaft und insbesondere der Männer durchsetzt, verarbeitet Schnitzler seine Beziehung zu Marie Glümer. Zu seinem großen Leidwesen kommt es weder in Prag noch in Berlin zu einer Aufführung. In Prag ist der Intendant über den unmoralischen Inhalt so empört, dass das Stück schlichtweg verboten wird. Der Berliner Intendant hält ihn hin.

Arthur will nun wieder mehr über Olga wissen, bittet sie um einen weiteren Brief, was sie ihm, so sehr sie sein Wunsch freut, nur zögerlich gewährt, weil sie eine offene und ehrliche Korrespondenz noch nicht für möglich hält und jede Aufregung, die ihr den Schlaf rauben könnte, meiden will. Wird es je wieder Klarheit zwischen ihnen geben? Auch befürchtet sie, dass sein letzter Funke an Interesse für sie, die krank und älter geworden ist, erloschen sein könnte. In ihrem Brief vom 26. Oktober ist zu lesen:

Werden uns die vielen Missverständnisse nicht vollends entfremden und nicht einmal die schönste Erinnerung zurücklassen. Was mich betrifft, so trennt uns nichts, was Sie möglicherweise vermuten. (Sie wissen, ich bin viel zu stolz um zu lügen.) Aber mürbe und feig hat mich das Schicksal gemacht u. meine Umgebung findet, ich sei »vernünftig« geworden. »Vernünftig«, weil alles tot ist, Hoffnung, Selbstvertrauen, Mut, alles, alles. –

– Schreiben Sie mir erst in Monaten, jetzt könnte ich Ihre Antwort nicht ertragen, wie immer sie auch wäre, und wenn Sie mir nicht schrieben und aus meinem Leben wieder verschwänden?

Was immer auch kommen mag, lesen Sie die Briefe aus den ersten Jahren, was ich damals schrieb, ich bleibe die Alte u. das ever yours war keine Lüge.

Arthur hält sich an Olgas Wunsch und schickt ihr erst Anfang Jänner 1893 wieder einen Brief, sichtlich genau zum richtigen Zeitpunkt, denn sie bestätigt in ihrem Antwortschreiben vom 14. Jänner, dass auch sie den Entschluss gefasst hat, die Korrespondenz mit ihm erneut aufzunehmen. Sie ersucht ihn, ihr aus seinem Leben zu berichten. Von ihr gebe es nicht viel zu sagen: »Ich war einst nicht reich u. daher unzufrieden. Da hat mir das Schicksal alles genommen, jetzt bin ich feig u. demütig. Welch' erhabene Regierungskunst! Ja, so erbärmlich bin ich geworden, daß ich an diesem elenden Leben trotz alledem hänge. Ich wollte nach Meran fahren, bin aber nicht transportfähig, dort wäre ich vielleicht gesund worden. Nun muß ich bis zum Frühling hier bleiben, man trägt mich von einem Zimmer ins andere, sie kommen mir gedrückt wie Schachteln vor u. ich winde mich in jedem in meinen unerträglichen Schmerzen.«

Von Alfred Pick erfährt Arthur, wie schlecht es Olga wirklich geht, da die Ärzte die Bauchfellentzündung nicht in den Griff bekommen. In seinem Brief vom 27. Jänner 1893 fragt er: »Sagen Sie doch, wann werden Sie sich endlich entschließen, ganz gesund zu werden? Wie schwer es mir ist, Sie mir leidend vorzustellen – ich kanns Ihnen gar nicht sagen. Nicht wahr, ich höre bald, daß Sie vollkommen genesen sind?«

Weiters erzählt er, dass er im alten Zwiespalt steckt, »das zerstreute, versplitterte Leben mit dem täglichen Frühaufstehn und dem Morgen unter Kranken und Nüchternen« lebt und den Rest des Tages damit verbringt, sich zu »derfangen«, was ihm selten gelingt. Er schließt mit den Worten: »Nächstens ein mehreres! Bitte schreiben Sie mir bald, auch wie Sie aussehen – im Feber werden's zwei Jahre, daß ich Sie das letzte Mal sah! – Und schreiben Sie mir alles mögliche – wenn Sie zu müd sind, in Schlagwörtern, ohne Verba u Verbindungen –«

Doch selbst zu einer Korrespondenz in Schlagwörtern ist Olga in den nächsten Monaten nicht fähig. Erst im April verbessert sich ihr Zustand und ab diesem Zeitpunkt beginnen die beiden wieder mit einer gewissen Regelmäßigkeit zu korrespondieren.

Ein Wiedersehen sollte es allerdings erst am 5. September 1893 geben.

Kameradschaft 2.0
Eine neue Dimension

»Sie müssen einfach berühmt werden,
wer sollte es denn sonst, wenn nicht Sie!«

Am 3. April 1893 findet Olga Waissnix die Kraft, einen Neubeginn der Freundschaft mit Arthur Schnitzler zu initiieren und ihm Einblick in ihr Leben und ihre Empfindungen während der »Zeit der Stille« zu geben:

Ich verschwand und litt anfangs sehr. Dann kam der Sommer mit seinen Zerstreuungen, es war eine wilde Zeit. Fast schien es, als wollte das Schicksal ein wenig sühnen, was es mich schon leiden ließ, und mich noch leiden lassen wollte. Ich nahm mir damals vor, Ihnen im Herbst wieder zu schreiben, wurde aber im October krank. Den Winter verbrachte ich in Nizza, Genua, Mailand, den Frühling in Wien, den Sommer in Vöslau, mein Zustand wurde immer hoffnungsloser. Im Glück war ich ein Stiefkind, im Unglück wurde ich ein schwerer, interessanter Fall. Am meisten litt ich diesen Winter, u. was leide ich heute noch, ich bin schon halbblind vom vielen weinen. Dennoch bin ich seit 14 Tagen wieder ein wenig hoffnungsfreudiger, meine Krankheit hat sich nemlich sehr gebessert, nur werde ich noch lange schwer leiden müssen. Sie haben auch gefragt wie ich aussehe, fragen Sie Sonnenthal, wir sprachen heute noch miteinander, ich glaube gottlob gut, nur sehr mager. Sie müssen sich meine Wenigkeit jetzt in weiten Gewändern mit einer Schleppe vorstellen. Anfang des Sommers werd' ich in irgend ein Bad geschickt werden u. den Rest des Sommers verbring ich auch in irgend einem stillen Winkel, von dem ich heute noch keine Ahnung habe. Leute sehe ich noch sehr wenig. – viele Freunde hatte ich ja nie, ein paar verlor ich, als ich nicht mehr lachte u. amüsant war, (…) Es gab keinen Tag während der 19 Monate meiner Krankheit, wo ich nicht an Sie dachte und tausend Liebenswürdigkeiten fielen mir immer von Neuem ein. Während meiner fürchterlichen Schmerzen hat mir die Erinnerung an Sie manch' traurige Stunde leichter ertragen lassen. Im Frühling lernten wir uns kennen u. wie ein Frühlingstag so hold, so duftig schweben mir auch die Jahre unserer Bekanntschaft vor. Und Sie darf ich nicht sehen! Auch so ein Witz des Schicksals! –

Aber schreiben können Sie mir alles was in Ihnen vorgeht, hören Sie, alles, alles, erstens weil ich alles ertragen kann und will und zweitens weil man mich hier mit Geduld und Langmut in allem gewähren läßt. (…) Ich hab neulich eine Biografie von Grillparzer gelesen, an ihn erinnern Sie mich so sehr. Auch sein Werdegang war eine Reihe von Gewittern, auch ihm fehlte jenes eherne Selbstvertrauen, das die Stümper so erfreulich auszeichnet u. das auch Ihrer Künstlerseele so fremd ist. Auch Sie, der Vorkämpfer einer neuen Zeit, werden viele Schwierigkeiten haben, aber Sie müssen einfach berühmt werden, wer sollte es denn, sonst, wenn nicht Sie!

Welche Ironie des Schicksals: Erst die schwere Erkrankung und die großen Sorgen, die Charles und Olgas Vater um sie haben, ermöglichen ihr mit einem Mal ein freies Leben, in dem sie tun, lassen und korrespondieren darf, was und mit wem sie will. Schnitzler, an dessen Talent und Karriere sie weiterhin unerschütterlich glaubt, kann nun ohne Vorsichtsmaßnahmen an sie schreiben.

Übervoll von seiner Enttäuschung über die Ablehnung von *Das Märchen* in Prag und Berlin antwortet Arthur ihr am 7. April 1893 sofort und sehr ausführlich, irrt sich allerdings im Datum des letzten Treffens, das am 27. Februar 1891 war:

Verehrteste gnädige Frau, es muß schon so sein; zwischen Menschen, die sich gegenseitig etwas bedeuten, wirkt stets ein geheimnisvoller Einfluß fort, ohne daß sie's selber ahnen – und es ist geradezu wunderbar, wie Sie sich plötzlich in einer Stunde wieder bei mir meldeten, die mit dem tiefsten Einblick in mein Leben nicht besser hätte gewählt werden können. Ich habe schon oft Gelegenheit gehabt, Ihnen für ein paar Worte, die Sie mir in stets gleicher Liebenswürdigkeit sandten, dankbar zu sein – was Sie aber gerade dieses Mal an mir thaten, werden Sie erst ermessen können, wenn ich Ihnen das ganze Tagebuch meiner letzten Monate vorplaudern werde – wozu ja doch wohl einmal die Zeit kommen wird. Es sind über zwei Jahre, daß wir uns nicht gesprochen haben; es war nemlich der 22. Februar. – Ich sage Ihnen, gnädige Frau, ich habe eine unendliche Sehnsucht, wieder einmal mit Ihnen zu sprechen. – wieder einmal nach achthundert Tagen! Aber womöglich achthundert Tage lang.

Er berichtet von einer neuerlichen Schreibblockade und dass in der Zwischenzeit keines seiner Stücke aufgeführt worden sei. Die Agenten, die seine Stücke vertreiben wollen, bringen keine Verträge zustande. Auf Olgas Ruhmesprophezeiung anspielend, meint er:»Im ganzen steh ich, was den ›Erfolg‹ anbelangt, nicht viel weiter als vor 2 Jahren«. Eine zusätzliche Belastung stellt die eingeschränkte Gesundheit seines Vaters dar, der sich seit seiner Lungenentzündung vor zwei Jahren nicht mehr richtig erholt hat. In den vergangenen Monaten musste Schnitzler mehrmals beruflich für ihn einspringen. Ende April 1893 erkrankt Johann Schnitzler an Rotlauf im Gesicht, am 1. Mai kommt eine Blutvergiftung hinzu, der er einen Tag später, am 2. Mai, erliegt. Arhur Schnitzler hält in der letzten Stunde die Hand seines Vaters.

Olga erfährt vom Tod Johann Schnitzlers aus der Zeitung und kondoliert Arthur sogleich.

Der Tod dieses Mannes lähmt Arthur, ist ihm unbegreiflich. Den entsetzlichen Schmerz über den Verlust fühlt er erst einen Tag später beim Abendessen mit seiner Familie, als alle bei Tisch sitzen außer sein Vater. Viel mehr Worte als über dessen Tod verliert er in seinem Tagebuch allerdings über seine Liebesqualen um Marie Glümer. Er hat einen anonymen Brief bekommen, der Mizi eines Verhältnisses mit einem anderen bezichtigt, und weiß nicht, wie er damit umgehen soll. Eines wird Schnitzler jedoch bald nach dem Tod des Übervaters klar: Es zwingt ihn niemand mehr, weiterhin Arzt zu sein. Es gibt niemanden mehr, dem gegenüber er sich wegen mangelnder medizinischer Leistungen verantworten und Rechenschaft ablegen muss. Er kann endlich selbst entscheiden, verlässt die Poliklinik und beginnt ein Leben als Schriftsteller. In der Frankgasse, wohin er im November 1893 mit seiner Mutter in zwei getrennte Wohnungen ziehen wird, eröffnet er seine eigene Ordination, in der er sporadisch Patienten behandelt.

Nach dem Begräbnis dankt Arthur Olga herzlich für ihre Anteilnahme und hofft bald wieder von ihr zu lesen. Olga ist mittlerweile von ihrem behandelnden Arzt Carl Breus (1852–1914), damals einer der berühmtesten Gynäkologen und Geburtshelfer an der Wiener Universitätsklinik, der unter anderem die Geburtszange weiterentwickelt hat, zur Kur nach Bad Hall geschickt worden. Eines seiner Spezialgebiete waren die Eierstöcke. Olga Waissnix dürfte, möglicherweise bedingt durch eine Geschlechtskrankheit, eine Eierstockentzündung gehabt haben, die sich zu einer massiven chronischen Bauchfellentzündung ausgeweitet hatte.

Seit einem Jahr wird Olga von einer Cousine begleitet und betreut. Sie fühlt sich in dem Kurort wohl und schreibt am 22. Juni 1893 an Schnitzler:

> Ich bitte Sie dringend, stellen Sie sich die gute Olga weder mit einem dicken Hals noch mit triefenden Augen vor, ich hatte eine Bauchfellentzündung u. glaubte immer nach Franzensbad zu gehören, ich war selbst erstaunt, als mich Dr. Breus in sein geliebtes Hall sandte. Hier hat Dr. Körbl mich ordentlich aufgerüttelt u. ich fange an wieder unter Menschen zu gehen. Dr. Körbl ist überhaupt sehr nett, er besucht mich fast täglich, stellt mir sämtliche in Hall anwesenden Prinzen vor und wird mir vielleicht schon nächste Woche das Tennisspielen erlauben. Vor einem Jahr wurde ich noch im Rollwagen geführt u. heute macht mir das Offizierscasino Fensterpromenaden u. neben mir duften herrliche rote Rosen, meine Lieblingsblumen, die ich täglich frisch bekomme! Ich hätte also allen Grund froh zu sein und bin es doch gar nicht. Wie vor Jahren in Meran bin ich wieder einmal ganz meine eigene Herrin, aber wie anders bin ich doch geworden. Alt, uralt! Nur eines ist geblieben, der heiße Durst nach Glück. Heute habe ich aber die Gewißheit, daß es für mich keines giebt. Wie lang wird's noch dauern u. der Abend zieht herauf; noch ein goldenes Glühen im Abendglanz u. dann stockfinstere Nacht! – Die Menschen, die ich lieb hatte sind mir entfremdet u. die andern mit denen ich verkehre, sind dumm und hohl! – Doch genug davon! – Es ist furchtbar schade, daß Sie nicht hierherkommen können. Hall ist blos 6 Stunden per Wagen von Gmunden entfernt, überhaupt sehr leicht zu erreichen.

Olgas Kurarzt bemüht sich, sie aus ihrer Depression zu holen, indem er sie mit vielen Menschen bekannt macht. Olga ist jedoch viel zu müde, um Konversation zu machen. Sie schläft viel und leidet weiter unter den täglich wiederkehrenden Schmerzen.

Arthurs Antwortbrief ist nicht erhalten. Olgas Karte darauf vom 5. Juli 1893 zeigt, dass es ihr besser geht und die Schmerzattacken nicht mehr täglich auftreten. Sie fühlt sich alt, liebt die Einsamkeit und meidet wenn möglich den Kontakt mit den anderen Kurgästen. Arthur hat die gemeinsame schöne Vergangenheit erwähnt, und sie geht vorsichtig und sehr abgeklärt darauf ein:»Sehr lieb ist Ihre Erinnerung an die Vergangenheit. Ja, sie war schön, einzig. Ich werde u. will auch nichts mehr Ähnliches erleben, es käme dem ersten nie gleich.« Anfang Juli, vor ihrer Abreise aus Bad Hall, meldet sie sich nochmals bei Arthur:

Mit Grauen denke ich an mein sogenanntes Daheim; ich bekomme jetzt schon die unangenehmsten Briefe, in Vöslau halte ich mich jedenfalls nicht lange auf. Schreiben Sie mir noch einmal hierher, aber gleich, ja? Käme der Brief zu spät, würde er nach Reichenau geschickt und das gäbe Geschichten. Hier wars still und friedlich, ich habe mich gottlob auch sehr erholt. Vom Lackerboden bekommen Sie dann meinen nächsten Brief, sollte es ein wenig dauern, sind Sie mir nicht bös; Sie kennen mein Leben und wissen, daß man da zu allem die Stimmung verliert, sogar zum schreiben an seinen einzigen Freund. Wenn ich nur nicht so schrecklich abhängig wäre!

Nachdem es Olga besser geht, wird ihr Mann ungeduldig. Zu lange schon fehlt sie am Thalhof, einige Gäste bleiben sogar aus, weil die charmante Wirtin nicht anwesend ist. Die Auslastung des Hotels lässt nach, Olga wird dringend gebraucht. Wenn Charles in einer solchen angespannten Stimmung ist, will sie ihn, so nachsichtig er in den letzten Monaten ihrer Krankheit auch war, durch Briefe Schnitzlers nicht unnötig reizen. Die angesprochene Abhängigkeit ist im doppelten Sinn zu verstehen: Durch ihre Schwäche bedarf sie permanent der Hilfe einer Betreuerin und als kranke Frau ist sie von ihrem Mann und ihrem Vater finanziell vermehrt abhängig.

Olga hofft auf ein Wiedersehen mit Arthur am Thalhof, ist sich aber nicht sicher, ob dieser nach dem Affront ihres Mannes das Hotel je wieder betreten wird.

Schnitzlers Verhältnis mit Marie Glümer ist inzwischen endgültig vorbei. Sie hat zugegeben, ihn betrogen zu haben, wodurch er bei ihrem Anblick nur noch Ekel empfindet. Dass er während ihres Engagements in

Wiesbaden mehrere Gelegenheitslieben hatte, die er später in seinem *Reigen* literarisch verewigen wird, zählt nicht. Der ungebundene Arthur hat nun wieder mehr Freizeit, springt über seinen Schatten und fährt am 31. August 1893 mit dem Fahrrad nach Reichenau, trifft Olga aber nicht an. Im Tagebuch vermerkt er noch am selben Tag: »Thalhof!! – Meine Erinnerungen werden schimmlig. Olga war auf dem Lackerboden. Alles dort ist fremd und kalt.«

Vom 5. auf den 6. September begibt er sich erneut mit dem Fahrrad auf den Thalhof, trifft diesmal Olga an und notiert sogleich im Tagebuch: »Olga sieht unverändert, fast mädchenhafter aus. Gespräch leicht im Gang; als wär's gestern gewesen. Abends eine Ahnung all jener alten Stimmungen; aber auch nur eine Ahnung!« Diese Ahnung von wieder erwachenden Gefühlen, unterstützt von der Anwesenheit seiner Mutter, reicht aus, dass Arthur sich von 9. bis 11. September schon wieder am Thalhof einfindet und darüber in seinem Tagebuch am 10. September schreibt: »Während Dr. Mathias Klavier spielte, Ineinandertauchen der Augen wie einst; und ich hatte die Empfindung, dass ich sie wieder lieben würde, wenn wir länger beisammen wären …«

Diese kurze sentimentale Stimmung dürfte Charles Waissnix auch gespürt haben, denn er wird wie so oft eifersüchtig, wie Olga Arthur berichtet, worum sich dieser nicht weiter kümmert, denn in Wien harren seiner höchst erfreuliche Ereignisse. Das Volkstheater will sein Stück *Das Märchen*, das in Berlin und Prag abgelehnt worden war, endlich aufführen und es kommt ohne lange Verhandlungen zur Vertragsunterzeichnung mit Direktor Emmerich von Bukovics, der sich mit diesem Stück einen Erfolg für sein Haus erhofft. Davon und in welcher Besetzung gespielt wird, nämlich mit Adele Sandrock als Fanny, und dass er begonnen hat an der *Liebelei* zu arbeiten, schreibt Schnitzler Olga am 26. Oktober. Er ist in einer unverständlich melancholischen Stimmung, hat er doch als freier Schriftsteller endlich Anerkennung gefunden. Er zweifelt an sich und hat Angst. Wird diese Inszenierung am Volkstheater gefallen? Es ist seine erste große Chance in Wien. Dann ist da noch die »Héroine mit Sexappeal«, wie die berühmte Schauspielerin Adele Sandrock genannt wird. Sie ist nicht als schön im herkömmlichen Sinne zu bezeichnen, hat aber im Leben wie auf der Bühne eine einzigartige Ausstrahlung, die Männer anzieht wie Motten das Licht.

Olga reagiert erst am 10. November auf Arthurs Brief, versucht ihn aufzumuntern und erahnt bereits eine Affäre mit der Sandrock:

> Halten Sie die Gegenwart fest, unterstreichen Sie jeden Tag, es sind einige von den großen Stunden Ihres Lebens, die jetzt vorüberbrausen. Der Ärger mit den Schauspielern, die Wut über alberne Recensionen u. alle andern Unannehmlichkeiten werden reichlich aufgewogen. Es soll nur was geschehen, man soll nur Sehnsucht nach was haben, das ist schon so eine Art Glück. Es spannt die Energie an, bringt die Seele in Glut, und füllt vor allem die Zeit aus! –
> (…) Und die Sandrock? Sie hat so große, traurige Augen, u. Sie, Herr Doctor, ein so großes Bedürfnis nach Liebe, glauben Sie, daß sie in Ihrem Leben eine Rolle spielen wird? (…)
> Ich muß Ihr Stück sehen, das weiß ich, bin aber wieder krank, elend, leide täglich furchtbar, das macht mich auch psychisch ganz schlaff.

Arthur macht sich Sorgen um sie, hofft auf baldige Besserung und erzählt ihr, wie sehr die Sandrock für ihre Rolle schwärmt. Große Angst hat er vor der Zensur, die das Stück knapp vor dem angesetzten Probentermin noch immer nicht freigegeben hat.

Olga schickt ihm das von ihm vor Jahren anlässlich des Geburtstages von Eveline Weikersheim verfasste *Thalhof-Festspiel* und eine selbst gestickte Mappe, in der Arthur bei den Proben im Volkstheater sein Regiebuch des *Märchen* aufbewahren wird. Sie merkt zu diesen beiden Dingen humorig an: »Sie sehen uns übrigens zum ersten Mal friedlich, ohne Missverständnis beisammen – von Ihnen die Kopf – – von mir die Handarbeit.«

Zur Uraufführung am Freitag, dem 1. Dezember 1893, kann Olga krankheitsbedingt nicht kommen. Die Kritiken für Schnitzler sind mäßig, die für Adele Sandrock als Fanny hingegen hymnisch. Trotzdem wird das Stück nach nur zwei Vorstellungen wieder vom Spielplan genommen. Sarkastisch schreibt Schnitzler am 11. Dezember 1893 an seine »verehrte, liebe, gnädige Frau«: »Seh'n Sie, das Berühmtwerden ist doch nicht so leicht!« Er klagt weiter, dass er sich völlig talentlos fühle und sich selber fremd werde.

Was Arthur sich dringend wünscht, ist neuerlich von Angesicht zu Angesicht mit Olga reden zu können. In dieser Hinsicht sollte das Jahr 1894 gnädig mit den beiden sein.

Kuren und Reisen
Und endlich Erfolg

> »*Vielleicht ist unsere gegenseitige Freundschaft*
> *das Beste in unserem Leben!*«

Völlig zurückgezogen lebt Olga Waissnix seit Oktober 1893 abwechselnd in Reichenau und Vöslau. Ihre Schwester Fanni und Peter Altenbergs Schwester Else, die ein Stammgast des Thalhofs ist, sind die einzigen »Auswärtigen«, wie sie sie bezeichnet, mit denen sie Kontakt hat. Physisch geht es ihr »passabel«, psychisch befürchtet sie in der Abgeschiedenheit »ein Trottel oder ein Narr« zu werden. Am 22. Jänner 1894 konsultiert sie erneut ihren Arzt, den Gynäkologen Carl Breus, der ihr eine Kur in Kaltenleutgeben empfiehlt und mit ihr über mögliche anstehende Operationen spricht. Es dürfte sich dabei um die Entfernung von Zysten oder eine angedachte Teilresektion der Gebärmutter respektive Eierstöcke gehandelt haben. Arthur, den sie beunruhigt am selben Tag in seiner neuen Wohnung in der Frankgasse besucht, fragt sie: »Muss man dann nicht ohne Sang und Klang weiterleben?« Arthur will ihr die Angst nehmen, nach einer solchen Operation keine Frau mehr zu sein, und nimmt sie in den Arm. Ihre Lippen nähern sich und sie küssen sich nach zweieinhalb Jahren wieder glühend. Mehr passiert nicht, aber Olga verlässt ihn beruhigt und beschließt, sich einstweilen noch nicht operieren zu lassen und weitere Kuren auszuprobieren.

Von Kaltenleutgeben, wo sie mit ihrem Vater gemeinsam kurt, zurückgekehrt, verständigt sie Arthur, dass sie am 16. Februar 1894 um elf Uhr im 1. Saal des ersten Stockes des Kunsthistorischen Museums auf ihn warten wird. Beim Flanieren durch die Säle sprechen sie von dem dummen Klatsch, der behauptet, sein *Märchen* sei nur deswegen aufgeführt worden, weil er mit Adele Sandrock ein Verhältnis habe. Das Einzige, was daran stimmt, ist die ihn von Anbeginn enervierende Liebschaft, die er mit der exaltierten Schauspielerin hat. Olga meint zwar, dass die Sandrock optimal zu ihm passe, bedauert aber gleichzeitig, dass Arthur und sie niemals ein Verhältnis hatten.

Am 22. Februar 1894 schickt Olga alle Briefe Arthurs an ihn zurück mit der Bitte, sie aufzubewahren, während sie für längere Zeit in Meran sein wird. Sie schreibt:

Mein theurer Freund! Hier haben Sie Ihre lieben Briefe, behalten Sie sie, bis ich um sie bitte, es ist mir lieber, wenn diese Schriften, während ich fort bin, in Ihren Händen bleiben. Seinerzeit geben Sie mir dann auch die meinen zu lesen. (…) Gern hätte ich Ihnen auch andere Briefe von mir geschickt, doch habe ich dieselben vor ca. 1 ½ Jahren verbrannt. Es waren blos 4 od. 5 Abwandlungen des Verbes »amore«, sehr oft stand auch das Adjektiv »süß« drin, banal und ach, wie oft schon angewendet! Ich verbrannte damals auch Sylvia, meine herrliche Dichtung, sie war, wie Sie ja auch fanden, sehr schlecht aber wahr und ganz erlebt, bis auf den Schluß. Friede ihrer Asche, Amen! –
Als ich neulich nach Hause fuhr, dachte ich über vieles, vieles nach! Vielleicht gäbe es noch ein Glück für mich, vielleicht auch nicht. Reichthum, so böse das klingen mag, fehlt hauptsächlich zu meinem Ideal. Denn ein Glück in Abhängigkeit u. tausend Demütigungen, mit verarbeiteten Fingern, das ist doch keines, wenigstens kein ideales. Dazu braucht man Luxus, Raffinement u. dann kann man getrost gegen Langweile, Zeit, Gewohnheit u. wie diese bösen Dinge alle heißen mögen, ankämpfen. Gegen sie giebt es ein so gutes Mittel: Eifersucht. Glauben Sie, daß Othello Desdemonens Liebe je lästig wurde? Und glauben Sie, daß ich auch nur ein Mittel unversucht ließe, um mein Glück zu erhalten! –
Mit all' diesen Gedanken, all' diesen Möglichkeiten im Conditionnel kam ich nach Hause und schaute lange, lange im Spiegel. Da entdeckte ich an der einen Schläfe ein weißes Haar, mein erstes. So eine grausliche, kurze weiße Borste, die ich mit einer Wut ausriß, mit einer Wut! Da hatte ich mein Gespenst. Beim Mann gilt Jugend als ein Vorteil, bei der Frau als Existenzberechtigung, sie hat die Verpflichtung jung zu bleiben, wehe ihr, wenn sie zu altern wagt.

In Anbetracht des heutigen Jugendwahns, in den auch immer mehr Männer verfallen, hat sich 120 Jahre nach dieser weisen Feststellung Olgas nicht allzu viel verändert.

Angeregt durch dieses Schreiben Olgas und die Rücksendung seiner Briefe an sie, liest Arthur am 2. März 1894 noch einmal ihre Korrespondenz. Das tut er nicht alleine, sondern gemeinsam mit seinem Freund Felix Salten. Seitdem Paul Goldmann Wien verlassen hat, ist der feinsinnige Salten zum Vertrauten Schnitzlers geworden.

Am 6. März 1894, acht Jahre nach den magischen Tagen, in denen sie und Arthur sich verliebt haben, kommt Olga wieder in Meran an, wo sie bis 15. Mai bleiben wird. Charles hat sie hergebracht und bleibt ein paar Tage. Diesmal wohnt Olga nicht im Hotel, sondern in einem »reizenden, kleinen Appartement« mit Balkon in Warmegg Obermais, in dem sich auch ein Zimmer für das sie begleitende Mädchen befindet. Von dort hat sie nur ein paar Schritte zum Kirchlein von St. Valentin, wohin sie und Arthur einst so glückselig gewandert sind. Als sie nun dorthingeht, überkommt sie »eine namenlose Bitterkeit«.

Auf dem Heimweg trifft Olga den ihr von Jagden gut bekannten Bruder des Kaisers, Erzherzog Carl Ludwig, der »ungemein gnädig« zu ihr ist. Diese Begegnung entlockt ihr den Gedanken: »Sollte das die Antwort des Schicksals sein? Befriedigung der Streberei durch ein paar freundliche Phrasen? Das ist gerade als wenn man einem Hungrigen einen Stein giebt.«

Schnitzlers Antwortschreiben ist verloren gegangen, zum Glück jedoch nicht Olgas nachstehender Brief, in dem sie die letzten Jahre in berührenden Worten Revue passieren lässt und in freundschaftlicher Neugier nach seinen Liebschaften fragt:

16. März 1894.

Liebster Freund, ich hätte Ihnen schon gestern geschrieben, wenn mir nicht wieder so elend gewesen wäre. Kranksein ist so ein Kommißunglück, so was grenzenlos Unnötiges. (…)

Sagen Sie nie etwas Böses über Ihre lieben Briefe, Sie wissen ja gar nicht, was sie mir waren. In der Großstadt hat man nicht Zeit der kleinen Nuancen zu achten, wie am Land. Ich zählte immer die Tage bis Ihre Antwort kam. Anfangs waren's längstens 9 Tage, später wurden's dann sogar 3 Wochen u. mehr. Und wenn so ein ersehnter Brief da war, gabs wieder Schwierigkeiten mit dem Lesen. Gewöhnlich flog ich irgendwohin im Wald, wo ich nicht gestört werden konnte. Welche Freude, wenn eine liebe Stelle drin vorkam die wurde so oft gelesen bis ich sie auswendig konnte und den Brief trug ich so lange mit mir herum bis wieder ein neuer ankam. Dann antwortete ich Ihnen tausendmal im Kopfe bei meinen Spaziergängen, und der schlechteste Brief à la hâte [*hastig; Anm.*] hingeschmiert, wurde Ihnen dann endlich immer geschickt. Die guten, warm empfundenen Briefe haben Sie nie bekommen, die hab' ich alle verbrannt. Heute, wo ich ruhig und wunschlos bin, wird es mir immer mehr klar, an den ewigen Mißverständnissen waren wir beide ganz gleich viel schuld. Und doch sind wir zwei (ich weiß nicht ob ich diesen herrlichen Brief nicht auch wieder verbrenne) doch recht besondere Menschen. Was hatten wir von einander in diesen 8 Jahren nach den poetischen 5 Meranertagen, denn hier kannten wir uns eigentlich bloß vom Samstag bis Mittwoch. Nichts als flüchtige Stunden auf der Straße, bei Sturm u. Schnee, so eine Durchhausbeziehung ohne all' den Reiz, den der Verkehr at home 2 Menschen bietet. Nur die Briefe haben uns zusammengehalten, all' das Schöne, was wir draus herauszulesen verstanden u. in dieser Kunst haben Sie, liebster Freund, viel Bedeutenderes geleistet als ich. Auf meine Stylübungen haben jedenfalls Sie »alles Licht von Ihrem Licht« ausstrahlen lassen, um mich in den langen Jahren nicht zu verlieren, wie den berühmten Regenschirm.

Nicht wahr, Sie schreiben mir trotz alledem gleich wieder. Ich habe so selten die Freude recht recht oft von Ihnen zu hören. Wissen Sie, was mir neulich nachträglich einfiel: daß Sie alles, alles von mir wissen und ich so wenig von Ihnen. Wer war sie, die grande passion Ihres Lebens. Eine dame du monde [*Dame von Welt; Anm.*], (…) das süße Mädel [*Jeanette; Anm.*] oder une inconnue plus pure que les autres [*reinere Unbekannte, Marie Glümer; Anm.*] nannten Sie sie einst. Verkehren Sie noch mit ihr u. warum wurden Sie kühler gegen einander? Bitte erzählen Sie mir das. Wie stehts mit Ihren Beziehungen zu Adele Sandrock? A. S., zwei Buchstaben, auch in meinem Leben so inhaltsreich! (…)

Äußerlich wäre wirklich gar nichts dazu angethan, daß ich mich immer mit all meinen spleenigen Sachen, wie alt werden u. s. w. so abquäle, und doch bin ich immer so einsam und so furchtbar traurig. Leben Sie wol, Sie lieber, einziger Freund, und schreiben Sie mir sehr, sehr bald u. sehr, sehr, sehr viel.

Wie sich Olgas weiteren Briefen entnehmen lässt, schrieb Arthur ihr zwar zurück, doch sind seine Briefe verloren gegangen. In ihrem letzten aus Meran teilt sie ihm mit, dass sie sich sehr gut erholt hat und sich auf ein Wiedersehen freut.

Dieses findet am 23. Mai 1894 um 17 Uhr in der französischen Abteilung des Künstlerhauses statt und danach folgt der übliche Spaziergang über die Wieden zum Südbahnhof, wobei er ihr von seinem immer noch anhaltenden Schmerz über den Tod seines Vaters erzählt – und dem gleichzeitigen Schuldgefühl, weil er durch dessen Ableben dem Medizinerdasein endlich den Rücken kehren konnte.

Kurz darauf begibt sich Olga auf Empfehlung ihres Arztes Dr. Breus wieder nach Bad Hall zur Kur. Da sich Arthurs Mutter und seine Schwester Gisela auch gerade dort befinden, stattet er ihnen von München kommend einen Besuch ab, und man soupiert gemeinsam mit Olga. Am 11. Juni finden die beiden Zeit, alleine spazieren zu gehen und zu plaudern. Bei dieser Gelegenheit vertraut Arthur ihr die »romanhaften Umrisse« des Beziehungsendes mit Mizi Glümer an und wie sehr er durch ihren Treuebruch gelitten hat. Danach trinken die beiden Tee in Olgas Appartement.

Wie einem Tagebucheintrag Schnitzlers vom 22. Juli desselben Jahres zu entnehmen ist, musste Olga Bad Hall vorzeitig verlassen, »weil ihr ein Italiener, der ein Recht dazu zu haben schien, öffentlich einen Skandal machte«.

Olga hatte in einer Phase, als ihre Schmerzen erträglicher waren und sie sich wieder als begehrte Frau fühlen wollte, mit diesem Italiener geflirtet, der sich mehr von ihr erwartet hatte. Als er dies nicht bekam, äußerte er sich in aller Öffentlichkeit darüber, dass sie ihm berechtigte Hoffnungen gemacht habe. Diese Nicht-Affäre wird bis an den Thalhof kolportiert und hat ein häusliches Nachspiel. Charles fühlt sich brüskiert von dem Gerede, das es um seine Frau gibt, und macht ihr große Vorhaltungen.

Was sich im Jahr 1894 noch weiter im Leben der Olga Waissnix ereignet hat, ist unbekannt, da es keinen Briefwechsel mit Arthur Schnitzler und keine weiteren Tagebucheinträge von ihm gibt. Es ist anzunehmen, dass sie dem gewohnten Séjour-Rhythmus entsprechend den Rest des Sommers am Thalhof, den Herbst in Vöslau und Wien und Weihnachten wieder in Reichenau verbracht hat.

Erst am 14. Jänner 1895 gibt es ein neuerliches schriftliches Lebenszeichen Olgas, in dem sie Arthur ersucht, sich am 16. Jänner um elf Uhr mit ihr im Kunsthistorischen Museum zu treffen, weil sie eine Bitte an ihn hat. Erfreulicherweise geht es ihr wieder so gut, dass sie am gesellschaftlichen Leben teilnehmen und ins Theater gehen kann. Worum sie Arthur bittet, beantwortet sein Tagebucheintrag vom 16. Jänner: »Im Museum Olga, die mir gestern geschrieben hatte. – Sehr hübsch und elegant. Sie hatte gehört, dass ich durch die Sandrock moralisch, physisch und finanziell zu Grunde gerichtet werde, wollte für den Fall, da sie mir da ja gar nichts mehr bedeute, meine Briefe zurück. Konnte sie enorm beruhigen. Es war eine schöne lebendige Stunde. Wir kamen, wie schon öfters, überein, daß wir uns bei achttägigem ungestörten Beisammensein ineinander verlieben würden. – Ihr Mann berührt sie jetzt nicht – weil er – sie von einem andern in der Hoffnung glaubt. Sie schwört mir, dass sie noch keines Mannes Gel.(iebte; Anm.) war; obzwar sie sogar einmal in einem Haus des Grafen S. (Alfred Graf von Salm-Hoogstraeten; Anm.) gewesen – ›Das Leben ist interessant – es ist doch das beste, was wir haben‹ sagte sie.«

Es kann zwei Gründe dafür geben, warum Charles Waissnix seine Frau nicht mehr berührte. Der Skandal mit dem Italiener in Bad Hall hatte durch den üblichen Gesellschaftstratsch seinen Weg bis nach Reichenau gefunden, und es mag dem Ehemann auch zu Ohren gekommen sein, dass seine Frau eines der Häuser des Grafen Salm-Hoogstraeten aufgesucht hatte, der Olga verehrte und ein ortsbekannter Schürzenjäger war. Mit dem Adeligen führte Olga häufige Gespräche, da er wie sie Mitglied des Wohltätigkeitskomitees von Reichenau war und diverse Veranstaltungen mit ihr organisierte. Zudem hatte sich Olga selbst geraume Zeit vorher als sehr mager beschrieben. Sie dürfte mittlerweile wieder an Gewicht zugelegt haben, ein Umstand, den der eifersüchtige Ehemann vielleicht als Schwangerschaft interpretierte.

Vor Olgas Abreise zu einer Erholungsfahrt nach Italien trifft sie sich am 18. März 1895 vormittags erneut mit Arthur im Kunsthistorischen Museum »bei Correggio«, wie sie sagt. Das Bild *Jupiter und Jo* liebt Olga besonders. Schnitzler trägt dazu in seinem Tagebuch ein: »Vorm. Olga. Sagte ihr, dass jenes aus sei (Beziehung zu Marie Glümer; Anm.) – und nun eine andre da sei – Wir saßen im Museum, auf der selben Bank, wie neulich ich mit Mz. Rh. (Marie Reinhard) und plötzlich rannen Olga große Thränen unter dem Schleier. ›Und ich hab nichts, nichts, gar nichts!‹ Es war wie neulich eine Stunde voll lebendigen Dialogs.«

Ein erneuter schöner Vertrauens- und Freundschaftsbeweis, dass Arthur ihr von seiner jungen Liebe Marie Reinhard erzählt. Sie war angehende Sängerin und kam, wie Marie Glümer, im Juli 1894 als Patientin in seine Ordination. Schnitzler warb lange um sie und ist bei diesem Treffen mit Olga überglücklich, da Mizi, wie er auch sie nennt, erst ein paar Tage zuvor endlich seine Geliebte geworden ist.

Für die beiden bedeutenden »Mizis« in Schnitzlers Leben findet Olga Codenamen, die so auch in beider Briefen auftauchen. Die verflossene Marie Glümer wird zur »l'inconnue plus pure« (die reinere Unbekannte; Anm.), weil Olga erst sehr spät von Schnitzler persönlich von ihr erfahren hat, Marie Reinhard zum »Frühling«, weil es der erste Frühlingstag des Jahres war, als Arthur von ihr erzählte.

Olgas erste Station in Italien ist Venedig, wo sie, begleitet von ihrer Schwester Fanni, in der kleinen deutschen Pension Aurora wohnt. Sie erfreut sich der südlichen Sonne, des herrlichen Essens und der vielen Kunstgenüsse. Täglich fahren die beiden Damen auf den Lido, gehen »stundenlang knapp am Meeresstrand spazieren, atmen die herrliche Luft, plaudern mit den Schiffern u. schwelgen in der Größe und Freiheit der Scenerie«. An Schnitzler schreibt Olga zwölf Tage nach ihrer Ankunft, wie schön es wäre, »all dies mit einer verständnisvollen Freundesseele zu sehen« und fragt:

Wollen Sie mir recht bald und ausführlich nach langer, langer Zeit wieder einmal schreiben [*Schnitzlers letzter erhaltener Brief an Olga stammt vom 11. Dezember 1893; Anm.*]? D. h. natürlich nur wenn Sie Lust dazu haben. Erzählen Sie mir dann viel von dem Frühling. Haben Sie sie auch recht lieb und sind Sie ihr treu? Das wäre doch schließlich das Mindeste, denn sie gab Ihnen den größten Liebesbeweis, den ein Weib geben kann, ich finde sie einfach groß. Quälen Sie sich beide auch nicht zu viel mit Eifersucht. Nur eines, wenn ich der Frühling wäre, würde ich die Eifersucht überwinden u Sie sehr, sehr bitten, sich mit der Tragödin [*Adele Sandrock; Anm.*] auszusöhnen. Seien Sie klug mit Adele Sandrock mein Freund! Sie schiebt durch Intrigen die Aufführung Ihres Stückes immer mehr u. mehr hinaus. Das macht mich schon ganz nervös. Vor der Liebe kommt aber die Kunst, Sie sollten sich mit der Tragödin entschieden aussöhnen. Kam l'inconnue plus pure nach Wien und wie wurden Sie mit der Armen fertig? Ist's nicht komisch, 3 Frauen lieben Sie momentan, die Tragödin, der Frühling und l'inconnue! Sie Kind des Glückes. Wenn Sie aber dennoch nervös und müde sind, so nehmen Sie den Frühling und fliehen Sie mit ihm hierher. Gehen Sie am Lido u. betrachten Sie Veronese's Kirche San Sebastian, dort werden Sie gewiß gesund nein, wenigstens ruhig werden.

Ich bin's hier so ziemlich ruhig geworden, wenn ich zurückkomme, erwartet mich ja so nur Unangenehmes, so will ich wenigstens die paar Wochen still genießen. (…) Leben Sie wol, mein Freund! Bei Ihnen ist ja doch das Schönste, das Glück! Sagen Sie ihm meinen sehnsüchtigen Gruß! –

Ich lese diesen Brief nochmals durch. wenn ein Dritter diese Zeilen liest, so muß er doch unbedingt glauben, die Schreiberin sei abschreckend häßlich oder 50 Jahre alt. – Addio amico mio! Schreiben Sie bald.

So weit ist die Freundschaft bereits gediehen, dass Olga Arthur Ratschläge für die gute Behandlung seiner Mizi Reinhard gibt und ihn fürsorglich vor den Intrigen der Adele Sandrock warnt, die die Aufführung der *Liebelei* verzögern könnten. Auch wenn die Exgeliebte Sandrock allen Grund hatte, eifersüchtig auf Schnitzler und seine neue Liebe zu sein, in diesem Fall ist sie unschuldig, der Aufschub entstand durch die Programmgestaltung des Burgtheaters. Arthur antwortet Olga in der Nacht auf den 9. April 1895:

Meine liebe Freundin, es geht gegen ein Uhr Nachts (ein Uhr Morgens sagen die Astronomen und Frühaufsteher), und es kann jetzt kaum am Lido stiller sein als in meinem Zimmer. Es ist mir eine wahre Freude, mich noch vor meinen Schreibtisch hinzusetzen und eine Weile mit Ihnen zu plaudern. Eigentlich habe ich arbeiten wollen. Ich stecke bis zum Hals in Schulden – gegen die Kunst, welche, wie Sie sagen, noch vor der Liebe kommt. Seit Monaten hab ich nichts gethan, und ich fange an beschämt zu werden, wenn man zu mir spricht, als wär ich – einer, der überhaupt im Stande ist was zu thun. (…)

Über das vielerlei persönliche, das Sie in Ihrem wunderschönen Briefe anregen, möcht' ich so gerne wieder mit Ihnen reden. Darüber läßt sich nur im Hin und Wider des Gesprächs Klarheit gewinnen. Es würde eine schrecklich trockene Deduction werden, wenn ich mich darüber erschöpfend mittheilen wollte. Meine letzten Gespräche mit Ihnen haben mich verwöhnt. Es war wunderbar, wie wir in einer halben Stunde alles von einander wußten, und wie gleich über allem die richtige Stimmung lag. Ich habe daran die Erinnerung wie an einen Spaziergang in einer frischen Morgenluft. Aber ich will nicht den Verdacht wecken, als wenn ich auf Ihre Fragen nicht eingehen wollte – (sehen Sie das gefährliche des Correspondirens! schon naht die Angst vor Misverständnissen!) – Also: der »Frühling« thut mir sehr wohl. Besonders nach dem hysterischen Spätsommer, der vorhergegangen.

Mit dem »Spätsommer« meint Schnitzler Adele Sandrock, mit der er nach dem Ende der aufreibenden Beziehung »freundschaftlich« plaudern kann. Mizi Glümer wird er in Kürze in Wien wiedersehen, wovor er sich etwas fürchtet, weil ihn ihr Betrug nach wie vor schmerzt. Um das für ihn in der Liebe so wichtige Leiden auch bei der vor ihm unberührten Marie Reinhard zu finden, fragt er sich, »ob aber nicht oft die erste Liebe eines Weibes nicht viel mehr bedeutet – als eine unbewußte Hygiene, – sowie die spätere eine halb bewußte!« Er beendet den Brief mit den Worten:

Im Verkehr mit Ihnen hab' ich immer das Gefühl, daß ich wer bin – und hab ich nicht ein Recht dazu, wenn ich sehe, wie Sie gegen mich sind? Es mag ja vielleicht sein, daß gerade dieses spärliche sowohl unseres persönlichen wie unseres brieflichen Verkehrs uns beide (ich darf ja wohl sagen uns beide) diesen Verkehr als etwas besondres empfinden läßt – aber ich beklag es doch immer wieder von neuem, daß mir nicht häufiger Stunden oder wenigstens Viertelstunden Ihrer Gesellschaft vergönnt sind. Wir haben in Jahren – zusammen vielleicht einen kurzen Tag verlebt. –
Leben Sie wohl, schreiben Sie mir bald und viel – jedenfalls bald, wenigstens eine Zeile, wie's Ihnen geht, und seien Sie tausendmal innig gegrüßt.

ArthSch.

Olga antwortet Mitte April nur kurz, weil sie lieber Anfang Mai nach ihrer Rückkehr nach Wien persönlich mit Arthur sprechen will. Auch erachtet sie eine regelmäßige Korrespondenz mit ihm als ein Unrecht an Marie Reinhard. Sie legt ihrem Schreiben seinen letzten Brief bei, damit er auch diesen für sie aufbewahrt.

Ob das Treffen Anfang Mai in Wien stattgefunden hat, ist unsicher. Dafür findet sich bei Schnitzler am 4. Mai 1895 ein interessanter Tagebucheintrag, der alle wichtigen Geliebten Revue passieren lässt und auch Olga betrifft. Zum besseren Verständnis sei gesagt, dass er mit Marie Glümer (»Mz I« oder »Mz«) immer noch korrespondiert, mit »Mz. Rh.« Marie Reinhard und mit »Dilly« Adele Sandrock meint: »Nm. Hatte ich an Mz I geschrieben – ein paar kühle Worte, aber in mir tiefe Sehnsucht. – Ich glaube, Mz. Rh. und ich lieben einander nicht. Die Liebe ist eigentlich immer ein Symbol für was andres. Mz. Rh. für mich die ›Rettung‹ (von Dilly) ich für sie das Princip des Mannes. – Jeanette war die Sinnlichkeit – Olga die grande passion, Fifi (Josefine Lydia Weisswasser; Anm.) die Behaglichkeit, Jenny (Jenny Singer; Anm.), Minni (Hermine Benedict; Anm.) die Leichtlebigkeit, Fännchen (Franziska Lawner-Reich; Anm.) die ›Jugendliebe‹ – also gewiß nicht die Liebe, Dilly die Sensation eine berühmte zu besitzen (obzwar ich nicht stolz war bei Gott!) Mz. – allerdings meine Tugend, die Jugend – darum wohl die Liebe selbst, die ›wahre‹ Liebe.«

Olga ist die »grande passion« seines Lebens, die sich als Einzige, wahrscheinlich weil sie eben kein Verhältnis hatten, zur wahren Freundin entwickeln konnte.

Im Juni 1895 setzen bei Olga erneut Schmerzen ein und sie begibt sich wieder nach Bad Hall auf Kur, die aber diesmal nicht anschlägt. Den Sommer über ist sie abwechselnd am Thalhof und in Vöslau, Schnitzler ist bis Anfang September auf Reisen von Prag bis München. Dann muss er wieder in Wien sein, denn die Premiere seiner *Liebelei* wird endlich am 9. Oktober 1895 im Burgtheater stattfinden.

Ende September wünscht Olga ihm brieflich alles Gute für die Erstaufführung, der sie wegen ihrer Krankheit nicht beiwohnen wird können. Sie fragt ihn mit den Worten, »ob denn noch Frühling in seinem Herzen sei«, nach Marie Reinhard und versichert ihm: »Wenn ich noch einmal gesund werden sollte, dann komme ich nach Wien und wir plaudern wieder miteinander, wollen Sie? – Und nun leben Sie herzlich wol, mein Freund! Vielleicht ist unsere gegenseitige Freundschaft das Beste in unserem Leben!«

Mit der *Liebelei* hat Schnitzler endlich den lange ersehnten, ersten großen Erfolg. Das Stück kommt sowohl beim Publikum als auch bei den Kritikern gut an. Auch die Burgtheaterdirektion ist zufrieden, da man zumeist vor ausverkauftem Haus spielt. Olga, die vor der Premiere am Thalhof stundenlang die Daumen gehalten hat, gratuliert Arthur am darauffolgenden Tag.

Olga wird es aufgrund ihres schlechten gesundheitlichen Zustandes 1895 nicht mehr schaffen, Schnitzlers erstes Erfolgsstück zu besuchen. Sie ist zwar im Dezember in Wien und will ihn im Museum treffen, muss jedoch erneut absagen, weil sie sich »in Schmerzen windet«.

Dr. Breus eilt zu ihr und verordnet strenge Bettruhe, nur die Rückfahrt an den Thalhof ist ihr gestattet. Der erneute Rückfall Olgas ist der Beginn des langsamen und elenden Dahinsiechens dieser bemerkenswerten und tapferen Frau.

Langsamer Abschied
Die letzten zwei Jahre

> »Wir mußten uns durch die verschiedensten Irrthümer
> durchringen, um auf die heutige wunschlose Höhe
> gegenseitigen Verstehens zu gelangen.«

Verwöhnt von der heutigen Medikamentenvielfalt, ist es kaum vorstellbar, welchen Qualen Olga Waissnix durch ihre Unterleibsentzündungen ausgesetzt war. Effiziente entzündungshemmende Mittel wie Acetylsalicylsäure (Aspirin), die erst 1897 in Reinform entwickelt wurde, waren der Schulmedizin noch nicht bekannt. Gegen chronische starke Schmerzen wurde damals wie heute Morphin verabreicht, das Suchtgefahr in sich birgt und zu starken Stimmungsschwankungen führen kann, weswegen die Verschreibung nur im Notfall und unter größter Vorsicht erfolgte. Auch mit Kokain half man sich gerne. Die wirksamste und daher am häufigsten verordnete Therapie Ende des 19. Jahrhunderts waren immer noch Schonung, Bettruhe und Kuren.

Olga Waissnix lebte zudem in einer Zeit, als sich verschiedene medizinische Schulen darüber uneinig waren, ob Schmerz nicht ein notwendiges Übel sei, das nicht stillgelegt werden dürfe, weil sonst keine Wund- und Selbstheilung erfolgen könne. In religiös geprägten Ärztekreisen hielt man sich bei gebärenden Frauen an den Bibelspruch, dass das Weib unter Schmerzen gebären solle und Schmerz eine Bestrafung Gottes für die Erbsünde sei. Pharisäerhafte Ärzte waren es, die bei Operationen an Frauen nicht bereit waren, das schon lange bekannte Äthergas anzuwenden, da sie der Meinung waren, dass Frauen dadurch unmoralische Träume haben könnten. Von diesem Schicksal blieb Olga Waissnix immerhin verschont, da die Wiener Medizinische Schule seit den 1860er-Jahren bei Operationen Anästhesie anwandte.

Schmerzgeplagte Menschen suchten häufig Hilfe in der Naturheilkunde. Besonders in ländlichen Bereichen wie Reichenau waren Kräuterkundige ebenso gefragt wie Ärzte.

Weihnachten und Neujahr verbringt Olga traditionell im Kreis der

Familie in Reichenau, zieht aber sobald als möglich wieder in die Villa ihres Vaters nach Vöslau, in der sie sich wohlfühlt und wo sie nicht ständig von Menschen umgeben ist. Mit Beginn des Frühlings hat sich ihr Zustand so weit gebessert, dass sie Arthur am 13. März 1896 wieder im Kunsthistorischen Museum »bei Correggio« treffen kann. Darüber schreibt Schnitzler in seinem Tagebuch: »Vormittag mit Olga W. im Museum. Sehr hübsch. Erkundigt sich nach dem ›Frühling‹ so nennt sie Mz. Rh.; erzählt mir von einem – natürlich platon. – Verhältnis mit einem Aristokraten das schon wieder aus ist. Ihr Mann baut ihr eine Villa. – Nie red ich mit einem Frauenzimmer so gescheidt wie mit der.«

Wieviel aus diesen wenigen Zeilen über Olga zu erfahren ist: Sie ist gesund genug, um sich einem harmlosen Flirt hinzugeben. Dieser Umstand spricht dafür, dass sie sich entweder auf Kur befunden oder in Vöslau aufgehalten hat, denn am Thalhof oder in Reichenau wäre dies nicht gut möglich gewesen. Da Charles Waissnix seine Frau durch die häufigen Kuren nur mehr selten sieht, hat er, um sie wieder mehr an den Thalhof zu binden, begonnen, ihr links davon liegend die »Villa Hubertus« zu errichten, die innen ganz ihrem bevorzugten, vom Großstadtambiente Wiens geprägten Wohnstil entsprechen sollte.

Am bemerkenswertesten an Schnitzlers Tagebuchzeilen ist der letzte Satz: »Nie red ich mit einem Frauenzimmer so gescheidt wie mit der.« Damit bringt er Olgas herausragende Stellung unter allen weiblichen Bekanntschaften seines Leben zum Ausdruck. Olgas Mischung aus Einfühlungsvermögen, Klugheit, Vertrauenswürdigkeit, Motivationsfähigkeit und Belesenheit macht sie einzigartig.

Im Juni 1896 weilt Olga Waissnix wieder für einige Zeit am Thalhof und erfährt, dass Schnitzler im Zuge einer Radpartie in Reichenau übernachtet, sich aber nicht bei ihr gemeldet hat. Sie schreibt ihm die folgende Karte: »Wer hätte das gedacht! Sie waren in Reichenau und haben mir nicht einmal einen Besuch gemacht!«

Arthur rechtfertigt sich sogleich am nächsten Tag damit, dass er um 9 Uhr abends angekommen und um 8 Uhr früh wieder weggefahren sei, aber hofft, sie bei einem nächsten Besuch sehen zu dürfen. Dieser findet am 14. Juni 1896 statt: »Nach Reichenau Nachm. Olga lag vor ihrem Haus, Chaise longue; plaudern, redete viele gescheidte Sachen, wie nie mit andern; oder lieber: in lebendiger Form. – Von Leidenschaften, die ins typische hinreißen, daher die Liebe verdummt; von den Sünden, von den Sünden der Zellen. (Krankheiten entstehen dadurch.)« Eine treffende Umschreibung für psychosomatische Erkrankungen, die Olga Waissnix da formuliert hat.

Innen war die Hubertusvilla noch nicht fertiggestellt, aber Olga liebte es, in aller Abgeschiedenheit vor dem Gebäude zu liegen. Kurz darauf begibt sie sich jedoch wieder nach Vöslau und bittet Arthur, sie in den nächsten Tagen nach vorheriger telefonischer Ankündigung zu besuchen. Bei dieser Gelegenheit soll er ihr seine und ihre Briefe mitbringen, die sie »zu gerne einmal durchlesen« möchte.

Arthur kommt am 24. Juni und berichtet darüber neuerlich in seinem Tagebuch: »In Vöslau bei Olga; die draußen in der Villa ihres Vaters allein mit ihrer Schwester Fanny.– Noch immer krank. Es war sehr schön. Schöner stiller Garten, Weinberg, ruhiger Sommerabend. Behaglich elegante Räume. – Sie hatte eine Pelzmantille um, an der die Grundidee noch der Meraner Pelz war. Wie fern – aber es schien nicht so fern. Sprach davon, wie in manchen Momenten, Tagen Vergangenheit Tendenz des Lebendig-werdens hat – z. B. heute – sie, – dann hatte ich Vorm. Einen Brief von Mz.1 (inconnue, plus pure que les autres heißt sie noch immer bei uns) – das brachte wieder auf das Gespräch: wie jeder eigentlich innerlich an seiner großen Lebenssünde zu Grunde ginge (oder durch sie nicht frei sich entwickeln könne). Die meine: nichts zu Ende führen zu können. (Damit in Zusammenhang kleine Sünden, das hin und her ›renderln‹ in jedem Sinn.) – Olgas Lebenssünde, statt ihre zwei Naturen zur Harmonie zu bringen versuchen, anfallsweise jede einzeln zu einer Entwicklung zu bringen versuchen, die ihr ihrer Individualität nach versagt. Sie sucht (ins ungeheure übertragen) den Michel Angelo und den Borgia. – – Über vieles sprachen wir noch.«

Ein Teil von Olgas Lebenskampf bestand in der Unvereinbarkeit der Wahrung ihrer Tugend einerseits und ihrer hingebungsvollen Leidenschaft andererseits. Was sie und Arthur an Harmonie in sich selbst nicht erreicht haben, haben sie über die Jahre nun im Gemeinsamen gefunden. Sie sind zu wahren Kameraden und Freunden geworden, die dem anderen ihr Innerstes offen und ohne Vorbehalte zeigen können.

Das Paket mit den gesammelten Briefen hat Schnitzler sichtlich nicht persönlich nach Vöslau mitgebracht, da er sich in seinem Brief vom

27. Juni 1896 erkundigt, ob sie wohlbehalten angekommen seien. Und er fügt hinzu: »Ich bitte Sie sich daran zu erinnern, daß Sie die eine Hälfte nur als geliehenes Gut zu betrachten haben. Das bezieht sich auch auf den eventuellen Fall, daß Ihnen ein oder der andre Brief nicht mehr gefällt und Sie plötzlich Lust bekommen, ihn der braven Nachwelt vorzuenthalten. Sie haben nicht das Recht dazu. Ich würde es übrigens bemerken!«

Weiters berichtet er ihr von seiner bevorstehenden Reise, streckenweise gemeinsam mit seinem Freund Paul Goldmann, nach Hamburg und weiter ans Nordkap, wohin sie ihm Briefe schicken könne und dass er hoffe, sie im Herbst in guter Stimmung wiederzusehen. Er schließt mit dem Satz: »Es war so wunderbar bei Ihnen draußen. Ich höre immer das ganze Leben klingen, wenn ich mit Ihnen reden kann.«

Noch vor seiner Abreise erreicht ihn Olgas Schreiben aus Vöslau:

29. Juni 896.

Lieber Herr Doctor!
Ich danke Ihnen sehr für die freundliche Übersendung des Pakets. Als Ihr liebes Schreiben ankam, hatte ich die Briefe schon alle durchgelesen, ich schicke sie Ihnen gleich wieder retour, denn ich wüßte nicht, wo ich sie bis zu Ihrer Rückkehr aufheben sollte. –
Im großen Ganzen hab' ich die Empfindung einer Enttäuschung. Eines ist mir aber klar, die Jahre schönen Genießens liegen vor uns; wir mußten uns durch die verschiedensten Irrthümer durchringen, um auf die heutige wunschlose Höhe gegenseitigen Verstehens zu gelangen. Ich glaube, wir werden uns mit der Zeit noch immer mehr werden, Gott gebe es! –
Tausend Dank für Ihre freundlichen Wünsche. Gesundheit könnte ich sehr, sehr notwendig brauchen. Glück wäre ganz schön, aber schließlich ein Luxus. –
Wenn Sie mir einige Reiseberichte senden wollten, so würden Sie mir große Freude bereiten. Bis circa 10. Juli bin ich hier, von da an in Reichenau.
Genießen Sie so recht die zwei kommenden Monate u. bitte, grüßen Sie gütigst Herrn Dr. Goldmann von mir.
Im Herbst sehen wir uns dann hoffentlich gleich, u. wenn Sie wollen,

schicke ich Ihnen bis dahin eine neue Photografie, von der man sagt, daß sie gut sei. Leben Sie wol, glückliche Reise, Fanni grüßt sehr!

Und Arthur antwortet am nächsten Tag und bemerkt: »Besten Dank für die Übersendung des Packets – sagen Sie mir nur, warum haben Sie die Briefe in eine so teuflische Unordnung gebracht? Nach dem einige nicht datirt sind, wird es nie mehr möglich werden zu eruiren, wohin sie eigentlich gehören. Das ist mir sehr leid. Warum sind Sie denn enttäuscht gewesen? Warum haben wir uns durch ›die verschiedensten Irrthümer durchringen‹ müssen? Ich glaube mehr als je, daß es nur einen einzigen gegeben hat.«

Nur einen einzigen Fehler haben sie in ihrer Beziehung begangen, nämlich ihre Leidenschaft niemals ausgelebt zu haben. Dieser Satz berührt Olga sehr:

9. Juli 896.

Ach, lieber Herr Doctor, mit den ersten Briefen haben auch die Mißverständnisse schon begonnen! Warum ich enttäuscht war? Dies will ich Ihnen mündlich erzählen, denn mehr als je fühle ich die Zweideutigkeit des geschriebenen Wortes. Ihr Apercu, »den einzigen Irrthum« betreffend, war sehr, sehr lieb, es hat mich auch unendlich gefreut. Verlassen Sie sich aber da ganz auf mich, ich glaube, ich habe einen sechsten Sinn und weiß immer annähernd, was im Herzen meines lieben Nächsten vorgeht! – (…)

Und was erleben Sie alles? Sind Sie in guter Stimmung? Wiegen die neuen Erlebnisse und Eindrücke die Unbequemlichkeiten der Reise auf? Haben Sie die Absicht was Neues zu schreiben? Ach bitte, antworten Sie mir bald und ausführlich, Sie wissen, wie eingehend ich Sie immer studiere. –

Von hier kann ich Ihnen nichts Neues mitteilen, wir leben still in unserer grünen Einsamkeit u. verkehren mit keiner Seele. Leider muß ich dieser Tage nach Reichenau zurück, wohin ich Sie auch bitte Ihre Briefe zu richten. Es ist mir schrecklich schwer von hier fortzugehen u. wieder unter Menschen zu müssen. Wenn ich in unsern Garten schaue, da hab' ich so eine Ahnung wie das Leben sein müßte u. wie schön es sein könnte – und dabei gehen die Tage rastlos dahin und jeder trennt mich mehr von aller Freude und von allem Glück. – Sie waren neulich sehr nett, es hat mir so wohl gethan, daß es Ihnen hier gefiel. Wissen Sie, daß Sie Vöslau mit all seinen lustigen Gesellschaften einst haßten? Das ist lange her und lange ist es auch her, daß es lustig war! –

Leben Sie wol, genießen Sie den Augenblick, lassen Sie keine Minute unbenützt. Wie dumm war ich doch! Die verlockendsten, herrlichsten Früchte ließ ich unberührt, aus Angst, es könnte ein Wurm drin sein. Ein Wurm, nein, einen Lindwurm hat mir mein liebenswürdiges Naturell immer vorgezaubert.

Nochmals, adieu, und bleiben Sie mir so gut wie ich Ihnen.

Er bleibt Olga gut, bestätigt von Trondheim aus sofort den Erhalt dieses Schreibens und kündet ein längeres an, das er aus dem dänischen Seebad Skodsborg an sie richtet und ihr von seiner großen Skandinavienreise bis ans Nordkap berichtet. Als einzige schriftstellerische Arbeit feilt er derzeit an seinem Stück *Freiwild*.

Olga dankt ihm für seine ausführliche Reisebeschreibung bereits von ihrem Kuraufenthalt in Abbazia, wo sie bis zum 4. Oktober bleiben wird. An dem Tag, an dem er aus dem Norden zurückgekehrt ist, ist sie »nach dem Süden gezogen«. Diesmal hat sie ihre Italienischlehrerin und einen Hund mitgebracht. Die Sprache dieses Landes zu lernen, das sie so gerne bereist, ist ihr ein Anliegen, beschäftigt sie geistig und lenkt sie von den Schmerzen ab. Ansonsten lebt sie nur ihrer Gesundheit, mit der weder sie noch Dr. Breus zufrieden sind. Oft erfasst sie große Angst vor dem Leben und der Zukunft. An manchen Tagen leidet sie physisch und psychisch so sehr, dass sie sich einsperrt und an Selbstmord denkt, um ihrer Qual ein Ende zu machen. Zu allem Überfluss erhält sie aus Reichenau Briefe, die sie beunruhigen und ihr klar machen, dass der Betrieb ohne sie nicht weiter existieren kann. Die Sorgen, die sie zu Hause erwarten, »schnüren ihr die Kehle zusammen«. Wie immer freute sie sich sehr, wenn er sie besuchen käme. Sie schickt ihm ein Foto von sich und bittet um »Revanche«, denn sie hat noch keines von ihm.

Arthur freut sich sehr darüber, kann ihr aber keines zukommen lassen, da er gerade kein aktuelles von sich hat. Besuchen kann er sie so kurz nach seinem eigenen langen Urlaub auch nicht. Er erkundigt sich eingehend nach den Sorgen, die sie am Thalhof erwarten, und Olga berichtet ihm am

24. September 1896 in kurzen Worten: »Wenn ich oft etwas nur andeute, das mich quält, so sind das gewöhnliche Commißsorgen, die für mich zwar furchtbar, für Sie aber ganz ohne Interesse sind. So quält mich momentan furchtbar die Krankheit unseres Pächters, nächstes Jahr dürfte alles, was ich so mühselig aufbaute, zurückgehen, Sie können sich nun denken, was mir bevorsteht!«

Wer kümmerte sich seit Beginn von Olgas Krankheit und den damit verbundenen langen Abwesenheiten um das Hotel Thalhof? Charles Waissnix hatte immer nur Interesse für den landwirtschaftlichen Betrieb und das Hotel seiner Frau und Herrn Rettinger überlassen, die es zu einem Haus ersten Ranges gemacht haben. Um den Betrieb weiterführen zu können, musste ein Pächter für das Hotel genommen werden, der bis zu seiner Erkrankung gute Arbeit geleistet hatte. Nun sieht Olga Waissnix ihr Lebenswerk gefährdet und wird sich bei ihrer Heimkehr um einen neuen Pächter umsehen müssen.

In seinem nächsten Brief nach Abbazia vom 29. Juni 1896 schreibt sich Arthur seinen Gemütszustand von der Seele. Endlich hat er zwar mit einem Theaterstück, der *Liebelei*, Erfolg gehabt, aber wann wird der nächste kommen? Die Reaktionen der »heimtückischen und schließlich tödlichen Welt« beunruhigen ihn außerdem: »Was man schafft, sollte man doch, nachdem es vollendet ist, gänzlich von sich lösen können; das wäre möglich, wenn man alles anonym herausgäbe und die recherche de la paternité interdite (Suche nach der Urheberschaft untersagt; Anm.) wäre. Da fiele wohl das weg, was persönlicher Erfolg ist und alles zuweilen angenehme, was damit zusammenhängt; aber dafür auch alles widerliche, niedrige, langweilige und dumme, das einen nothwendig irritiren kommt wenn man sich mit der Öffentlichkeit eingelassen hat.«

Schnitzler erlebt die Schattenseite des Erfolges, der zum Zwang werden kann, die Angst, keine weiteren Einfälle mehr zu haben und die bisher erbrachte Qualität nicht aufrechterhalten zu können. Dabei hat er gerade das einaktige Schauspiel *Der Witwer* beendet, in Kürze wird sein neues Stück *Freiwild* in Berlin und die tschechische Fassung von *Liebelei* (*Milkovani*) in Prag aufgeführt werden. Während des Schreibens stellt er fest: »Es ist sehr merkwürdig, daß ich sehr nervös war, während ich diesen Brief zu schreiben begann und mich allmälig ganz beruhigt fühle. Wie ist das überhaupt seltsam, daß man sich zuweilen wie preisgegeben und dann wieder in sichrer Hut fühlt – ohne daß sich das geringste geändert.«

Olga antwortet ihm einen Tag nach Erhalt des Briefes am 30. September 1896 mit sehr emotionalen Zeilen:

Liebster Freund, wenn ich Ihnen jedesmal innig für Ihre lieben Briefe danke, so halten Sie das nicht für eine Banalität, nein, es ist mir ein wahres Herzensbedürfnis Ihnen immer u. immer wieder zu sagen, wie gehoben ich mich fühle so oft Sie so ganz anders wie die übrigen Menschen zu mir plaudern. Ich habe auch in den letzten Tagen mich darum gar so intensiv mit Ihnen beschäftigt, weil diese ganze Gegend mir den Frühling 1886 gar so lebendig wieder in Erinnerung brachte. Hierhier kam ich damals aus Meran und in diesem Lorbeerhain habe ich jene unvergeßlichen Tage nochmals hundertmal durchlebt. Und heute, wo das Leben hinter mir liegt, wo ich von der Zukunft nichts mehr wünsche und hoffe, wo ich ganz zerquält durch die ewigen Grübeleien über mein verpfuschtes Leben bin, heute sage ich Ihnen mit mehr Überzeugung denn je, daß das Meraner Erlebnis das schönste und vornehmste meines Lebens war. Es giebt wenig Tage, wo ich nicht der Vorsehung danke, daß sie mich Sie finden ließ. –
Sonntag fahre ich von hier weg und hoffe Sie bald irgendwo zu sehen, ich freu mich schrecklich drauf. Leider muß ich Sie bitten, mir vorläufig wieder nicht zu schreiben.

Die Vermutung liegt nahe, dass sich eine neuerliche Krise mit Charles Waissnix anbahnt. Dieser ist immer noch nicht gut auf den mittlerweile erfolgreichen und daher noch gefährlicheren Dichterfreund seiner Frau zu sprechen. Olga ist zudem nach wie vor ein schöne und begehrenswerte Frau, der viele den Hof machen, und genießt es in den Stunden, da sie sich etwas wohler fühlt und unter Menschen geht, in vollen Zügen, umworben zu werden. Wahrscheinlich schon in Abbazia ist sie Henri Baltazzi, dem Onkel der Mary Vetsera, begegnet und hat sich, obwohl sie die Schickeria-Familie der Baltazzis nicht sehr schätzte, auf ein Techtelmechtel mit ihm eingelassen, ohne dabei seine Geliebte zu werden. Es ist zu vermuten, dass ihr dies aufgrund ihres Leidens auch nicht möglich gewesen wäre. Die Baltazzis hatten nach dem Tod des Kronprinzen Rudolf in der Wiener

Gesellschaft keinen guten Stand und litten darunter, in die »Vetsera«-Sippenhaft genommen zu werden. Auch finanziell hatten sie einiges eingebüßt. Charles ist nicht nur eifersüchtig, es stört ihn auch, dass seine Frau für diesen Mann Geld ausgibt – bei ihrem Treffen am 19. Dezember im Künstlerhaus erzählt sie Arthur Schnitzler, dass sie sich für Baltazzi ruiniere.

Während ihres üblichen vorweihnachtlichen Aufenthalts in Wien besucht Olga eine Aufführung im Carltheater, wo sie Arthur zufällig begegnet. Über die Feiertage ist sie wie gewohnt am Thalhof bei Mann und Kindern, die von den Internatsschulen nach Hause kommen. Dann zieht es sie zu Beginn ihres letzten Lebensjahres in die Villa nach Vöslau und um den 20. Jänner 1897 für kurze Zeit nach Wien, wo sie Dr. Breus konsultiert. Wieder besucht sie danach Arthur in seiner Wohnung in der Frankgasse. Dr. Breus hat erneut zu einer unumgänglichen Operation geraten, vor der sie große Angst hat und über die sie mit Arthur sprechen will. Dieser leidet immer wieder unter dem Gefühl, schriftstellerisch nichts Relevantes zu produzieren, sowie weiterhin unter der Trennung von seiner Exgeliebten Mizi Glümer, die ihn in Albträumen verfolgt. Gleichzeitig fragt er sich, ob er Mizi Reinhard heiraten solle. Sein Tagebucheintrag vom 22. Jänner berichtet: »Plötzlich kam Olga; ich erzähle ihr andeutend von meinem Leiden, und meinem Traum. Sie sagte: Um Gotteswillen, heiraten Sie nur nicht! Ich fühlte mich wohl als sie da war. Sie sagte: Wär ich acht Tage mit Ihnen, ich würde Sie rasend lieben und würde Sie mit der Vergangenheit quälen. – Sie behauptete, dass sie darum keinen Geliebten gehabt, weil sie immer gedacht: Da ich nicht – sollt es auch kein andrer. Sie gab mir einen Talisman, von der Uhr zufällig abgefallenes Anhängscl. – Zum Abschied küssten wir uns heiss. Sie sagt mit Innigkeit an der Thür: Sie waren doch das schönste in meinem Leben. So ging sie.«

Erst einen Monat später meldet sich Olga wieder bei Arthur von Abbazia, wohin sie »geflohen« ist. Dr. Breus hat, da sie sich nicht operieren lässt, darauf bestanden, dass sie erneut auf Kur geht. Diesmal wird sie von ihrem Vater und ihrer Schwester Fanni begleitet. Sie denkt nur an ihre Gesundheit, wird von Fieberschüben tageweise ans Bett gefesselt und »vegetiert so dahin«. Arthur antwortet sofort aus Wien, das er bald verlassen möchte, um in Paris oder London endlich die Ruhe zu finden, die er zum Schreiben benötigt.

Bereits fertig ist sein Stück *Der Reigen*, das er hier erstmals erwähnt: »Eine Scenenreihe, die vollkommen undruckbar ist, literarisch auch nicht viel heißt, aber, nach ein paar hundert Jahren ausgegraben, einen Theil unserer Cultur eigenthümlich beleuchten würde.« Insgesamt stellt er fest, dass er »über alle Dinge nur das zweitbeste zu sagen vermag. Die wirklichen Künstler haben immer schaffen können: in Armuth, in Noth, in körperlichen Leiden, in Seelenschmerzen, mitten im Leben, wo es am lärmendsten ist, und den Tod im Angesicht.« Über sein privates Leben schreibt Arthur: »In Gesellschaft bin ich ein paar Mal gewesen, und ein paar junge Mädeln haben leise an meinen Sinn und lauter an meine Sinne gerührt. Das hat mit der Hauptsache nichts zu thun. Der Frühling webt weiter; aber Frühsommer hieße er besser. Inconnue hat mir seit fast zwei Monaten nicht geschrieben – nachdem ich, durch andres bedrückt, auf die letzten Briefe nicht mehr geantwortet. – Menschliche Beziehungen entstehen, leben, blühen, machen Krankheiten durch, sind unergründlich, sterben, sind scheintodt, wachen auf wie Menschen selbst.«

Bald darauf erhält er Olgas Antwort:

Abbazia den 5. März 897.

Seit Sonntag hab' ich Ihren lieben Brief u. freue mich so sehr mit ihm; jeden Tag will ich's Ihnen sagen und immer kommt was dazwischen. Es ist eben die alte Leier in den Badeorten, man hat stündlich u. minütlich was zu thun u. thut doch nie was rechtes.

Von hier kann ich Ihnen wenig erzählen. Abbazia ist zwar überfüllt, doch wir kennen nicht viel Leute. Kommt jemand Ordentlicher, so wird er gleich zur Kronprinzessin [*Stephanie, Witwe von Kronprinz Rudolf;* *Anm.*] befohlen; (…) An Sie denke ich natürlich oft und viel, manches errathe ich u. macht mich trauriger als ich's sagen kann. Wenn Sie fortreisen, so erfahre ich's rechtzeitig, aber früher schreiben Sie mir auch noch oft, nicht wahr? Wir bleiben, wenn nichts dazwischenkommt, bis Ende März hier, u. werde ich Sie daher leider erst nach Ihrer Rückkehr aus Paris sehen.

Was Sie mir über Ihr künstlerisches Schaffen schreiben, ist nicht meine Ansicht, da bin ich anderer Meinung u. alle, die die »Liebelei« gesehen oder »Sterben« gelesen haben, stimmen mir bei. Wer das schrieb, vermag nicht nur immer das zweitbeste zu sagen. Sie wissen, wie fest ich an

Ihr hervorragendes Talent von jeher geglaubt habe u. wenn große Künstler am unzufriedensten mit sich waren, sind sie innerlich immer am meisten gewachsen. Die letzten bösen Monate waren für Sie eine Zeit des »Noch höher hinaufsteigens« u. einmal zur Ruhe gekommen, werden Sie Schöneres, Größeres schaffen denn je. Gott gebe, daß Ihnen bald wieder Ruhe und Friede beschieden ist, möge ein guter Genius Sie bis dahin beschirmen u. beschützen. Das sogenannte »Was erleben« ist ja sehr schön u. jeder Kampf führt uns eine Stufe höher, aber im Grunde sind wir doch alle sehr bequem u. auch die Liebe kann blos eine Episode sein. Von seiner Leidenschaft hingerissen, hat der Frühling das vergessen u. ist darum schon der Frühsommer geworden. Wenn die Blüten aber fallen, fangen die Früchte an zu reifen u. ach, wie bald ist dann der Herbst da. –

Von mir kann ich Ihnen wenig u. gar nichts Neues erzählen. Richtig eines, es geht mir hier Gott sei Lob und Dank etwas besser; komisch ist doch mein Leben, mein ganzes Sinnen u. Denken ist manchmal nur darauf gerichtet gesund zu werden und an den andern Tagen erwäge ich ernsthaft, welches wol die geschwindeste u. sicherste Todesart ist. Eines weiß ich sicher, leben thu' ich nicht gerne, u. daß ich nicht glücklich bin, daran bin ich zum größten Teil nur selber schuld. –

Fanni grüßt Sie herzlich, sie ist so ein liebes, gutes Mädel, sie behauptet heute Sie seien mir a very dear friend u. sie beneide mich um jemand wie Sie. Haben Sie also Dank, daß Sie auf der Welt sind und schreiben Sie mir sehr bald wieder, my dear friend.

Ende März, knapp vor seiner Abreise mit Marie Reinhard nach Paris, wo sie bei Paul Goldmann wohnen werden, meldet sich Arthur nochmals brieflich bei Olga. Auf ihre lobenden Worte erwidert er: »Ich möchte mich sehr gern hochschätzen, habe eine tiefe Sehnsucht nach Selbstbewußtsein, ringe mich nur selten dazu auf, komme mir oft lächerlich vor wie einer, der nur die Gebärden des Künstlers hat, sehe mich selbst als Wurstl dessen, was ich sein möcht.«

Die Kur in Abbazia hat angeschlagen und Olga fühlt sich besser. Sie ist dort dem Verfasser humoristischer Erzählungen und Dramatiker Paul von Schönthan, Edler von Pernwald (1853–1905) begegnet, und hat während dessen zehntägigen Aufenthalts viele Gespräche geführt. Sie hat großen Eindruck auf diesen Mann gemacht, denn er schreibt ihr bereits 24 Stunden nach seiner Abreise einen Brief, der seine Verehrung und den Wunsch nach einem Wiedersehen zum Ausdruck bringt, zu dem es jedoch vorläufig nicht kommen soll.

Von Abbazia in die Heimat zurückgekehrt, verschlechtert sich Olgas Gesundheitszustand schnell wieder. Die Operation ist unausweichlich und aus ihrem Brief an Arthur nach Paris klingt ein erstes Abschiednehmen durch:

Wien den 13. Mai 1897

Betrachten auch Sie, mein lieber, lieber Freund, diese Zeilen blos als Bulletin. Soeben war Consilium und es wurde beschlossen, daß mich Prof. Breus nächsten Sonntag Früh im Sanatorium Loew operieren wird. Ich bin sehr ruhig, wenn man so viele Schmerzen wie ich seit 6 Jahren gelitten hat, sehnt man sich nach Erlösung.

Sollten Sie in den nächsten 14 Tagen nach Wien zurückkehren, so machen Sie mir vielleicht die große Freude, mich bei Loew zu besuchen, ich werde Ihnen sowieso bald berichten. (...) Ihre Briefe habe ich Fanni zum aufheben gegeben.

Mein lieber Freund, mögen Sie so glücklich sein, wie ich es aus ganzem Herzen wünsche, und behalten Sie den Frühling recht lieb. Jemand gern haben, ist doch das einzige, höchste Glück, das uns armen Geschöpfen erlaubt ist.

Leben Sie wol, was auch geschehen mag, vous êtes le coin bleu de mon ciel, haben Sie dank für manches Glück. –

Grüßen Sie, bitte, Herrn Dr. Goldmann herzlich von mir.

Im Sanatorium Loew befand sich Wiens renommierteste gynäkologische Abteilung, wo Carl Breus seine Privatpatienten operierte. 1859 wurde das Sanatorium von Heinrich Loew im zweiten Bezirk in bescheidenem Umfang gegründet und 1874 von seinem Sohn Anton übernommen und vergrößert. 1882 in das Gebäude Mariannengasse 20 in den neunten Bezirk verlegt, wurde es das erste Privatsanatorium für chirurgische Erkrankungen und hatte 36 Betten in Einzelzimmern. Bald schon war es zu klein und wurde 1894 auf 90 Betten erweitert. Bis zum Jahr 1939, als es arisiert und vom Deutschen Reich übernommen wurde, war das Sanatorium Loew die größte Privatkrankenanstalt Wiens. Das komplette Areal umfasste 11 900 m², davon waren 4550 m² verbaut. Dieses Sanatorium hatte viele berühmte Patienten wie Josef Kainz, Alexander Girardi oder Gustav Mahler. Alma Mahler brachte hier den gemeinsamen Sohn mit Franz Werfel zur Welt.

Am 16. Mai 1897 wird Olga Waissnix von Dr. Breus operiert. Schnitzler schreibt in seinem Tagebuch, dass es sich um die Adnexen handle, die Eileiter und Eierstöcke, wobei in der damaligen Fachsprache auch die Gebärmutter gemeint sein konnte. Da Olga sich am 25. Mai 1897 einer weiteren Operation unterziehen muss, ist anzunehmen, dass vorerst nur die Eileiter und die stark verzysteten und entzündeten Eierstöcke entfernt wurden.

Durch die Operationsankündigung Olgas sehr besorgt, meldet sich Arthur am 15. Mai sofort aus Paris und erhält in Folge von Olgas Schwester Fanni alle weiteren Informationen. Von London fragt er am 29. Mai, noch nichts von einer zweiten Operation wissend, an, wann er Olga besuchen dürfe.

Interessant an der zweiten Operation Olgas ist der Umstand, dass neben Carl Breus Dr. Ernst Wertheim als Operateur hinzugezogen wurde. Dieser Mann war seit Anfang 1897 Chefoperateur in der gynäkologischen Abteilung des Kaiserin-Elisabeth-Spitals und hatte neue Operationstechniken entwickelt. Seine größte Leistung war die Einführung einer Operation des Cervixkarzinoms, einer bösartigen Erkrankung des Gebärmutterhalses. Zum damaligen Zeitpunkt begnügte man sich damit, die erkrankte Gebärmutter über die Scheide zu entfernen. Wertheim war es, der die Totalresektion über einen Bauchschnitt durchführte, was aufgrund der hohen Sterblichkeitsrate von bis zu 72% bis dahin selten durchgeführt worden war.

Der histologische Befund nach der ersten Operation Olgas dürfte eine Krebserkrankung aufgezeigt haben, weswegen eine Hysterektomie (Entfernung der Gebärmutter und der Eierstöcke; Anm.), ein bis heute sogenannter »Wertheim«, nötig war. Da laut offiziellen medizinischen Berichten Dr. Wertheim die erste solche Operation am offenen Bauch erst im November 1898 durchgeführt hat, ist anzunehmen, dass der Eingriff bei Olga noch über die Scheide erfolgte. Der Nachteil dieser Operationsmethode war, dass man das gesamte befallene Gewebe einschließlich der

Lymphen niemals restlos entfernen konnte und eine große Gefahr der Verletzung der Harnleiter bestand. Nebstbei war der Blutverlust enorm und zusätzlich zum Wundschmerz machte die Neulagerung des Darms in dem nun freieren Bauchraum den Patientinnen zu schaffen. Olga Waissnix muss demnach fürchterlich gelitten haben.

Zehn Tage nach ihrer zweiten Operation schreibt sie an Arthur:

4. Juni 1897

Lieber Freund; ich werde mich riesig freuen, wenn Sie mich im Laufe der nächsten Woche von 5 Uhr Nachmittag an, besuchen. Heute will ich Ihnen nur tausendmal für Ihre liebenswürdige Teilnahme danken. Am vorigen Dienstag hatte ich eine 2. Operation zu überstehen, es waren böse Tage, mein lieber Vater u. das unermüdliche Schwesterlein haben viel Trauriges durch mich erlebt.

Jetzt bin ich sehr, sehr schwach, aber ich hoffe mit Gottes Hilfe bald ganz gesund zu werden, denken Sie, nach 6 Jahren.

Kommen Sie bald, Jugendfreund, Sie wissen wie sie sich nach Ihnen sehnt

Ihre

O. W.

Arthur schickt am nächsten Tag eine Karte »mit tausend innigen Grüßen« und einem großen Blumenstrauß. Am 8. und 11. Juni besucht er sie nachmittags und notiert im Tagebuch: »Sehr gescheidt geredet!«

Am 16. und 21. Juni schickt er ihr mit innigen Grüßen wieder Blumen sowie Zeitungen. Sie lässt ihm, wie er in seinem Tagebuch vermerkt, »eine reizende Brieftasche« zukommen, für die er sich überschwänglich bedankt.

Am 24. Juni besucht er sie vor seiner Abreise nach Ischl noch einmal und hält abends in seinem Tagebuch fest: »Bei Olga im Sanatorium. Lebendiges Gespräch. Während ich Abschied nahm, ging Fanny hinaus und ich küsste sie heiss und lang (sie lag noch im Bett). Es war sehr schön.«

Von Ischl aus erkundigt sich Arthur zweimal mit Karten nach ihrem Befinden. Olga antwortet ihm aus gutem Grund erst am 13. Juli aus Vöslau:

Verzeihen Sie mir, lieber, lieber Freund, es war mein dummer Aberglaube, der mich verhinderte, Ihnen zu schreiben. Ich wollte Ihnen durchaus was Gutes, nämlich meinen Auszug aus dem Marterhaus mitteilen, da ich mich aber über Kommendes nicht zu reden getraute, wartete ich bis ich draußen war. Seit gestern bin ich hier in Vöslau. Nun liege ich unter dem geliebten, auch Ihnen bekannten, großen Castanienbaum, fühle mich, bis auf eine große Mattigkeit, ziemlich wol und träume so vor mich hin. Das Leben umrauscht, umblüht und umzaubert mich nicht, wenn ich aber wieder gesund bin, will auch ich erwachen.

Leben Sie wol, Sie lieber Freund, lassen Sie bald Ausführliches von sich hören, Sie machen mir so eine Freude.

Arthur antwortet aus Ischl:

21. 7. 97.

Meine liebe Freundin,
vor ein paar Tagen hab ich Ihren Brief aus Vöslau bekommen und danke Ihnen herzlich. Hoffentlich darf ich Sie bald sehen und werde mehr von Ihnen erfahren, als in den paar Zeilen steht, so schön sie sind. In ein paar Tagen reise ich von hier ab. Zuerst ein paar Bicycletage, dann Wien. Das ist Mitte nächster Woche, vielleicht schon Anfang. Ich finde dort wohl ein Wort von Ihnen.

Ein Stück hab ich hier zu schreiben begonnen; sehr voll davon; einen Akt im Zug – dann war es vorbei. Aber ich glaube, daß es bald wieder gehen wird. Im ganzen hab ich mit Unrecht ein ziemlich sorgloses Leben hier geführt und mir manchmal sagen müssen: Ja – es ist doch noch die Jugend. –

Grüßen Sie vielmals Ihre gute und liebe Schwester.
Ich bin wie immer von Herzen der Ihre,

ArtSchn.

Das Stück, das er in Ischl zu schreiben beginnt, ist *Das Vermächtnis*, das am 8. Oktober 1898 am Deutschen Theater in Berlin uraufgeführt wird. Ende Juli kommt Schnitzler nach Wien zurück, macht sich auf die Suche nach einer Wohnung außerhalb Wiens für die schwangere Marie Reinhard und wird in Mödling fündig.

Olga besucht er im Zuge dessen nicht in Vöslau, da sie sich, bedingt durch das schlechte Wetter und den vielen Regen, der in Folge zu großen Überschwemmungen führt, wieder nicht wohlfühlt. Als er sie Mitte August besuchen will, erhält er den folgenden Brief:

Vöslau den 14. August 1897.

Mein lieber, lieber Freund, sind Sie mir nicht böse, ich habe Ihnen in den letzten Tagen nicht geschrieben. Gründe folgende: Aus Hardenberg in Dänemark, wo meine Schwester Gabriele momentan bei ihrer Schwiegermutter weilt, kam dieser Tage ein verzweifelter Brief. Mein Schwager ist schwer herzleidend, sein Zustand bedenklich. Fanni, der gute Genius in unsrer Familie, mußte sich gleich reisefertig machen. Natürlich waren eine Menge Sachen zu besorgen, die uns ganz in Anspruch nahmen. Sie vertauscht, das arme, aufopfernde Mädl, ein Krankenlager mit einem anderen. – Auch ich bin gar nicht wol, und die bevorstehende Trennung von meiner geliebten Schwester macht mich ganz broken down; ich bleibe allein nicht hier, sondern kehre nach Reichenau zurück, wohin man mich schon dringend reclamirt. Wie sehr ich bedaure, Sie nicht hier gesehen zu haben, kann ich Ihnen gar nicht sagen. Bleiben Sie lieb und gut wie Sie es immer zu mir waren, ich hoffe Ihnen im Herbst die Hand drücken zu können.

Leben Sie wol und schreiben Sie mir, bitte, nicht, bis ich mich wieder melde.

Am 16. August 1897 begibt sich Olga nach Reichenau und wohnt dort in der inzwischen fertigen Hubertusvilla. Es wird dies das letzte Mal sein, dass sie ihre geliebten Berge sieht. Sie bleibt nicht lange dort, denn am 8. September 1897, an Mariä Geburt, kontaktiert sie Arthur bereits wieder aus Vöslau mit schlechten Nachrichten und medizinischen Fragen zu ihrem Schwager, der im Sterben liegt und vier Kinder, das jüngste drei Monate alt, hinterlassen wird. Bereits fünf Tage später informiert sie Arthur auf einem Briefpapier mit Trauerrand vom Ableben Georg Haugwitz von Hardenbergs.

Arthurs Kondolenzschreiben ist nicht erhalten geblieben, nur Olgas Antwort darauf:

Wie immer sind Sie der Liebenswürdigste, Beste! Wie muß man dem Schicksal danken, wenn man Menschen wie Sie findet. Solche Freundschaft wirft gleichsam einen Glanz über alles, haben Sie Dank für manches Glück! – Der Verstorbene stand mir nicht sehr nahe, obwol ich ihn immer aufrichtig bewundert und verehrt habe, denn er war einer der vornehmsten, edelsten Menschen, die es gab. Unendlich traurig macht mich Gabrielens Jammer, die nun mit 4 Kindern verwaist dasteht. Sagen Sie, warum mußten zwei Menschen auf ewig getrennt werden, die sich so heiß geliebt haben, man steht fassungslos vor solchem Unglück.

Ich fahre dieser Tage nach Wien u. werde dann vom Professor erfahren, was mit mir ferner geschieht. Es ist nicht unmöglich, daß ich den ganzen Winter irgendwo im Süden verbringe, natürlich allein ohne Fanni, die sich jetzt wieder ganz für Gabriele u. deren Kinder aufopfert.

Bevor ich fortgehe möchte ich Sie zu gerne sehen, ich weiß eigentlich seit Monaten nichts von Ihnen, auch das Unglück macht egoistisch!

Arthur und Olga scheinen in diesen Tagen auch telefoniert zu haben, wobei er seinen Besuch für den 24. September ankündigt, ihn aber schließlich nicht einhält. Grund dafür ist seine ständig notwendige Anwesenheit in Mödling bei Marie Reinhard, die fünf Tage in den Wehen liegt und am 24. September ein totes Kind zur Welt bringt.

Am selben Tag schreibt Olga ihren letzten Brief an Arthur:

Lieber, lieber Herr Doctor, es ist wirklich zu schade, daß Sie heute nicht kommen können. Die Gründe Ihres Aufschubes kann ich mir ja denken u. sind dieselben gewiß zwingender Art, aber mir thut's doch riesig leid, umsomehr als sich heute bei Sonnenschein mein Reich sehr vorteilhaft präsentirt.

Wegen Montag od. Dienstag werde ich Ihnen noch schreiben. Ich bin natürlich immer da, aber ich weiß nicht, ob Vater nicht diese beiden Tage auch herauskommt, da könnten wir dann nicht so ruhig u. ungestört miteinander plauschen als ich es möchte. Ich telegrafire od. schreibe jedenfalls noch hierüber. –

Mittwoch fahre ich wahrscheinlich nach Wien u. Donnerstag ist wieder einmal ein Consilium – heuer das dritte.

Das Jahr 1897 war für Sie reich an Unannehmlichkeiten und doch kann ich Sie nicht bedauern, denn Sie sind gesund, allmächtig über Ihren Körper, wenn Sie wüßten, wie reich Sie sind! Was mich betrifft, so pendle ich zwischen Selbstmordgedanken ernstester Art, zwischen einem Traum an den ich nicht glaube und zwischen tiefster Mutlosigkeit so hin und her. Etwas muß geschehen, so kann's lange nicht mehr fortgehen.

Leben Sie wol! Sie Liebster, Bester von Allen!

Bei dem Konsilium befinden Professor Dr. Breus und seine Kollegen, dass Olga Waissnix zu schwach für einen Kuraufenthalt ist, und verordnen weitere Bettruhe und Schonung. Statt ihrer Schwester Fanni kümmert sich nun eine von ihrem Vater eigens angestellte Pflegerin um sie.

Am 27. September 1897 kommt Arthur endlich zu Olga nach Vöslau. Es wird das letzte Mal sein, dass die beiden einander sehen. Mehrere Stunden sitzen sie beisammen und unterhalten sich. Sie erzählt von ihrem Flirt mit Paul von Schönthan und wie sehr sie es insgesamt bedauert, sich die Freuden einer außerehelichen Beziehung nicht gegönnt zu haben. Nun könne sie dies aufgrund ihrer Krankheit nicht mehr tun. Er spricht von der Totgeburt seines Kindes und seinen weiterhin bestehenden Selbstzweifeln. Er kann ihr nicht genug danken für ihren Glauben an sein Talent und ihre aufmunternden und bestärkenden Worte, mit denen sie ihn in den schwersten Krisen seines Lebens begleitet hat. Noch einmal schwelgen Arthur und Olga in Erinnerungen an die Stationen ihrer Liebe: den Liebesfrühling in Meran, die Tage am Thalhof, in denen sich beide so sehr nacheinander sehnten, die schwierige Wandlung zur Freundschaft – immer wieder unterbrochen durch die neuerlich aufflackernde Leidenschaft – bis hin zur Einfahrt in den ruhigen Hafen einer ehrlichen Kameradschaft. Schnitzler notiert am Abend dieses Tages: »Ich erzählte ihr viel. – Dabei sprangen bei uns beiden oft wieder die Funken hervor.«

Eine Woche später erkundigt sich Arthur schriftlich nach Olgas Befinden und ersucht sie um Antwort oder ein Telefonat. Es scheint ihr zu schlecht zu gehen, um dieser Bitte nachzukommen.

Kurze Zeit darauf setzt erneut Fieber ein und Olga muss ins Sanatorium Loew. Dort verstirbt sie am Donnerstag, dem 4. November 1897, um 21 Uhr abends, einen Tag nach ihrem 35. Geburtstag.

Will man Schnitzlers Tagebucheintrag vom 7. November 1897 glauben, so starb Olga Waissnix nach Auskunft von Dr. Wertheim, der die zweite Operation durchgeführt hatte, nach »gelungener Operation« an einer septischen Lungen- und Venenentzündung. Dies hatte man seit der Veröffentlichung der Tagebücher für bare Münze genommen. Im Totenschein, der vom Sanatorium Loew ausgestellt wurde und sich sowohl im Wien Archiv als auch im Vöslauer Totenbuch befindet, steht etwas anderes, etwas, das der Arzt Dr. Wertheim nicht gerne zugeben wollte. Der wortwörtliche Eintrag lautet:

Verstorben 4. November 1897, 9 Uhr abends
Ort: Wiener IX. Bez, Mariannengasse Nr. 20
Name: Waissnix Olga, geb. Schneider, Realitätenbesitzersgattin aus Reichenau N.Oe, gebürtig in Wien, zuständig nach Reichenau N.Oe
35 Jahre
Todesursache: Vereiterung der Unterleibsorgane

Die Operation war demnach nicht erfolgreich verlaufen. Zu viele entzündete und vereiterte Reste der Geschlechtsorgane waren im Bauchraum verblieben und hatten nach sechs von Schmerz geprägten Jahren ein weiteres monatelanges Leiden bewirkt.

Es ist nachzuvollziehen, dass Dr. Wertheim nicht zu Olgas Begräbnis ging, nicht aber, dass Arthur Schnitzler vermied, daran teilzunehmen. Er hatte die »Nicht zum Begräbnis gehen-Empfindung«, wie er in seinem Tagebuch schreibt. Am 8. November vermerkt er lediglich: »Heut um 3 war das Begräbnis Olgas in V.« Olgas Briefe hütet Arthur hingegen wie einen kostbaren Schatz und liest sie immer wieder, einige Jahre später sogar gemeinsam mit seiner Ehefrau Olga Gussmann.

Durch diese Briefe und die literarischen Denkmäler, die Schnitzler ihr gesetzt hat, ist Olga Waissnix, die unvollendete Geliebte und Freundin eines berühmt gewordenen Mannes, nicht in Vergessenheit geraten. Bestärkt durch diese bemerkenswerte Frau, der sich der Mensch Schnitzler wie niemand anderem anvertraut und offenbart hatte, konnte der Schriftsteller Schnitzler sich verwirklichen und den Weg zum Ruhm einschlagen.

E_s hat Gott dem Allmächtigen in seinem unerforschlichen Rathschlusse gefallen, Frau

Olga Waissnix, geb. Schneider,

Donnerstag den 4. November 1897, um 9 Uhr Abends, nach schwerem schmerzlichen Leiden, versehen mit den heiligen Sterbe-Sacramenten, zu sich zu berufen.

Die irdische Hülle der theuren Verblichenen wird Samstag den 6. d. M. nach Vöslau überführt, daselbst im Trauerhause Ludwigstrasse Nr. 2 aufgebahrt und Montag den 8. d. M., präcise 3 Uhr Nachmittags, in die Pfarrkirche geführt, dortselbst feierlichst eingesegnet und sodann auf dem Orts-Friedhofe in der Familiengruft zur Ruhe beigesetzt werden.

Die heiligen Messen werden Dienstag den 9. d. M., um 8 Uhr Früh, in obgenannter Pfarrkirche und in der Pfarrkirche zu Payerbach-Reichenau für das Seelenheil der Verblichenen gelesen werden.

Wien-Vöslau, am 6. November 1897.

Die tieftrauernde Familie.

Kranzspenden werden dankend abgelehnt.

Erste Wiener Vereins-Buchdruckerei VII. Bandgasse Nr. 26   Wiener Leichenbestattungs-Unternehmung „Concordia"

Neue Freie Presse, **7. November 1897**

Anhang

Nachrufe

Olga Waissnix erhielt einige Nachrufe in der Presse, stellvertretend seien zwei davon angeführt:

Neue Freie Presse vom 6. November 1897:
Todesfälle: Gestern abends [*redaktioneller Fehler der* Neuen Freien Presse; *Anm.*] ist hier die Gattin des Reichenauer Hotelbesitzers Waißnix, Frau Olga W a i ß n i x, gestorben. Die verblichene, eine Tochter des Südbahn-Restaurateurs Schneider, war einst eine gefeierte Beauté und als Wirthin durch ihre Anmuth und Gastlichkeit bei allen Curgästen Reichenaus sehr beliebt.

Wiener Salonblatt vom 6. November 1897:
Die ihrer Anmuth und Liebenswürdigkeit wegen allbeliebt gewesene Gattin des bekannten Reichenauer Hoteliers Waißnix, Frau Olga W a i ß n i x, geb. S c h n e i d e r, ist vorgestern Abend, in jungen Jahren, in Wien verstorben. Die Leiche wird von der »Concordia« nach Vöslau überführt und morgen [*redaktioneller Fehler des* Salonblatts; *Anm.*] daselbst bestattet werden.

In der Literatur ist Olga Waissnix nicht nur von Arthur Schnitzler, sondern auch von Peter Altenberg verewigt worden. Altenberg hat die Thalhofwirtin nie vergessen und verfasste nach ihrem frühzeitigen Tod einen Nachruf auf sie. Noch Jahre nach ihrem Ableben scheint sie in seinem Werk auf. So schrieb er in der Monatsschrift *Südbahn und Lloyd* 1912:
»Wo weilst Du, Olga W., liebliche Talhofherrin? Deine Schwägerin [*Wilhelmine, Charles' Schwester; Anm.*] war die Schönheit des ganzen Ortes, dein Schwiegervater [*Alois Waissnix; Anm.*] ist 93 Jahre alt, dein jüngster Sohn, verheiratet, ist dein Ebenbild! Nichts hat sich verändert, nur du gingst vorzeitig dahin, liebliche Talhofherrin!«

Auch in der Neuauflage seines Bandes *Wie ich es sehe* im Jahr 1914 bei S. Fischer in Berlin weiht er »der edlen Verstorbenen« die Geschichte *Wie wunderbar.*

Arthur Schnitzler gedenkt über zwanzig Jahre nach Olgas Tod, am 18. Juni 1918, mit den folgenden Verszeilen seiner unvollendeten Geliebten und Freundin:

(Als ich in meiner Lebensgeschichte
das Reichenauer Buch schrieb)

Fließen die Tränen für dich,
die längs zu den Schatten gegangen?
Nein doch. Einer die liebt;
– drum in so nutzloser Qual.
Denn so gelassen die Toten
im Schein der Erinnerung wandeln,
Trübe gespenstert im Licht –
Liebe, die starb vor der Zeit.

Wie sein Vater Alois wurde Olgas Mann Karl (Charles) Waissnix sehr alt. 1851 geboren, lebte er bis 1943 und überlebte nicht nur seine drei Söhne, sondern auch seine drei Enkelkinder. 1936, im Alter von 85 Jahren, heiratete er ein zweites Mal, die 34 Jahre jüngere Magdalena Scholz.

Olga Waissnix hatte mit ihrem Mann drei Söhne, die bei ihrem Tod 17, 15 und 13 Jahre alt waren. Der älteste Sohn Karl, geboren am 11. November 1881, studierte Rechtswissenschaften in Wien. Er soll seiner Mutter Olga charakterlich am ähnlichsten gewesen sein. Er arbeitete als k.u.k. Statthalterei-Konzeptspraktikant für die Bezirkshauptmannschaft in Imst in Tirol. Am 2. Juni 1912 versuchte er zum ersten Mal mit einem Motorrad zu fahren und stürzte dabei so unglücklich, dass er noch an der Unfallstelle in Imst verstarb. Karl war am Thalhof und der Mühle nicht weiter interessiert gewesen, ließ sich sein Erbe im Vorhinein auszahlen und hatte kein gutes Verhältnis zu seinen Brüdern.

Der am 19. Jänner 1883 geborene Ludwig führte, sobald er erwachsen war, zuerst gemeinsam mit seinem Vater, später alleine den Thalhof weiter. In erster Ehe war er mit der aus einer jüdischen Familie stammenden Natalie, geborene Freischberger, verheiratet, mit der er zwei Töchter, Elisabeth und Olga, hatte, die den Nürnberger Rassegesetzen zufolge unter dem NS-Regime als Halbjüdinnen galten. Elisabeth, 1917 geboren, war mit dem Reichenauer Antifaschisten Wenzel Hofmann liiert und hatte mit ihm eine uneheliche Tochter, die 1940 geborene Erika, die mit ihrem späteren Ehemann, Franz Wild, und den beiden Kindern Peter und Eva nach dem Krieg in die Vereinigten Staaten nach Ohio auswanderte.

Olga, 1918 geboren, hatte 1938 den französischen Adeligen Bernard de la Sudery aus Bordeaux kennengelernt. Die beiden konnten einander kriegsbedingt nicht sehen und korrespondierten daher viel. Olga wurde am 18. Juli 1941 wegen Vergehens gegen die Gesetze zum »Schutze der Wehrkraft des Deutschen Volkes« zu sechs Wochen Haft und Ersatz der Verfahrenskosten verurteilt. Grund für die Verurteilung war ein beschlagnahmter Brief an ihren Verlobten, in dem sie schilderte, dass sie die französischen Kriegsgefangenen am Thalhof mit Zigaretten und Essen versorgte und mit ihnen französisch sprach. Am 5. August 1941 wurde sie ein weiteres Mal wegen dieses Delikts zu drei Monaten Haft verurteilt. 1943 gelang es Olga, sich mit Bernard heimlich zu treffen, im Jahr 1944 kam die gemeinsame Tochter Christiane zur Welt.

Im April 1945 begannen die Nationalsozialisten im Zuge einer »Säuberungswelle« im gesamten Semmeringgebiet mit Verhaftungen, bei denen Wenzel Hofmann, der Lebensgefährte von Elisabeth, festgenommen und sofort standrechtlich erschossen wurde. Im Zuge einer zweiten Verhaftungswelle wurden Elisabeth und Olga Waissnix am 26. April 1945 ebenfalls erschossen.

Ludwig Waissnix hatte sich von seiner ersten jüdischen Frau scheiden lassen und in zweiter Ehe die dem Nationalsozialismus nahestehende Gertrude Weiss geehelicht. Er starb am 25. November 1939, als sein Auto in einer vereisten Kurve in Reichenau mit einem entgegenkommenden Lastwagen kollidierte. Sein Sohn Ludwig war zu diesem Zeitpunkt erst ein paar Monate alt.

Vom einstigen Nobelhotel Thalhof war nach dem Zweiten Weltkrieg außer einem devastierten und heruntergekommenen Gebäude nicht mehr viel übrig. Überleben konnten Gertrude und ihr Sohn Ludwig nur durch die Erträge aus der Landwirtschaft. Erst in den 1960er-Jahren, als Reichenau erneut zum Touristenziel wurde, eröffneten die heute noch lebenden Ludwig und Rosina Waissnix, geborene Kirnbauer, den Thalhof wieder als bescheidenes Kaltwasser- und Diäthotel. 1966 und 1969 kamen ihre Kinder Barbara und Thomas zur Welt. 35 Jahre später konnten sie den Betrieb in dem abgewohnten Gebäude nicht mehr aufrechterhalten und vermieteten ihn für eine Bespielung als Sommertheater. 2012 verkauften sie das Anwesen an das Ehepaar Ursula und Josef Rath, die das Gebäude derzeit generalsanieren.

Olgas jüngster Sohn, der am 13. Dezember 1885 geborene und ihr am ähnlichsten sehende Rudolf, übernahm den Mühlenbetrieb in Reichenau. Aus seiner ersten, geschiedenen Ehe mit Margarete Zappert stammt der Sohn Robert, der Zahnarzt wurde und im Jahr 1940, mit nur dreißig Jahren, einer Krebserkrankung erlag. In zweiter Ehe, die kinderlos blieb, heiratete Rudolf Friederike Strauß. Er litt bereits in jungen Jahren an einer immer wieder aufflammenden Lungentuberkulose und starb 1937, mit nur 52 Jahren, an Bauchspeicheldrüsenkrebs. Seine Witwe Friederike Waissnix nahm 1945 ihre verwaisten Nichten Erika und Christiane in der Mühle auf und wurde ihnen zur zweiten Mutter. Aus Christianes erster, geschiedener Ehe mit Anton Gschwendtner stammt die 1969 geborene Tochter Martina. Heute ist Christiane mit Franz Fitzka verheiratet und lebt in Wien.

In die von Olga Waissnix so geschätzte Villa ihres Vaters in Vöslau zog später ihre Schwester Gabriele ein, weswegen diese aufgrund des Namens von Gabrieles Mann als Haugwitzschlössel bekannt war. Seit einigen Jahren ist das bedauerlicherweise nicht denkmalgeschützte Gebäude in ukrainischem Besitz und steht zum Verkauf.

Gabriele und ihr Sohn Georg sind wie Olga und beider Eltern im Schneider-Mausoleum am Vöslauer Friedhof begraben.

Stammtafel

von Karl Waissnix und Olga, geb. Schneider

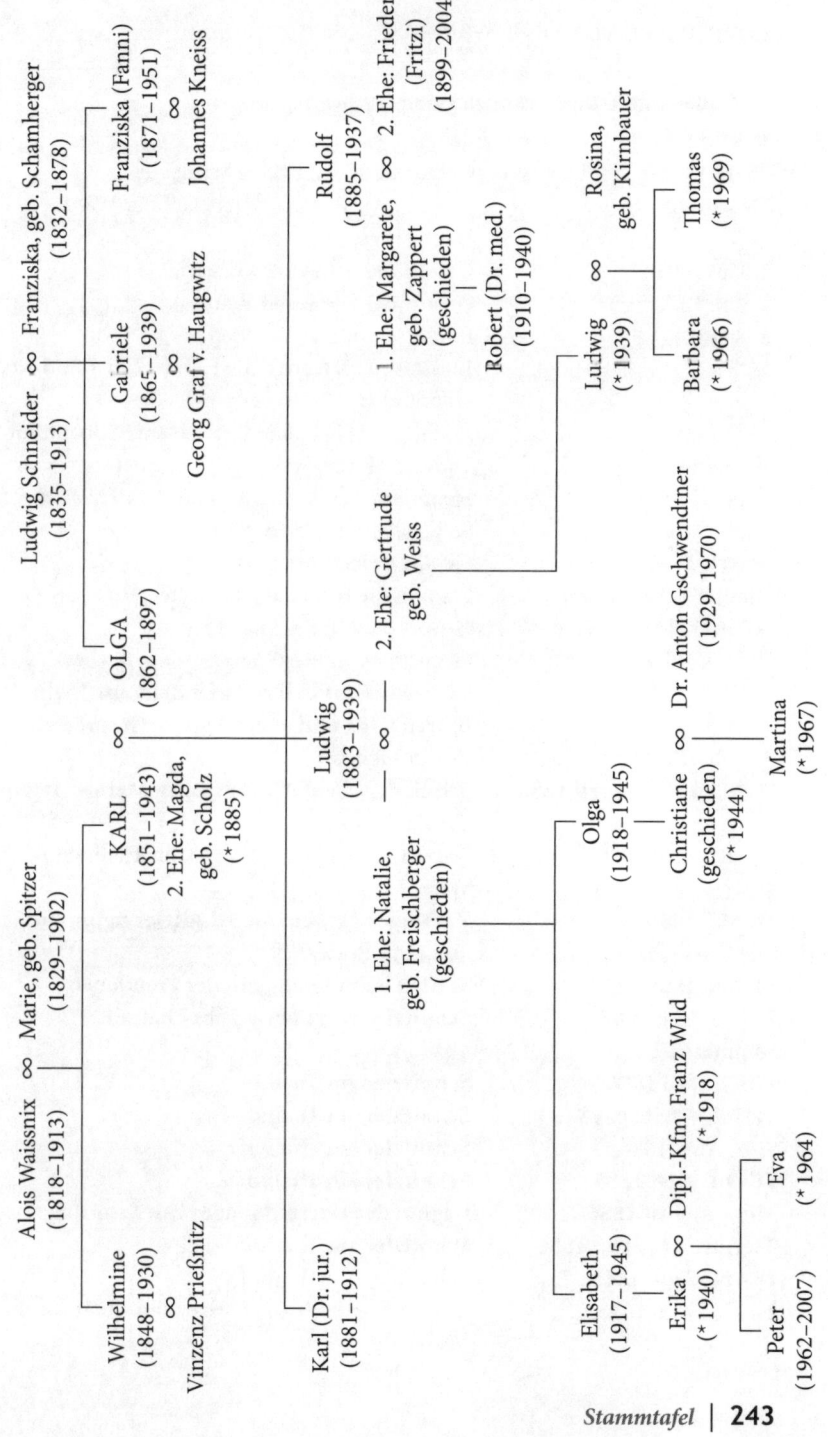

Lebensdaten von Olga Waissnix

Die Treffen mit Arthur Schnitzler sind fett hervorgehoben.

3. Nov. 1862	Geburt der Olga Cäcilie Schneider
9. Nov. 1862	Taufe in der Paulanerkirche auf der Wiedner Hauptstraße
31. Jän. 1865	Geburt der Schwester Gabriele
21. Jän. 1871	Geburt der Schwester Franziska
1868–1876	Bürgerschule auf der Wieden
	In dieser Zeit lernen die Kinder Olga und Arthur einander in Vöslau kennen.
1876–1879	Kochlehre im Familienbetrieb am Südbahnhof
30. Mai 1878	Tod der Mutter Franziska Schneider
20. Feb. 1881	Heirat mit dem elf Jahre älteren Karl Waissnix in St. Elisabeth in der Argentinierstraße
11. Nov. 1881	Geburt des Sohnes Karl
Sommer 1882	Platonische Beziehung mit Peter Altenberg
19. Jän. 1883	Geburt des Sohnes Ludwig
13. Dez. 1885	Geburt des Sohnes Rudolf
5.–15. Juli 1885	**Während Schnitzlers Aufenthalt am Thalhof führen Olga und er erste kurze Gespräche.**
19. Feb.–18. April 1886	Kur in Meran
21. März – 17. April 1886	**Schnitzler ebenfalls zur Kur in Meran, Beginn der Beziehung**
18.–30. April 1886	Nachkur in Abbazia, danach am Thalhof und in Wien
23. Mai 1886	**Zufälliges Treffen mit Schnitzler beim Blumenkorso im Prater**
24. Mai 1886	**Treffen beim Rennen in der Freudenau**
13.–15. Juni 1886	**Schnitzler zu Pfingsten am Thalhof**
Sommer 1886	Thalhof
18.–21. Juli 1886	**Schnitzler am Thalhof**
31. Juli – 2. Aug. 1886	**Schnitzler am Thalhof**
3.–9. Aug. 1886	**Schnitzler am Thalhof**
11.–14. Aug. 1886	**Schnitzler am Thalhof**
Mitte August 1886	**Beginn der Korrespondenz mit Schnitzler**
24. Aug. – 6. Sept. 1886	**Schnitzler am Thalhof**
18.–21. Sept. 1886	**Schnitzler am Thalhof**
24.–30. Sept. 1886	Olga auf Jagd u. a. in Ungarn, danach Thalhof und Vöslau

Anfang Nov. 1886	Kurzes Treffen in der Oper bei *Tannhäuser*
7.–8. Dez. 1886	Schnitzler zur Schlittenpartie am Thalhof
15.–20. Dez.	Olga in Wien, trifft Schnitzler im Hause Benedict
Jänner 1887	Wien, danach Thalhof
26. Feb. – 15. März 1887	Mehrere kurze Treffen mit Schnitzler in Wien
15. März – 12. April 1887	Thalhof, Abbazia, Thalhof
12.–15. April 1887	Wien, danach Thalhof
12. Mai 1887	Kurzes Treffen mit Schnitzler in der Oper bei *Mikado*
Ende Mai – Mitte Juni 1887	Wien
1. Juli 1887	Zufälliges Treffen mit Schnitzler im Zug
bis Ende Okt. 1887	Thalhof
10. Okt. 1887	Schnitzler am Thalhof
Nov./Dez. 1887	Wien, Vöslau und Thalhof
Februar 1888	Wien
9. Feb. 1888	Treffen mit Schnitzler im Hause Benedict in Wien
16. Mai 1888	Schnitzler am Thalhof
Mai/Juni 1888	Wien
Sommer 1888	Thalhof
Herbst 1888	Thalhof und auf Jagden
Winter 1888	Wien, Vöslau, Thalhof
Jänner 1889	Thalhof, Vöslau, Wien, Hochzeit der Schwester Gabriele
bis Mai 1889	Thalhof, Vöslau
Ende Mai – Anf. Juni 1889	Wien, danach Thalhof
30. Mai 1889	Treffen mit Schnitzler beim Derby in der Freudenau
17.–20. Aug. 1889	Schnitzler am Thalhof
7.–9. Sept. 1889	Schnitzler am Thalhof
15. Sept. 1889	Treffen mit Schnitzler in Wien
Ende Sept. – Anf. Okt. 1889	Olga bei erzherzoglicher Jagd in der Steiermark
Oktober 1889	Vöslau
12. Nov. 1889	Treffen mit Schnitzler im Kunstverein Wien
Winter 1889/1890	Wien, Thalhof, Vöslau
Ende März 1890	Wien, danach Thalhof und Vöslau
28. März 1890	Spaziergang mit Schnitzler in Wien
10. Mai 1890	Bahnfahrt mit Schnitzler von Meidling bis Vöslau
29. Mai 1890	Bahnfahrt mit Schnitzler von Wien nach Neunkirchen
18. Juni 1890	Schnitzler am Thalhof

Sommer 1890	Thalhof und Vöslau
8. Juli 1890	**Schnitzler in der Villa in Vöslau**
6. Aug. 1890	**Olga besucht Schnitzler in seiner Ordination und fährt abends mit ihm im Zug bis Wiener Neustadt**
Herbst 1890	Thalhof, Wien, Vöslau
16. Okt. 1890	**Treffen mit Schnitzler bei Demel**
21. Okt. 1890	**Treffen mit Schnitzler im Salon Kohnberger**
21. und 23. Nov. 1890	**Treffen mit Schnitzler im Salon Kohnberger**
19. Dez. 1890	**Spaziergang mit Schnitzler von Demel bis zum Südbahnhof**
Winter 1890/1891	Thalhof, Vöslau
22. Feb. – Ende April 1891	Wien, danach Thalhof und Vöslau
27. Feb. 1891	**Treffen mit Schnitzler im Kunstverein**
Sommer 1891	Thalhof
Juli 1891	Beginn der Krankheit
Herbst 1891	Thalhof, Vöslau, Wien
Winter 1891/92	Nizza, Genua, Mailand
März – November 1892	Abbazia, Vöslau, Thalhof, Wien
Winter 1892/93	Wien, Bad Vöslau
März – April 1893	Abbazia
Mai 1893	Thalhof und Vöslau
17. Juni – 13. Juli 1893	Kur in Bad Hall
14. Juli – 18. Juli 1893	Thalhof
20. Juli – 1. Aug. 1893	Bad Vöslau, danach Thalhof
5. Sept 1893	**Schnitzler am Thalhof**
9.–11. Sept. 1893	**Schnitzler am Thalhof**
Herbst 1893	Bad Vöslau, Thalhof, Wien
Winter 1893/1894	Thalhof, Bad Vöslau
22. Jan. 1894	**Olga besucht Schnitzler kurz in seiner Wohnung in Wien**
16. Feb. 1894	**Treffen mit Schnitzler im Kunsthistorischen Museum**
6. März – 15. Mai 1894	Kur in Meran
Mitte bis Ende Mai 1894	Wien
23. Mai 1894	**Treffen mit Schnitzler im Künstlerhaus und Spaziergang zum Südbahnhof**
Juni/Juli 1894	Kur in Bad Hall
10./11. Juni 1894	**Schnitzler besucht Olga in Bad Hall**
Sommer 1894	Thalhof und Vöslau
Herbst 1894	Kur in Abbazia, Vöslau, Thalhof

Winter 1894/1895	Vöslau und Thalhof
16. Jän. 1895	**Treffen mit Schnitzler im Kunsthistorischen Museum**
18. März 1895	**Treffen mit Schnitzler im Kunsthistorischen Museum**
22. März – Ende April 1895	Olga in Italien, u. a. in Venedig
Juni 1895	Verschlechterung des Gesundheitszustandes, Kur in Bad Hall
Sommer/Herbst 1895	Thalhof und Vöslau
Winter 1895/1896	Thalhof, Vöslau Wien
13. März 1896	**Treffen mit Schnitzler im Kunsthistorischen Museum**
14.–15. Juni 1896	**Schnitzler am Thalhof**
20. Juni – 20. Juli 1896	Vöslau
24. Juni 1896	**Schnitzler in der Vöslauer Villa**
August 1896	Thalhof
30. Aug. – 4. Okt 1896	Kur in Abbazia, danach Vöslau und Thalhof
19. Dez. 1896	**Treffen mit Schnitzler im Künstlerhaus**
21. Dez. 1896	**Zufälliges Treffen mit Schnitzler im Carltheater**
Jahreswende 1896/1897	Thalhof
Jänner 1897	Vöslau und Wien
22. Jän. 1897	**Olga besucht Schnitzler in seiner Wohnung in Wien**
12. Feb. – 5. April 1897	Abbazia mit Vater und Schwester Franziska
13. Mai 1897	Konsilium der Ärzte
14. Mai – 12. Juli 1897	Sanatorium Loew
16. Mai 1897	Erste Operation durch Dr. Breus
25. Mai 1897	Zweite Operation durch Dr. Wertheim
8., 11. u. 24. Juni 1897	**Schnitzler besucht Olga im Sanatorium Loew**
13. Juli – 16. Aug. 1897	Vöslau
16. Aug. – 7. Sept. 1897	Thalhof
8. Sept. – 15. Okt. 1897	Vöslau
27. Sept. 1897	**Schnitzler besucht Olga in der Vöslauer Villa**
ab Mitte Oktober 1897	Sanatorium Loew
4. Nov. 1897, 21.00 Uhr	Olga stirbt im Sanatorium Loew

Danksagung

Dieses Buch hätte ohne die Unterstützung und Hilfe der folgenden Personen nicht zustande kommen können, denen ich hier in alphabetischer Reihenfolge herzlich danke:

Meinem Mann, Dr. Friedhelm Boschert, der mir, wie bei all meinen Projekten, auch hier mit Rat, Tat und Liebe zur Seite stand.

Der Direktorin des Museums von Bad Vöslau, Dr. Silke Ebster, die mir wertvolle Daten und Bilder zur Verfügung stellte.

Der Urenkelin von Olga Waissnix, Christiane Fitzka, von der ich viel über die Familie Waissnix erfahren und wichtiges Bildmaterial erhalten habe.

Der Leiterin der Inventarisierung des niederösterreichischen Landesarchivs, Mag. Kathrin Kratzer, die bürokratische Hürden für mich aus dem Weg räumte.

Dem Custos der Kunstsammlung des niederösterreichischen Landesmuseums, Mag. Wolfgang Krug, der den Abdruck des frisch renovierten Porträts von Olga Waissnix ermöglichte.

Dem Buchhändler Burkhard Lindner, der erfolgreich auf die Suche nach vergriffenen Büchern ging.

Meiner Lektorin, MMag. Madeleine Pichler, die mich in der Endphase mit wertvollen Tipps versah und von der ich viel lernen konnte.

Den neuen Besitzern des Thalhofs, Dr. Ursula und Dr. Josef Rath, durch die ich die Möglichkeit hatte, die Gesamtanlage des Thalhofs genau kennenzulernen.

Meiner Assistentin Sylvia Reisinger, die sich geduldig durch alte Archive wühlte, um neue Erkenntnisse über Olga Waissnix zutage zu fördern.

Der Programmleiterin von Amalthea, Dr. Carmen Sippl, die mich in der Entstehungsphase begleitete und die Idee für den Titel des Buches hatte.

Der Verlagsleiterin von Amalthea, Prof. Dr. Brigitte Sinhuber-Harenberg, die den Gedanken, eine Biografie über Olga Waissnix zu schreiben, an mich herantrug.

Dem Friedhofsverwalter von Vöslau, Christian Weyplach, der das Schneider-Mausoleum für mich öffnete.

Meinen Freunden, Dr. Angelika und Dr. Wolfgang Zankl, die mich mit den neuen Besitzern des Thalhofs bekannt machten.

Literatur

Primärliteratur:

Altenberg, Peter: Wie ich es sehe. Berlin 1914
Fremdenbuch des Thalhofs aus dem 19. Jahrhundert, Privatbesitz Nachfahren
　Olga Waissnix
Herz, Max: Rhododendron und Enzian. Wien 1875
Heyse, Paul: Meraner Novellen. Stuttgart/Berlin 1883
Lenau, Nikolaus: Sämmtliche Werke. Leipzig 1883
Scheffel, Viktor: Der Trompeter von Säckingen. Leipzig 1901
Schnitzler, Arthur: Frühe Gedichte. Frankfurt am Main/Berlin 1969
Schnitzler, Arthur: Jugend in Wien. Eine Autobiographie. Wien 1968
Schnitzler, Arthur: Tagebücher. Wien 1989
Schnitzler, Arthur/Waissnix, Olga: Liebe, die starb vor der Zeit. Ein Briefwechsel.
　Herausgegeben von Therese Nickl und Heinrich Schnitzler. Mit einem Vorwort
　von Hans Weigel. Wien u. a. 1970

Im Text nicht näher bezeichnete Zitate stammen aus Schnitzler: Jugend in Wien.

Sekundärliteratur:

Girardi, Claudia: Pegasus auf Berg- und Thalfahrt. Wien 1997
Jacobi, Jutta: Die Schnitzlers. Salzburg 2014
Marxer, Bettina: Liebesbriefe, und was nun einmal so genannt wird. Würzburg
　2001
Wassilko, Theophila: Fürstin Pauline Metternich. Wien o. J.

Archive:

Deutsches Literaturarchiv, Marbach
Erzdiözese Wien
Heimatrolle, Gemeindeamt Reichenau
Landesmuseum Niederösterreich, St. Pölten
Museum Bad Vöslau
Wien-Bibliothek
Wiener Stadt- und Landesarchiv

Presseartikel (digitale Ausgaben):

Das Kleine Blatt
Deutsche Wochenschrift
Innsbrucker Nachrichten
Neue Freie Presse
Neues Wiener Tagblatt
Südbahn und Lloyd
Wiener Salonblatt
Wiener Zeitung

Bildnachweis

Personenregister

*Ein historisches Panorama
der »Welt von gestern«*

Sie sind Fabrikanten oder Wissenschaftler, Schriftstellerinnen oder Rabbiner, Industrielle oder Journalisten, Operettenkönige oder Pädagoginnen, Architekten oder Ärzte. Marie-Theres Arnbom zeichnet ungewöhnliche, mitunter skurrile Lebenswege nach, die von Wien nach Kansas führten oder aus Bad Ischl nach Afrika.

Auf der Basis von persönlichen Dokumenten und Erinnerungen entspinnt sich ein großartiges Panorama der Lebenswelt des Wiener jüdischen Großbürgertums, repräsentiert von Familien wie den Hirschfelds, Koritschoners, Bienenfelds und anderen.

Mit bisher unveröffentlichtem Bildmaterial aus Privatarchiven

Marie-Theres Arnbom

Damals war Heimat

Die Welt des Wiener jüdischen Großbürgertums

248 Seiten
ISBN 978-3-85002-877-6
eISBN 978-3-902862-97-6

Amalthea www.amalthea.at

War alles nur Zufall?
War es Bestimmung?

Dass bald nach dem Tod des alten Kaisers auch die sechshundert Jahre alte Donaumonarchie zu Grabe getragen wurde? Dass sich Mozart in Aloisia verliebte, dann aber ihre Schwester heiratete? Dass Maria Theresia während eines gemeinsamen Theaterbesuchs ihren geliebten Mann verlor? Dass Eduard Strauß die Noten seines viel berühmteren Bruders Johann verbrannte?

Aus dem Inhalt:
Radetzky darf nicht in Pension gehen
Kronprinzessin Stephanies Liebschaften
Der betrogene Walzerkönig
Adolf Loos und die kleinen Mädchen
Mit Blaulicht zum Oscar

Mit zahlreichen Abbildungen

....

Georg Markus

Alles nur Zufall?

Schicksalsstunden großer Österreicher

304 Seiten
ISBN 978-3-85002-878-3
eISBN 978-3-902862-98-3

Amalthea   www.amalthea.at